JEAN DE ROTONCHAMP

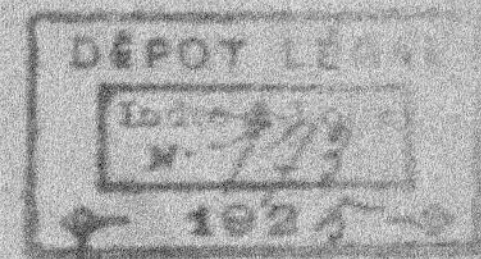

PAUL GAUGUIN

1848-1903

AVEC HUIT REPRODUCTIONS
DE TABLEAUX DE L'ARTISTE

PARIS

LES ÉDITIONS G. CRÈS ET Cⁱᵉ

21, RUE HAUTEFEUILLE VIᵉ

MCMXXV

PAUL GAUGUIN

1848-1903

JEAN DE ROTONCHAMP

PAUL GAUGUIN

1848-1903

AVEC HUIT REPRODUCTIONS
DE TABLEAUX DE L'ARTISTE

PARIS

LES ÉDITIONS G. CRÈS ET Cie

21, RUE HAUTEFEUILLE, VIe

MCMXXV

AVANT-PROPOS

L'étude qui suit, publiée pour la première fois en 1906 *, a pour objet l'impartiale biographie d'un artiste discuté, dans l'intimité duquel vécut pendant plusieurs années l'auteur de ces lignes.

A ses souvenirs, à ceux de Madame Gauguin, qui a bien voulu s'intéresser à son travail, se sont joints ceux de l'ami le plus dévoué du peintre, Daniel de Monfreid, qui, par pure obligeance, fut à Paris son mandataire attitré. Ce dernier reçut pendant huit ans, presque par tous les courriers, des nouvelles de Gauguin, alors à Tahiti et aux îles Marquises, et fut chargé par la famille de l'artiste de recueillir les papiers et les manuscrits que celui-ci avait laissés à la Dominique, où il mourut. L'un de ces documents, d'une importance exceptionnelle, est le manuscrit de Noa Noa.

La correspondance susdite a été dépouillée tout entière, et il en a été de même de tous les écrits qui viennent d'être signalés.

Nous avons tenu, avant tout, à être consciencieux

* PAUL GAUGUIN, 1848-1903. Imprimé à Weimar par les soins du comte de Kessler et se trouve à Paris chez Edouard Druet, rue du Faubourg-Saint-Honoré, n° 114. MDCCCCVI. — Tiré à 300 exemplaires numérotés, dont 250 dans le commerce. (Épuisé.)

et exact. Nous laisserons, sans vains commentaires, Gauguin parler et agir, évitant de nous substituer à lui et désireux de le montrer tel que ses amis l'ont connu, avec ses qualités éminentes et ses caractéristiques défauts. Le lecteur verra de la sorte se dessiner sous ses yeux un portrait, sinon flatté, du moins fidèle, d'un grand peintre dont l'existence intime est peu connue, malgré les écrits déjà nombreux qui ont paru à son sujet et qui ont trait, en général, plutôt à l'interprétation des œuvres qu'il a produites qu'à sa vie même et aux particularités qui s'y rattachent.

1848-1871

L'ARTISTE puissant et original, dont nous allons essayer de retracer la vie, naquit à Paris, le 7 juin 1848, dans la maison de la rue Notre-Dame-de-Lorette qui porte le n° 56.

Vingt jours auparavant, Lamartine, l'élu glorieux de dix départements, s'efforçant, une fois encore, de dominer de son verbe hautain l'agitation révolutionnaire, avait entendu sortir de la foule un cri de dédain. Le temps de la parole était passé, le rôle du geste commençait.

Aux 30000 hommes rassemblés par la Commission exécutive, le peuple opposa 60000 volontaires, et 221 barricades s'élevèrent simultanément dans Paris. Après une bataille de trois jours durant laquelle le sang coula à torrents dans une lutte fratricide, ce ne fut que le 26 juin, à neuf heures du matin, que *l'ordre* fut rétabli.

Les premiers bruits qui frappèrent l'oreille du peintre au tempérament combatif furent le fracas du canon, le crépitement de la fusillade et les cris des blessés, fâcheux présage de la destinée qui l'attendait dans le monde inconnu où la fatalité venait de le jeter.

L'enfant reçut les prénoms d'Eugène-Henry-Paul. Ce dernier fut choisi pour l'appellation usuelle dans le cercle de la famille et ne fut guère connu du public qu'à partir de 1891, époque à laquelle les critiques d'art prirent l'habitude de le joindre au nom patronymique de l'artiste.

Le père de celui-ci, Pierre-Guillaume-Clovis Gauguin, était originaire d'Orléans *. Il était journaliste et, à l'époque à laquelle naquit son fils, collaborait au *National*. Ce périodique, d'allure libérale, qui, sous l'impulsion d'Armand Carrel, avait acquis une influence considérable, était, depuis 1837, dirigé par Bastide et Armand Marrast. A partir de 1848, il compta parmi ses principaux rédacteurs Léopold Duras, Alexandre Rey, Caylus, Charras, et aussi le philologue Littré, qui prétendait à cette époque que, l'*Iliade* étant un roman de chevalerie, la traduction devait en être faite, non en français moderne, mais dans la langue savoureuse des épopées du moyen âge.

Clovis Gauguin ne dut pas, en somme, jouer dans la presse de son temps un rôle bien considérable, car Edmond Texier, qui publia, vers 1850, une *Biographie des Journalistes*, n'a pas jugé à propos de faire mention de son nom. On n'a, du reste, pour se guider sur ce point, que les souvenirs personnels de Gauguin, transmis par lui à sa famille et à ses amis ; et celui-ci dut savoir bien peu de chose concernant son père, car le collaborateur de Duras et de Rey mourut, comme nous le verrons plus loin, peu après la naissance de son fils.

La mère de Gauguin se nommait Aline-Marie

---

* La famille Gauguin était orléanaise. Ce fut dans la maison de son grand-père que le jeune Paul habita, avec sa mère et son oncle, de 1855 à 1869.

Chazal. Elle était fille d'un sieur Chazal, sur lequel les renseignements font défaut, et d'une femme de lettres, qui jouissait alors d'une certaine notoriété, Flora Tristan, ou, plus exactement, Flora-Célestine-Thérèse-Henriette Tristan, née au Pérou en 1803.

Flora Tristan, grand'mère maternelle de Gauguin, était fille d'un colonel espagnol au service du Pérou, don Mariano Tristan y Moscoso, marié à une Française *. Amenée à Paris en 1818, elle y épousa, l'année suivante, à l'âge de seize ans, Chazal, dont elle se sépara trois ans après. Cette séparation dut être involontaire de la part du mari, car ce malheureux la blessa très grièvement, dix-huit ans plus tard, dans un accès de jalousie, et fut, pour ce fait, condamné par un jury impitoyable à vingt ans de travaux forcés.

Flora Tristan, qui était retournée au Pérou pour y recueillir quelques parcelles de l'héritage paternel et n'y avait pas réussi, était revenue en France en 1836. Dénuée de ressources, elle demanda à la littérature des moyens d'existence.

Fervente adepte des idées saint-simoniennes, elle publia successivement un roman à tendances humanitaires : *Memphis ou le Prolétaire*, une brochure sur l'émancipation de la femme, un livre socialiste : *Union ouvrière*, où elle prêchait la fédération des travailleurs, et d'autres encore.

Non contente d'écrire, Flora Tristan eut recours à la parole et parcourut les grandes villes industrielles,

---

* La famille de Moscoso, suivant Gauguin, était de noblesse aragonaise. « Si je vous dis, remarquait-il, que par les femmes je descends d'un Borgia d'Aragon, vice-roi du Pérou, vous direz que ce n'est pas vrai et que je suis prétentieux. Mais si je vous dis que cette famille est une famille de vidangeurs, vous me mépriserez. Si je vous dis que, du côté de mon père, ils se nommaient tous Gauguin, vous direz que c'est d'une naïveté absolue... Le mieux serait de se taire. »

prêchant les ouvriers, qu'elle dominait par le charme de sa voix entraînante et par la séduction qu'elle exerçait. Elle mourut à Bordeaux, où les ouvriers de la ville recueillirent entre eux par souscription les fonds nécessaires pour lui ériger un modeste monument funèbre.

Il est vraisemblable que le sang espagnol qui coulait dans les veines de Flora Tristan, et la lave qui bouillonnait dans celles de Chazal, eurent une influence marquée sur le tempérament de Gauguin, qui, du reste, parlait volontiers de sa grand'mère et en était visiblement fier.

Au souvenir de cette aïeule peu banale se joignait celui de l'oncle de Flora Tristan, don Pio Tristan y Moscoso, qui mourut à Lima, en 1856, à l'âge de cent treize ans. Gauguin, au sujet de ce dernier, s'étendait parfois en des digressions qui côtoyaient la légende. Dans le mirage de l'éloignement, ce personnage fabuleux prenait pour lui des apparences de vice-roi du Pérou.

Madame Gauguin possède, du colonel Mariano Tristan, frère de don Pio, un beau portrait au pastel, qui a permis de retrouver dans un des fils du peintre, Paul, une ressemblance frappante avec ce personnage de marque.

Le petit-fils de Flora Tristan n'était pas le seul enfant de Clovis Gauguin. Ce dernier avait aussi une fille, du nom de Marie, devenue depuis Madame Uribe. Celle-ci réside actuellement en Colombie, à Bogota.

Malgré sa modeste notoriété, l'ancien rédacteur du *National* n'en eut pas moins à subir le contre-coup des événements de décembre 1851, qui brisèrent sa carrière et anéantirent ses espérances.

Se trouvant avoir à Lima, par suite de son mariage avec Aline Chazal, de hautes relations, dont il espé-

rait pouvoir tirer parti pour un nouvel établissement,
il prit, à la suite du coup d'État, la détermination
d'y émigrer et s'embarqua pour le Pérou avec sa
femme et ses enfants. Une catastrophe inopinée
attendait la malheureuse famille au cours de la
route. Clovis mourut subitement, d'une rupture
d'anévrisme, dans le détroit de Magellan, et fut
inhumé à Port-Famine *.

Madame Clovis Gauguin resta quatre ans environ
à Lima.

« Don Pio, dit Gauguin, s'était remarié à l'âge de
quatre-vingts ans, et il eut de ce nouveau mariage plusieurs enfants, entre autres Etchenique, qui fut longtemps président de la République du Pérou. Tout cela
constituait une nombreuse famille et ma mère fut,
au milieu de tout cela, une véritable enfant gâtée.

« J'ai une remarquable mémoire des yeux, et je me
souviens de cette époque, de notre maison et d'un
tas d'évènements, du monument de la Présidence,
de l'église, dont le dôme avait été placé après coup,
tout sculpté en bois.

« Je vois encore notre petite négresse, celle qui
doit, selon la règle, porter le petit tapis à l'église
et sur lequel on prie. Je vois aussi notre domestique,
le Chinois, qui savait si bien repasser le linge. C'est
lui d'ailleurs qui me retrouva dans une épicerie où
j'étais en train de sucer de la canne à sucre, assis
entre deux barils de mélasse, tandis que ma mère
éplorée me faisait chercher de tous les côtés. J'ai
toujours eu la lubie de ces fuites, car, à Orléans, à
l'âge de neuf ans, j'eus l'idée de fuir dans la forêt de
Bondy, avec un mouchoir rempli de sable au bout
d'un bâton que je portais sur mon épaule. C'était

---

* Punta Arenas.

une image qui m'avait séduit, représentant un voyageur, son bâton et son paquet sur l'épaule...

« A Lima, en ce temps, — ce pays délicieux où il ne pleut jamais, — le toit était une terrasse et les propriétaires étaient imposés de la « folie », c'est-à-dire que, sur la terrasse, se trouve un fou attaché par une chaîne à un anneau et que le propriétaire ou locataire doit nourrir d'une certaine nourriture de première simplicité. Je me souviens qu'un jour, ma sœur, la petite négresse et moi, couchés dans une chambre dont la porte ouverte donnait sur une cour intérieure, nous fûmes réveillés et nous pûmes apercevoir juste en face le fou qui descendait l'échelle.

« La lune éclairait la cour. Pas un de nous n'osa dire un mot. J'ai vu et je vois encore le fou entrer dans notre chambre, nous regarder, puis tranquillement remonter sur sa terrasse.

« Une autre fois je fus réveillé la nuit, et je vis le superbe portrait de l'oncle pendu dans la chambre. Les yeux fixes, il nous regardait — et il bougeait.

« C'était un tremblement de terre...

« Ce que ma mère était gracieuse et jolie quand elle mettait son costume de Liménienne : la mantille de soie couvrant le visage et ne laissant voir qu'un seul œil ! Cet œil si doux et si impératif, si pur et si caressant.

« Je vois encore notre rue, où les gallinacés venaient manger les immondices. C'est que Lima n'était pas ce qu'elle est aujourd'hui, une grande ville somptueuse.

« Quatre années s'écoulèrent ainsi, lorsqu'un beau jour des lettres pressantes arrivèrent de France. Il fallait revenir pour régler la succession de mon grand-père paternel. Ma mère, si peu pratique en affaires d'intérêts, revint en France, à Orléans. Elle eut tort,

car l'année suivante, 1856, le vieil oncle, fatigué
d'avoir taquiné avec succès Madame la Mort, se laissa
surprendre.

« Don Pio de Tristan y Moscoso n'existait plus. Il
avait cent treize ans. Il avait constitué, en souvenir
de son bien-aimé frère, à ma mère, une rente de
5000 piastres fortes, ce qui faisait un peu plus de
25000 francs.

« La famille, au lit de mort, contourna les volontés
du vieillard et s'empara de cette immense fortune,
qui fut engloutie à Paris en folles dépenses. Une seule
cousine est restée à Lima, vit encore très riche à
l'état de momie. Les momies du Pérou sont célèbres.

« Etchenique vint, l'année suivante, proposer un
arrangement à ma mère, qui, toujours orgueilleuse,
répondit : « Tout ou rien! » Ce fut : rien.

« Quoique en dehors de la misère, ce fut désormais
d'une très grande simplicité.

« Beaucoup plus tard, en 1880, je crois, Etchenique revint à Paris comme ambassadeur chargé
d'arranger avec le Comptoir d'Escompte la garantie
de l'Emprunt péruvien (affaire du *Guano*).

« Il descendit chez sa sœur, qui avait rue de Chail-
lot un splendide hôtel, et, en ambassadeur discret,
il raconta que tout allait bien. Ma cousine, joueuse
comme toutes les Péruviennes, s'empressa d'aller
jouer à la hausse sur l'Emprunt péruvien, dans la
maison Dreyfus.

« Ce fut le contraire, car, quelques jours après,
le Pérou était invendable. Elle but un bouillon de
quelques millions.

« — *Caro mio*, m'a-t-elle dit, je suis *rouinée*. Je
n'ai plus maintenant que *houit* chevaux à l'*écourie*.
Que vais-je devenir?

« Elle avait deux filles admirables de beauté. Je

me souviens de l'une d'elles, enfant de mon âge, que j'avais — il paraît — essayé de violer. J'avais à ce moment six ans. Le viol ne dut pas être bien méchant, et nous eûmes probablement tous deux l'idée des jeux innocents. »

Parmi les amis de Lima, se trouvait un Français, le père Maury, ancien négociant en tombeaux de marbre sculpté. Gauguin le revit plus tard à Paris, entouré de ses deux nièces, ses seules héritières. Il possédait une belle collection de vases en céramique des Incas, et beaucoup de bijoux, en or sans alliage, faits par les Indiens.

« Qu'est-ce que tout cela est devenu? » se demandait le peintre.

« Ma mère avait conservé quelques vases péruviens et surtout pas mal de figurines en argent massif, tel qu'il sort de la mine. Le tout a disparu dans l'incendie de Saint-Cloud, allumé par les Prussiens. Une bibliothèque assez importante et presque tous nos papiers de famille *. »

Madame Clovis Gauguin, ainsi qu'on vient de le lire, revint en France en 1855, pour y recueillir à Orléans la succession de son beau-père et pour permettre à son fils, qui avait à cette époque sept ans, de commencer ses classes, car jusqu'alors l'enfant n'avait parlé qu'espagnol.

Ce fut, comme externe, dans un pensionnat d'Orléans, puis, à partir de l'âge de onze ans, au petit séminaire de cette ville, et enfin, comme interne au lycée, la dernière année, qu'il fit les quelques études primaires et secondaires, dont l'acquis constitua tout son bagage littéraire et scientifique.

Le but qu'il se proposait alors, — souvenir de

* Entre autres, l'acte de décès du père de l'artiste, ce qui faillit plus tard faire retarder son mariage.

récentes et précoces navigations, — était de devenir
marin. La famille rêvait pour lui l'École navale,
mais la tâche était si ardue que, quand l'heure du
concours arriva, l'écolier, plus épris de liberté que de
travail, ne fut pas en état d'y participer utilement.

On résolut donc de faire entrer le jeune Paul dans
la marine marchande.

Pour ce dernier, cette solution valait l'autre, son
désir étant surtout de naviguer.

A l'âge de dix-sept ans, en 1865, le ci-devant sémina-
riste fut embarqué comme pilotin *. Il quittait, sans
un pleur, la pieuse institution « où, dit-il, j'appris
dès le jeune âge à haïr l'hypocrisie, les fausses ver-
tus, la délation. J'appris là aussi un peu de cet esprit
d'Escobar, qui, ma foi, est une force dans la lutte,
non négligeable ».

Et il n'eut pas plus de regrets pour le lycée, où
il avait pour maître d'études un ancien grenadier
de la garde impériale, le père Baudoin, sur le passage duquel, au dortoir, les élèves, la chemise levée,
criaient : « Garde à vôs ! Portez armes ! »

Il n'est pas resté, dans la mémoire de ceux qui
ont intimement connu Gauguin, de souvenirs précis
des voyages qu'il entreprit. On sait cependant qu'il
fit voile pour l'Amérique du Sud et qu'il navigua, au
cours de traversées, dans les parages de Rio de Janeiro, dont la baie l'avait frappé par sa magnificence.

Il a inséré, dans les *Notes éparses*, qui suivent le
manuscrit de *Noa Noa*, quelques lignes qui se rapportent à cette phase de sa jeunesse :

« En rade de Rio de Janeiro, le navire est mouillé.
Belle nuit, chaleur intense. Chacun cherche un peu
de fraîcheur. Sur le gaillard d'avant, matelots sont

* Le pilotin est un jeune homme se préparant, par un stage préalable
sur un navire de commerce, à devenir officier de la marine marchande.

couchés. A l'arrière, officiers causent avant de chercher le sommeil.

« Soudain un cri : « Un homme à la mer! » C'est le mousse, un enfant. Dans un mouvement involontaire, — il rêvait, sans doute, — il perdit l'équilibre, et maintenant il est entraîné par le courant de l'avant à l'arrière.

« L'enfant ne sait pas nager. Nous regardons tous, comme au théâtre. Le cuisinier, un nègre, tardivement s'éveille, curieusement vient regarder. Il comprend et s'écrie : *Oui, fout, sagué touné, il va se noyé!*

« Sans hésiter, il se jette à l'eau et ramène l'enfant à l'échelle de l'arrière. Chacun *alors* de saisir une corde pour la jeter au mousse, qui est déjà remonté. La sottise et la peur résident en nous. Un intelligent, un brave survient, et chacun devient intelligent et brave. Individuellement, l'homme est homme. En société, il est animal. »

« Mon premier voyage de pilotin, dit ailleurs Gauguin, fut à bord du *Luzitano* (Union des Chargeurs. — Voyages du Havre à Rio de Janeiro). Quelques jours avant le départ, un jeune homme vint à moi, me disant : « C'est vous mon successeur comme pilotin. Tenez, voici un petit carton et une lettre que vous serez bien aimable de faire-parvenir à son adresse. »

« Je lus : *Madame Aimée, rue d'Ovidor.*

« — Vous verrez, me dit-il, une charmante femme à laquelle je vous recommande d'une façon toute particulière. Elle est, comme moi, de Bordeaux.

« Je vous fais grâce, lecteur, du voyage en mer. Cela vous ennuierait. Je vous dirai pourtant que le capitaine Tombarel était un quart de nègre tout à fait charmant papa, que le *Luzitano* était un joli navire de 1200 tonneaux, très bien aménagé pour

passagers, et qui filait par belle brise ses douze nœuds
à l'heure.

« La traversée fut très belle, sans tempête.

« Comme vous le pensez, ma première occupation
fut d'aller avec mon petit carton et la lettre à l'adresse
indiquée. Ce fut une joie...

« J'étais à cette époque tout petit, et j'avais, malgré mes dix-sept ans et demi, l'air d'en avoir quinze.

« Malgré cela, j'avais fauté une première fois au
Havre, avant de m'embarquer, et mon cœur battait
la breloque. Ce fut pour moi un mois tout à fait
délicieux.

« Cette charmante Aimée, malgré ses trente ans,
était tout à fait jolie, première actrice dans les opéras
d'Offenbach... Aimée fit cascader ma vertu. Le terrain était propice, sans doute, car je devins très
polisson.

« Au retour, nous eûmes plusieurs passagères,
entre autres une prussienne tout à fait boulotte.

« Ce fut au tour du capitaine d'être pincé, et il
chauffait dur, mais inutilement. La prussienne et
moi, nous avions trouvé un nid charmant dans la
soute aux voiles, dont la porte donnait sur la chambre,
près de l'escalier. Menteur au possible, je lui racontai
un tas d'absurdités, et la prussienne, tout à fait
pincée, voulut me revoir à Paris. Je lui donnai
comme adresse : *la Farcy*, rue Joubert.

« C'était très mal, et j'eus du remords quelque
temps, mais je ne pouvais cependant pas l'envoyer
chez ma mère !

« A ce même voyage, j'avais comme apprentissage à faire, la nuit, le quart avec le lieutenant.

« Il me raconta. Il était mousse sur un petit navire, qui faisait de très longs voyages en Océanie :
chargements et pacotilles de toutes sortes. Un beau

matin, au lavage du pont, il se laissa tomber à l'eau
sans qu'on s'en aperçût. Il ne lâcha pas son balai et,
grâce à son balai, l'enfant resta quarante-huit heures
sur l'Océan. Par extraordinaire, un navire vint à
passer et le sauva.

« Puis, quelque temps après, ce navire ayant at-
terri dans une petite île hospitalière, notre mousse
s'en alla se promener un peu trop longtemps. Il resta
pour compte. Notre petit mousse plut à tout le
monde, et le voilà installé à ne rien faire, forcé de
perdre sur-le-champ son pucelage, nourri, logé, choyé
de toutes façons. Il était très heureux.

« Cela dura deux ans, mais, un beau matin, un
autre navire vint à passer et notre jeune homme
voulut rentrer en France.

« — Mon Dieu, que j'ai été bête! me disait-il, me
voilà obligé maintenant de bourlinguer... J'étais si
heureux!! »

Un peu avant l'âge de vingt ans, Gauguin, « profession de marin », s'engagea dans les équipages de la
Flotte.

Arrivé à la division de Cherbourg, le 26 février 1868,
il fut inscrit au Havre, sous le n° 1714 comme matelot
de 3e classe. Son livret de marin donne de lui, à cette
époque, le signalement suivant :

Taille 1 m. 630. Poil châtain, yeux bruns, nez
moyen, front haut, bouche moyenne, menton rond,
visage ovale. Il est à noter que les cheveux tiraient
alors sur le roux, que les yeux étaient, non pas
bruns, mais gris-verdâtres, et que le nez était, non
pas moyen, mais fort. A part ces détails, que l'officier chargé du recrutement jugea sans doute de
médiocre intérêt, vu le peu d'importance du personnage, le reste du signalement peut être considéré
comme exact.

Le futur peintre fut embarqué à bord du croiseur
Jérôme-Napoléon, où il exerça les fonctions de sou-
tier, pendant deux mois environ, pour passer ensuite
dans la timonerie. Le 1er juillet 1870, quelques jours
avant la déclaration de guerre, il fut promu au grade
de matelot de 2e classe. Le navire sur lequel il était
embarqué, commandé par le prince Jérôme-Napoléon, croisait alors dans les mers du Nord et venait
de toucher au Grœnland, après avoir vainement
essayé d'aborder l'île de Jean-Mayen. Il était au
mouillage à Tromsoë, à l'extrémité septentrionale de
la Norvège, et se préparait à faire route pour le cap
Nord et le Spitzberg, lorsque fut transmise au chef de
l'expédition la nouvelle de la déclaration de guerre.

Le prince, sans mot dire, fit immédiatement mettre
les machines sous pression.

— Où allons-nous donc, Monseigneur? demanda
un de ses compagnons de voyage, en le voyant,
sombre et agité, arpenter le pont à grands pas.

— A Charenton! répondit avec rage le neveu de
Bonaparte.

Le navire sur lequel servait Gauguin changea,
après le 4 septembre, sa princière dénomination
contre celle de *Desaix* et stationna quelque temps
à proximité de Copenhague. Une prise ayant été
opérée, celle de la *Franziska*, Gauguin, compris dans
le détachement commis à sa garde, resta à bord du
navire capturé du 11 octobre au 1er novembre 1870.

Le 23 avril 1871, l'ancien candidat à l'École navale, auquel fut délivré un certificat de bonne conduite, obtint un congé de dix mois renouvelable. Il
ne semble pas qu'il ait jamais reparu depuis, comme
matelot, sur les bâtiments de l'État.

II

1871-1888

GAUGUIN était guéri, du moins momentanément, de son amour pour la navigation.

Sa mère, qui s'était retirée à Saint-Cloud, y était morte avant qu'il eût atteint sa majorité. Elle avait noué d'étroites relations d'amitié avec la famille Arosa, qui possédait dans la même petite ville une très jolie maison de campagne, voisine de l'habitation qu'elle occupait. A sa mort, Gustave Arosa, qui avait pris en affection les jeunes enfants de Madame Gauguin, fut prié par la famille d'accepter la tutelle des orphelins et, ayant assumé cette charge, veilla désormais sur eux avec la plus grande sollicitude.

Sur sa bienveillante recommandation, Paul, à son retour du service maritime, fut admis comme employé chez Bertin, agent de change, rue Laffitte, et y fit ses débuts dans la carrière financière. Il resta attaché à cette maison pendant onze ans consécutifs. Le banquier Calzado, gendre de Gustave Arosa, ne fut jamais pour lui autre chose qu'un ami.

Ayant désormais une position assurée, Paul Gauguin épousa à Paris, le 22 novembre 1873, à la mairie du IXe arrondissement et au temple de la rue Chauchat, une jeune étrangère, d'origine danoise et de religion luthérienne, Mlle Mette-Sophie Gad. Celle-ci était issue d'une très honorable famille de Copenhague. L'une de ses sœurs épousa M. Horst, membre du Comité Nobel du Parlement norvégien, et une autre d'entre elles devint la femme du peintre Fritz Thaulow.

La famille de ce dernier, que Jacques Blanche, dans une toile acquise pour le musée du Luxembourg, a représenté groupée autour d'un tableau en cours d'exécution, est issue d'un autre mariage et n'a rien de commun avec la famille Gad.

Gauguin, qui remplissait chez Bertin les fonctions de liquidateur, s'assimila rapidement le mécanisme des opérations de Bourse, ainsi, du reste, que tout ce qu'il lui plut d'étudier, et gagna, en spéculations heureuses, une véritable fortune. Une seule année, au rapport d'un de ses camarades de travail, Émile Schuffenecker, se solda pour lui par un bénéfice d'environ quarante mille francs. Ce fut l'époque de sa splendeur.

Ses débuts dans la carrière artistique furent, dans une certaine mesure, l'effet du hasard, car jamais, avant son mariage, Gauguin n'avait paru s'intéresser à la peinture. Lorsqu'il fut chez Bertin, il eut l'idée, pour occuper ses loisirs du dimanche, d'acheter des brosses et des couleurs et de faire, à titre de distraction, quelques essais picturaux, essais qui furent, dès le principe, des plus encourageants.

Peut-être, étant tout enfant, — car il est superflu, en ce qui le concerne, de proclamer comme un fait insoupçonné une évidente prédestination, — avait-il acquis, dans la maison de son tuteur, avec l'amour latent de l'œuvre peinte, un rudiment d'éducation technique, car Gustave Arosa était loin d'être étranger aux choses d'art. Doué d'un goût délicat, ce dernier avait réuni chez lui un certain nombre de toiles de l'école moderne et s'occupait, en amateur, de la reproduction des tableaux par la photogravure, alors dans l'enfance. Il grava de la sorte une série d'œuvres de Delacroix, de Courbet, de Tassaert et d'autres artistes contemporains. Ses épreuves, d'une tonalité grise, étaient tirées sur papier de Chine et numérotées.

« Personne, nous écrivait Madame Gauguin le 15 octobre 1905, n'a donné à Paul l'idée de faire de la peinture. Il a peint parce qu'il ne pouvait faire autrement, et lorsque nous nous sommes mariés, *je ne savais pas du tout* qu'il avait des dispositions pour les arts. Aussitôt marié, il a fait de la peinture tous les dimanches, — allant quelquefois à l'atelier Colarossi, — mais sans penser à aucun professeur... »

Quelles qu'aient été les causes déterminantes de son attrait subit pour les arts, Gauguin était doué, et, dès le début, produisit des œuvres qui n'étaient pas sans valeur. Une tête d'enfant, entre autres, datée de 1875, décèle, par la manière dont elle est traitée, une main qui n'est plus celle d'un novice.

Il entreprit également deux petits marbres, qu'il exécuta dans l'atelier du praticien Bouillot, propriétaire de la maison qu'il habitait alors, rue des Fourneaux, 74.

Ces intéressants essais ont été conservés par Madame Gauguin.

En 1876 — détail peu connu — le futur auteur de la *Vision après le sermon* exposa au Salon un paysage, ce qui indique qu'à cette date il n'avait pas encore quitté les sentiers battus. Mais l'heure était imminente où il allait en sortir. Au cours de pérégrinations à travers les salles d'exposition et

les magasins des marchands de tableaux, Gauguin
entra en relations, chez Durand-Ruel, avec un petit
clan de peintres indépendants, qui devait avoir, sur
son orientation ultérieure, une décisive influence.
Celui dont les réflexions judicieuses firent le plus
d'impression sur son esprit fut Camille Pissarro.

Cet ancêtre de l'indépendance artistique, né en 1830
à Saint-Thomas, colonie danoise des Antilles, avait
été destiné au négoce par sa famille. Échappant à
la contrainte qu'on voulait exercer sur lui, il apprit,
sans maître, les éléments du dessin.

Après un séjour à Caracas, où il avait été emmené
par le peintre danois Melbye, il vint à Paris en 1855
et fut émerveillé par les œuvres des maîtres glorieux
qui figuraient à l'Exposition universelle. Après une
courte apparition dans quelques ateliers rétrogrades
où on voulut l'enfermer, il se mit à travailler seul,
n'ayant pour école que la nature. Il parcourait la
banlieue encore agreste, Montmartre, Montmorency,
Asnières, recueillant les éléments de sa notation
personnelle du plein air.

A partir de 1865, éliminant le noir, le bitume, la
terre de Sienne et les ocres, il ne peignit plus qu'avec
les trois couleurs primaires et leurs dérivés immé-
diats. De concert avec Claude Monet, Manet, Cézanne, Piette, Renoir et Guillaumin, il s'efforce de
réaliser la lumière par le mélange optique des couleurs, c'est-à-dire par la division des tons sur la toile
et leur reconstitution dans la rétine du spectateur.

Tous ces novateurs en bloc, sans distinction de
technique ou de tendances personnelles, furent en-
globés depuis 1874, date de leur première exposition
collective chez Nadar, boulevard des Capucines, 35,
sous l'étiquette *Impressionnistes*, laquelle, bien que
n'ayant aucun sens, a subsisté pour désigner le

groupe artistique qui, à cette époque, s'insurgeait contre les officiels. J.-K. Huysmans, en 1881, donna, de la manière de Pissarro, cette appréciation pleine de justesse et de couleur :

Après avoir longtemps tâtonné, jetant par hasard une toile comme son *Paysage d'été* de l'année dernière, M. Pissarro s'est subitement délivré de ses méprises, de ses entraves, et il a apporté deux paysages qui sont l'œuvre d'un grand peintre : le premier, *le Soleil couchant sur la plaine du chou*, un paysage où un ciel floconneux fuit à l'infini, battu par des cimes d'arbres, où coule une rivière près de laquelle fument des fabriques et montent des chemins à travers bois, c'est le paysage d'un puissant coloriste qui a enfin étreint et réduit les terribles difficultés du grand jour et du plein air. C'est la nouvelle formule, cherchée depuis si longtemps et réalisée en plein; la vraie campagne est enfin sortie de ces assemblages de couleurs chimiques et c'est, dans cette nature baignée d'air, un grand calme, une sereine plénitude descendant avec le soleil... Le second, *la Sente du chou, en mars*, est d'une allure éloquente et joyeuse, avec ses plans de légumes, ses arbres fruitiers aux branches tordues, son village éventé, au fond, par des peupliers. Le soleil pleut sur les maisonnettes qui enlèvent le rouge de leurs toits dans le vert fouillis des arbres; il y a là une terre grasse que le printemps travaille, une solide terre où poussent furieusement les plantes... une exubérance de campagne, éparpillant ses tons violents, sonnant d'éclatantes fanfares de verts clairs soutenues par le vert bleu des choux, et tout cela frissonne dans une poudre de soleil, dans une vibration d'air, uniques, jusqu'à ce jour, dans la peinture; puis quelle curiosité dans le procédé, quelle exécution neuve, différente de celle de tous les paysagistes connus, quelle originalité sortie des efforts combinés des premiers lutteurs de l'impressionnisme, de Piette, de Claude Monet, de Sisley, de Paul Cézanne enfin, ce courageux artiste qui aura été l'un des promoteurs de cette formule! De près la *Sente du chou* est une maçonnerie, un tapotage rugueux bizarre, un salmis de tons de toutes sortes couvrant la toile de lilas, de jaune de Naples, de garance et de vert ; à distance, c'est de l'air qui circule, c'est du ciel qui s'illimite, c'est de la terre qui fermente et fume * !

Camille Pissarro était un compatriote de Madame Gauguin et fut accueilli en ami dans la maison du peintre. Gauguin, le soir, allait le rejoindre, ainsi que Cézanne, Guillaumin et d'autres, dans un café de Montmartre, que ceux-ci fréquentaient.

D'attachantes causeries sur les principes de l'art, de libres appréciations sur les maîtres anciens et modernes, des aperçus originaux sur la technique de la peinture, des théories audacieuses sur la décomposition des tons et sur l'interprétation de la nature, telles furent les bases de l'initiation artistique de Gauguin, qui s'assimila rapidement l'esprit de ces entretiens à bâtons rompus.

Il entreprend, avec la notation nouvelle, des effets de plein air, des paysages, des fleurs, des fruits. Il aborde la figure. Comme il arrive généralement en pareil cas, l'influence du milieu se fait sentir dans ses premières tentatives, car ce n'est pas impunément qu'un artiste aussi fortement trempé que Gauguin est convaincu de la précellence d'une théorie artistique. Celui-ci adopta, sans fausse honte, le faire de Camille Pissarro, qu'il ne renia jamais comme son premier et unique maître, même lorsque ses propres tendances furent en opposition complète avec les théories, vieillies à leur tour, du peintre rustique de la *Sente du chou.*

L'employé de Bertin consacrait à la pratique des arts tous ses instants de liberté. « Je me souviens aussi de Manet, dit Gauguin dans un de ses manus-

---

* *L'Art Moderne,* p. 234.

crits. Encore un que personne ne gênait. Il me dit autrefois, ayant vu un tableau de moi au début, que c'était très bien. Et moi de répondre avec du respect pour le maître : « Oh! je ne suis qu'un ama- « teur... » J'étais en ce temps employé d'agent de change et je n'étudiais l'art que la nuit et les jours de fête : — « Que non! dit Manet, il n'y a d'amateurs « que ceux qui font de la mauvaise peinture. »

Non content de peindre, Gauguin acheta pour une quinzaine de mille francs d'œuvres de maîtres modernes et en composa une remarquable collection, dans laquelle prirent place une toile de Manet, plusieurs Renoir, des toiles de Claude Monet, de Cézanne, de Pissarro, de Guillaumin et de Sisley, un Jongkind, un Lewis Brown et deux dessins de Daumier. L'artiste dut plus tard, dans des circonstances cruelles, s'en dessaisir, mais il en conserva, jusque dans les derniers temps de son séjour en Europe, quelques précieuses épaves, qui furent déposées, d'abord chez Émile Schuffenecker, et ensuite chez le peintre Daniel de Monfreid. On remarquait, parmi celles-ci, une belle nature morte de Cézanne, — un compotier rempli de fruits, posé sur un coin de serviette en compagnie d'un citron, — un paysage du même, représentant des arbres d'un joli ton avec, au premier plan, un petit lavoir; et un *Intérieur*, par C. Pissarro, une paysanne, coiffée d'un madras à carreaux rouges, se baissant vers un chat placé à ses pieds.

L'artiste s'était installé rue Carcel, 8, à Vaugirard, dans un pavillon, duquel dépendait un grand atelier, pavillon qu'avait occupé avant lui le peintre Jobbé-Duval, depuis conseiller municipal de Paris. Gauguin garda ce local jusqu'au commencement de l'année 1883.

« Laissez-moi vous raconter une histoire vraie »,
dit quelque part Gauguin.

« Ma femme et moi nous lisions tous deux devant
la cheminée. Dehors il faisait froid. Ma femme lisait
Le Chat noir d'Edgar Poe, et moi, *Bonheur dans le
crime*, de Barbey d'Aurevilly.

« Le feu allait s'éteindre. Ma femme descendit à
la cave d'une petite maison que nous avait sous-
louée le peintre Jobbé-Duval.

« Sur les marches, un chat noir bondit effrayé :
ma femme aussi. Elle continua cependant son chemin après hésitation. Deux pelletées de charbon,
lorsque se détache du bloc de charbon une tête de
mort...

« Transie de peur, ma femme laissa le tout dans
la cave et remonta au galop l'escalier, finalement
s'évanouit dans la chambre.

« Je descendis à mon tour, et, voulant continuer
à reprendre du charbon, je mis à jour tout un squelette.

« Le tout était un ancien squelette articulé servant au peintre Jobbé-Duval, qui l'avait jeté à la
cave lorsqu'il fut tout démantibulé.

« Comme vous le voyez, c'est d'une simplicité
extrême, mais cependant la concordance est bizarre.
Ne vous avisez pas de lire Edgar Poe autrement
que dans un endroit très rassurant. »

Gauguin soumit pour la première fois au public
les œuvres de sa nouvelle manière à la cinquième
exposition du groupe impressionniste, qui se tint,
en 1880, rue des Pyramides.

C'était, dit J.-K. Huysmans, qui remarqua ses débuts,
une série de paysages, une dilution des œuvres encore incer-
taines de Pissarro.

Mais l'année suivante (1881), M. Gauguin, dit le même écrivain, se présente avec une toile bien à lui, une toile qui révèle un incontestable tempérament de peintre moderne.

Elle porte ce titre : *Étude de nu* ; c'est, au premier plan, une femme vue de profil, assise sur un divan, en train de raccommoder sa chemise ; derrière elle, le parquet fuit, tendu d'un tapis violacé jusqu'au dernier plan qu'arrête le bas entrevu d'un rideau d'algérienne.

Je ne crains pas d'affirmer que, parmi les peintres contemporains qui ont travaillé le nu, aucun n'a encore donné une note aussi véhémente, dans le réel ; et je n'excepte pas de ces peintres Courbet, dont la *Femme au perroquet* est aussi peu vraie, comme ordonnance et comme chair, que la *Femme couchée* de Lefebvre ou la *Vénus à la crème* de Cabanel. Le Courbet est durement peint avec un couteau du temps de Louis-Philippe*, tandis que les charnures des autres plus modernes vacillent comme des plats entamés de tôt-faits ; c'est au demeurant la seule différence qui existe entre ces peintures. Courbet n'aurait pas placé, au pied du lit, une moderne crinoline, que sa femme aurait fort bien pu prendre le titre de naïade ou de nymphe ; c'est par une simple supercherie de détail que cette femme a été considérée comme une femme moderne.

Ici, rien de semblable ; c'est une fille de nos jours, et une fille qui ne pose pas pour la galerie, qui n'est ni lascive ni minaudière, qui s'occupe tout bonnement à repriser ses nippes.

Puis la chair est criante ; ce n'est plus cette peau plane, lisse, sans points de millet, sans granules, sans pores, cette peau uniformément trempée dans une cuve de rose et repassée au fer tiède par tous les peintres ; c'est un épiderme que rougit le sang et sous lequel les nerfs tressaillent ; quelle vérité, enfin, dans toutes ces parties du corps, dans ce ventre un peu gros tombant sur les cuisses, dans ces rides courant au-dessous de la gorge qui balle, cerclée de bistre, dans ces

---

* La *Femme au perroquet* est exécutée au pinceau, comme toutes les figures peintes par Courbet. Ce dernier ne fit usage du couteau que pour le paysage.

attaches des genoux un peu anguleux, dans cette saillie du
poignet plié sur la chemise!

Je suis heureux d'acclamer un peintre qui ait éprouvé,
ainsi que moi, l'impérieux dégoût des mannequins, aux
seins mesurés et roses, aux ventres courts et durs, des mannequins posés par un soi-disant bon goût, dessinés suivant
des recettes apprises dans la copie des plâtres.

Ah! la femme nue! Qui l'a peinte superbe et réelle, sans
arrangements prémédités, sans falsifications et de traits et
de chairs? Qui a fait voir, dans une femme déshabillée, la
nationalité et l'époque auxquelles elle appartient, la condition qu'elle occupe, l'âge, l'état intact ou défloré de son
corps? Qui l'a jetée sur une toile, si vivante, si vraie, que
nous rêvons à l'existence qu'elle mène, que nous pouvons
presque chercher sur ses flancs le coup de fouet des couches,
rebâtir ses douleurs et ses joies, nous incarner pour quelques
minutes en elle?

En dépit de ses titres mythologiques et des bizarres pannes
dont il revêt ses modèles, Rembrandt, seul, a jusqu'à ce
jour peint le nu...

A défaut de l'homme de génie qu'était cet admirable
peintre, il serait bien à désirer que des artistes de talent
comme M. Gauguin fissent pour leur époque ce que le Van
Ryn a fait pour la sienne; qu'ils enlevassent, dans les
moments où ce nu est possible, au lit, à l'atelier, à l'amphi-
théâtre et au bain, des françaises dont le corps ne soit pas
construit de bric et de broc, dont le bras ne soit pas posé
par un modèle, la tête ou le ventre par un autre, avec, en sus
de tous ces raccords, le dol d'un procédé propre aux anciens
maîtres...

Je le répète donc, M. Gauguin a, le premier, depuis des
années, tenté de représenter la femme de nos jours et,
malgré la lourdeur de cette ombre qui descend du visage
sur la gorge de son modèle, il a pleinement réussi et il a créé
une intrépide et authentique toile.

En cette même année, l'artiste exposait — en
même temps que Degas sa *Petite danseuse* de cire

— une figurine en bois colorié : *Dame en promenade*, et un médaillon : *La chanteuse.*

En sus de cette œuvre *(Étude de nu)*, ajoutait l'éminent critique, il a exposé aussi une statuette en bois gothiquement moderne ; un médaillon en plâtre peint, une *Tête de chanteuse*, qui rappelle un tantinet le type de femme adopté par Rops ; une amusante chaise pleine de fleurs, avec un coin ensoleillé de jardin ; puis plusieurs vues de ce quartier intimiste par excellence, Vaugirard : une vue de jardin, et une vue de l'église dont le sombre intérieur fait songer à une chapelle usinière, à une spleenétique église de ville industrielle, égarée dans ce coin joyeux et casanier d'une province ; mais bien que ces tableaux aient des qualités, je ne m'y arrêterai pas, car la personnalité de M. Gauguin, si tranchée dans son étude de nu, s'est difficilement échappée encore, dans le paysage, des embrasses de M. Pissarro, son maître.

En 1882, J.-K. Huysmans retrouve Gauguin à la septième Exposition des Indépendants, installée, cette année-là, rue Saint-Honoré, mais :

M. Gauguin, dit-il, n'est pas en progrès, hélas ! — Cet artiste nous avait apporté, l'an dernier, une excellente étude de nu ; cette année, rien qui vaille. Tout au plus citerai-je, comme étant plus valide que le reste, sa nouvelle vue de l'église de Vaugirard. Quant à son intérieur d'atelier, il est d'une couleur teigneuse et sourde ; ses croquis d'enfants sont curieux, mais ils rappellent, à s'y méprendre, les intéressantes pochades de Pantazzis, le peintre grec, qui expose dans les cercles de Bruxelles.

L'artiste, qui continuait droit son chemin sans beaucoup se soucier, vraisemblablement, de Pantazzis, et qui n'omit pas de s'aliéner les sympathies de Huysmans en déclarant à celui-ci, sans ambages, qu'il ne comprenait rien à sa peinture, touchait à une des phases les plus critiques de son existence.

Excédé par son aride mais lucratif travail à la Bourse, qui lui prend le meilleur de son temps et l'arrête dans son essor, il se décide, en janvier 1883, à l'abandonner pour toujours et, sans souci de lourdes charges de famille, à s'engager dans l'ardu sentier de la lutte pour la vie par l'art, et par l'art seul.

Ce fut, pécuniairement, un effondrement.

Gauguin fondait, sur la vente des toiles accumulées dans son atelier et de celles qu'il avait en projet, de belles espérances, qui ne se réalisèrent point.

La gêne d'abord, le besoin ensuite, s'introduisirent au foyer domestique. L'artiste avait donné congé du pavillon luxueux qu'il occupait à Paris et était allé, avec les siens, s'établir à Rouen.

Voyant ses dernières ressources à peu près épuisées et ne comptant plus sur l'art pour faire face aux nécessités de la vie, il résolut, après un séjour de huit mois en Normandie, de partir pour Copenhague.

La famille de sa femme jouissait dans cette ville d'une considération réelle. Aussi le peintre espérait-il y trouver, sans trop de peine, une occupation qui lui assurât une existence honorable.

Il s'était fait attribuer, avant de quitter la France, la représentation d'une fabrique de bâches, dont il escomptait le placement dans les compagnies danoises de chemins de fer, mais celles-ci déclinèrent ses offres. Loin, du reste, de chercher à se concilier, par quelques concessions aux mœurs locales, la sympathie des compatriotes de sa femme, il épouvanta ceux-ci par ses libres allures et ne tarda pas

à se heurter de tous côtés à une malveillance non
dissimulée.

« Ce peuple, dit Gauguin, a de très curieuses pudi-
bonderies. Ainsi, dans le Sund, les propriétés sont
voisines, et chacun a sa cabine pour s'habiller ou
se déshabiller aux bains de mer. La route surplombe.

« Les femmes se baignent à part, et les hommes
aussi, mais à leurs heures. On se baigne nu, et il est
de règle que le passant sur la route ne doit rien
voir.

« J'avoue que, de ma nature très curieux, j'allai
contre la règle un jour où la femme d'un ministre *
marchait dans la mer s'en allant en pente douce.
J'avoue aussi que ce corps tout blanc, nu jusqu'à
mi-mollet, faisait assez bon effet. La petite fille
suivait, et, se retournant, m'aperçut : « Maman!! »

« La maman se retourna effrayée, reprenant le
chemin de la cabine, me montrant ainsi tout le devant, après m'avoir montré l'arrière. J'avoue encore
que le devant faisait, à distance, assez bon effet.

« Ce fut un scandale… Comment ? Avoir regardé!! »

Les époux durent, en juin 1885, se résigner à une
séparation, momentanée — crurent-ils. — Ils rom-
pirent dès lors la vie commune. Madame Gauguin resta
à Copenhague avec quatre de ses enfants, Émile,
Jean, Paul et Aline, s'occupant de la traduction de
romans français, notamment de ceux de Zola, travail ardu, car les puritains du pays, tout en désirant
se tenir au courant des productions de notre littérature, se choquaient à la fois et du fond et de la
forme.

« Moi aussi j'ai observé le Nord, disait Gauguin,
et ce que j'y ai trouvé de meilleur, ce n'est pas assu-

* Pasteur.

rément ma belle-mère, mais le gibier qu'elle cuisinait si admirablement. »

Le peintre reprit le chemin de Paris, emmenant son fils Clovis, qu'il garda quelque temps avec lui et qu'il mit ensuite dans une pension de la banlieue de Paris, où celui-ci resta jusqu'en juin 1887 *.

L'artiste désillusionné s'installa de nouveau à Vaugirard, impasse Frémin, rue des Fourneaux, où il eut pour voisin le sculpteur Dalou, avec lequel il noua quelques relations à cette époque : « La sculpture, disait à Gauguin un ami de ce dernier, sera républicaine, ou elle ne sera pas ! »

Gauguin connut bientôt, non plus la gêne, mais la vraie misère. Il raconta plus tard que, dans une crise terrible, il en fut réduit à coller des affiches, moyennant un salaire quotidien de trois francs cinquante centimes. On lui confia — ironie ! — la décoration des murs de la gare du Nord.

« J'ai connu, écrit-il dans un petit cahier dédié à sa fille Aline, la misère extrême, c'est-à-dire avoir faim et tout ce qui s'ensuit. Ce n'est rien ou presque rien. On s'y habitue et, avec de la volonté, on finit par en rire. Mais ce qui est terrible, c'est l'empêchement au travail, au développement des facultés intellectuelles. Il est vrai que, par contre, la souffrance vous aiguise le génie. Il n'en faut pas trop cependant, sinon elle vous tue.

« Avec beaucoup d'orgueil, j'ai fini par avoir beaucoup d'énergie et j'ai voulu vouloir.

« L'orgueil est-il une faute et faut-il le développer ? — Je crois que oui. C'est encore la meilleure chose pour lutter contre la bête humaine qui est en nous. »

---

* Madame Gauguin vint en retirer son fils à cette date, lors du départ de son mari pour la Martinique. Clovis Gauguin mourut à Copenhague à l'âge de vingt et un ans.

Malgré ses déboires, Gauguin travaillait avec obstination.

En 1886, il fut en mesure de prendre part à la huitième « Exposition de Peinture », ouverte rue Laffitte, où il se trouva en compagnie de Marie Bracquemond, Mary Cassatt, Degas, Forain, Guillaumin, Berthe Morizot, C. Pissarro, Lucien Pissarro, Odilon Redon, Rouart, Schuffenecker, Seurat, Signac, Gillot, Vignon et Zandomeneghi. Son envoi était composé des dix-neuf toiles dont les noms suivent :

Nature morte.
Vaches au repos.
Vache dans l'eau.
Un coin de la mare.
Les saules.
Près de la ferme.
Paysage d'hiver.
Le château de l'Anglaise.
L'église.
Vue de Rouen.
Avant les pommes.
Les baigneuses.
Fleurs. Fantaisie.
Route de Rouen.
Parc. Danemark.
Conversation.
Chemin de la ferme.
Falaises.
Portrait.

Félix Fénéon, dans sa plaquette : *Les Impressionnistes en 1886*, appréciait ainsi les envois de Gauguin :

Les tons de M. Paul Gauguin sont très peu distants les

uns des autres : de là, en ses tableaux, cette harmonie sourde.
Des arbres denses jaillissent de terrains gras, plantureux
et humides, envahissent le cadre, poursuivent le ciel. Un
air lourd. Des briques entrevues indiquent une maison
proche ; des robes gisent, des mufles écartent des fourrés, —
vaches. Ces roux de toitures et de bêtes, ce peintre les oppose
constamment à ses verts, et les double dans des eaux cou-
lantes entre les fûts et encombrées d'herbes longues. De
lui encore, des plages normandes, des falaises, une nature
morte, et, enfin, une sculpture sur bois datée de 1882.

... Sur du poirier que nous avons le regret de voir mono-
chrome, sa femme nue s'enlève en demi-relief, la main aux
cheveux, assise rectangulairement dans un paysage. Seul
numéro de sculpture. Rien en bois colorié, en pâte de verre,
en cire.

Gauguin, malgré une production incessante, n'arrivait que très péniblement à subvenir à ses besoins
les plus pressants.

Dégoûté de cette vie de privations et d'avanies, il
émigra en Bretagne et s'arrêta à Pont-Aven, pittoresque bourgade du Finistère, déjà fréquentée à
cette époque par des paysagistes à tendances variées.
Il y reçut, durant son séjour, la visite du jeune peintre
Émile Bernard. Entraîné par un irrésistible attrait
vers la terre armoricaine, ce dernier était venu de
Paris à pied, le sac sur le dos, couchant sur la route
dans les masures des paysans, dont il partageait le
frugal repas, et exécutant parfois, en échange d'une
hospitalité spartiate, le portrait d'un hôtelier béné-
vole.

Émile Bernard, bien que recommandé à Gauguin
par Émile Schuffenecker, ne fit réellement sa connaissance que deux ans plus tard, lorsque, après
avoir quitté Saint-Briac, où il était allé planter son
chevalet, le jeune artiste revint à Pont-Aven.

La petite ville, pressée le long de l'Aven entre deux rangs de collines de granit, était pittoresque à souhait ; égayée par le tic tac de nombreux moulins, elle étageait ses maisons antiques le long d'une claire rivière qui bondissait parmi les flots d'écume. Un horizon de coteaux boisés l'entourait, tandis que, dans la lande, s'érigeaient les frustes menhirs de Kerangosker et de Kervéguilen.

Depuis l'époque abolie dont nous parlons et où l'on trouvait à la pension Gloanec, pour soixante-dix francs par mois, le vivre et le couvert, Pont-Aven s'est fortement modernisé. Devenu centre de villégiature, il n'a pu manquer, malgré le charme du site, d'évoluer vers la banalité.

Gauguin passa à Pont-Aven une grande partie de l'année 1886. Il ne revint à Paris que l'hiver, époque à laquelle il se lia, à Montmartre, avec un collègue en art et en dénuement, le naïf et magistral Vincent Van Gogh, qui arrivait de Hollande.

Gauguin se chargera de nous le présenter lui-même :

*Les Crevettes roses**.

Hiver 86.

La neige commence à tomber, c'est l'hiver ; je vous fais grâce du linceul, c'est simplement la neige. Les pauvres gens souffrent. Souvent les propriétaires ne comprennent pas cela.

Or, ce jour de neige, dans la rue Lepic de notre bonne ville de Paris, les piétons se pressaient plus que de coutume. Aucun désir de flâner. Parmi ceux-là, un être, bizarre par son accoutrement, se dépêche de gagner le boulevard extérieur. Peau de bique l'enveloppe, bonnet de même fourrure ; le tout, manteau, bonnet et la barbe, hérissé, tel un bouvier.

---

* Manuscrit de *Noa Noa. Diverses choses,* p. 225.

Ne soyez pas observateur à demi, et malgré le froid ne passez pas votre chemin sans examiner avec soin la main blanche et harmonieuse, l'œil bleu si clair, si vif, si intelligent. C'est un pauvre gueux assurément, mais ce n'est pas un bouvier, c'est un peintre — Van Gogh il se nomme. Hâtivement il entre chez un marchand de « flèches sauvages, vieilles ferrailles et tableaux à l'huile à bon marché ». Pauvre artiste, tu as donné une parcelle de ton âme en peignant cette toile que tu viens vendre !

C'est une petite nature morte : des crevettes roses sur un papier rose.

— Pouvez-vous me donner de cette toile un peu d'argent ? Le terme approche.

— Ah ! dame, mon ami, la clientèle devient difficile. Elle me demande des Millet bon marché. Puis vous savez, ajoute le marchand, votre peinture n'est pas très gaie. Enfin, on dit que vous avez du talent et je veux faire quelque chose pour vous. Tenez, voilà cent sous...

Et la pièce ronde tinta sur le comptoir.

Van Gogh prit la pièce de monnaie sans murmure, remercia le marchand et sortit. Péniblement il remonta la rue Lepic. Arrivé près de son logis, une pauvre « sortie de Saint-Lazare » sourit au peintre, désirant sa clientèle. La belle main blanche sortit du paletot. Van Gogh était un liseur, il crut à la *Fille Élisa*, et sa pièce de cinq francs devint la propriété de la catin. Rapidement, comme honteux de sa charité, il s'enfuit l'estomac creux.

Hiver 94.

A la salle n° 9 de l'Hôtel des Ventes le commissaire-priseur vendait une collection de tableaux. J'entrai :

« 400 francs, les *Crevettes roses !* 450, 500. Allons, Messieurs, cela vaut mieux que cela. Personne ne dit mot ? Adjugé ! » Je m'éloignai tout songeur. Je pensais à la fille Élisa de Van Gogh.

Le brave hollandais, peu commerçant, ne fut pas généreux que ce jour-là, car, en pleine misère, il décora gratis l'ancien café du *Tambourin*, que tenait, boulevard de Clichy, une italienne, ancien modèle, la *Segatore*. Très amoureux de cette créature énigmatique, dont l'âge n'avait pas altéré la beauté, il en reçut, paraît-il, de terribles confidences. Le mâle, qui avec elle tenait le café, eut vent de ces indiscrétions, et, pour se débarrasser du peintre, lui jeta sans motif, en pleine figure, un bock qui lui fendit la joue.

Gauguin ne cessait de travailler, mais la vie de Paris, dans de telles conditions, était une torture pour l'homme qui, pendant sept ans, avait vagué sans souci du lendemain aux quatre coins du monde, et qui, pendant onze autres années, avait vécu dans le confortable bien-être de la famille. La fièvre du mouvement le ressaisit. Il veut échapper à l'obsession de chaque jour.

La vie, croit-il, — et cette croyance, chez lui, fut indéracinable, — est bien moins chère aux colonies qu'en France. Il a entrevu, aux hasards des traversées, la Martinique et son ciel de flamme, ses mornes frustes, sa végétation luxuriante. Il prend une décision rapide et énergique. Rassemblant l'argent du voyage en vendant à tout prix ce dont il peut tirer parti, il prend passage, en 1887, sur un paquebot en partance pour les Antilles.

Mais cette fois il n'est pas seul. Un camarade l'accompagne, avide, comme lui, de soleil, de paysages féeriques, de choses non vues. C'est le jeune Charles Laval, un enthousiaste de la notation nouvelle en peinture.

Pendant la belle saison, c'est-à-dire pendant les premiers mois de l'année, le ciel de cette île, depuis si éprouvée, est d'une pureté et d'une transparence qui laissent loin derrière elles l'éclat si vanté de celui d'Italie. Dans le milieu du jour, des nuages légers n'en troublent que passagèrement la sérénité bleue, mais le lever et le coucher du soleil produisent dans le ciel et sur la mer les effets de lumière les plus grandioses et les plus riches.

Gauguin s'installa avec son ami aux environs de Saint-Pierre. Autour d'eux s'étendaient de compactes plantations de cannes à sucre, — au milieu desquelles s'agitaient, demi-nus, des ouvriers agricoles, indiens, chinois, ou noirs des côtes d'Afrique, — des champs de caféiers toujours en fleurs, des massifs de cocotiers qui frappent le regard par la richesse de leur végétation tropicale.

Aux arbres, aux arbustes étaient suspendus l'orange à la chair savoureuse, le citron, si commun là-bas que l'arbuste qui le produit pousse en liberté dans les halliers, le coco, dont on boit le lait d'abord pour manger ensuite l'amande, la goyave, au parfum délicieux, le corossol, gros fruit d'une agréable fraîcheur, la sapotille, poire fine et délicate, et aussi le mango et la banane.

Dans les bois, hantés par le serpent trigonocéphale jaune et noir, et, la nuit, par la mouche à feu, poussaient dans toute leur vigueur exotique le gaïac, l'acajou et le bois de rose. Le tamarin embellissait les avenues et, dans les lieux humides, s'agitaient les grêles dentelles du bambou.

Au-dessus de toute cette végétation se dressaient des mornes tragiques, dont plusieurs portent l'empreinte d'anciens volcans.

Gauguin, malgré l'atmosphère de feu qui l'environnait nuit et jour, respirait librement dans cette nature fabuleuse, la seule, sans qu'il s'en rendît bien compte, qui convînt à son tempérament de sang mêlé et de nomade.

Un horizon nouveau de lignes étranges et de masses

éclatantes s'ouvrait devant lui. Au ciel brumeux,
aux tons effacés, aux gris sourds, au soleil voilé qui
faisaient le fond des paysages de France, se substi-
tuaient des vigueurs étonnantes, des rouges, des
jaunes, des roses, des orangés, des bleus, des lilas,
crus, francs, sans atténuations, sans compromis.

Et l'art délicat de Pissarro, la décomposition du
ton en mille facettes chatoyantes ne suffisent plus
à traduire cette nature exubérante. Les tons de Gauguin deviennent plus francs, la touche s'élargit, des
masses commencent à s'établir. L'artiste au tempérament primesautier, dans l'âme duquel la pensée
seule de pastiche provoquait le dégoût, n'eut pas
besoin de se remémorer tel ou tel peintre, connu ou
inconnu, pour transformer sa manière. L'observation
lui suffit.

Tous ceux qui ont travaillé d'après nature savent
quelle modification profonde fait subir à la vision
le changement de lieu et surtout de climat. Un artiste
de la trempe de celui-ci ne pouvait peindre la Martinique avec la palette qu'il employait à Montmartre,
et traduire par de petites lèches de couleurs les tou-
ches larges et violentes que suggéraient les éclatantes
zébrures de ces paysages de flamme. A la Martinique,
Gauguin n'atteignit cependant pas du premier coup
la facture personnelle et magistralement volontaire
qu'il imposa au public dans la seconde partie de sa
carrière, mais ce n'était cependant plus dans ses
toiles le papillotement maigre des coups de pinceau
du début.

A la préoccupation dominante des couleurs rares
et des transparences lumineuses qui l'avait captivé
jusque-là commence à s'ajouter le sentiment des
masses d'ensemble et de la brutale harmonie des
lignes et des couleurs. Par un groupement naissant

de faisceaux colorés se manifeste une tendance, non
plus à l'analyse des tons, mais à leur simplification.

Les modèles humains qui arrêtèrent le regard de
Gauguin à la Martinique n'étaient pas la femme
créole aux traits fins et délicats, à la taille gracieuse
et svelte, à la paresseuse démarche, passant tout le
jour nonchalamment étendue sur un lit de repos ou
se faisant mollement balancer dans un hamac. C'était
encore moins l'Européen des colonies, le mercanti
grossier et brutal, dont Gauguin avait horreur.
C'étaient les gens de couleur et de sang mêlé, libres
aujourd'hui, qui forment l'espèce la plus vivace de
la colonie. Il est curieux de noter, dès 1887, cette
prédilection de l'artiste pour la race noire ou cui-
vrée.

Si la Martinique d'alors était un rêve pour les
yeux, cette terre splendide était, en retour, soumise
à l'influence d'un climat désastreux pour l'immigré
des zones tempérées. Pendant la saison d'hivernage,
la plus chaude de l'année, et qui correspond à notre
été, le thermomètre y marque 20° le matin, 40° à
midi et 30° le soir.

Après un séjour de quelques années, l'Européen,
toujours en transpiration dans cette atmosphère toujours en feu, y est atteint d'une anémie irrémédiable,
que peut seule retarder, pendant un temps limité,
une vie sobre et régulière. Des fléaux sans cesse
menaçants y déciment la population : la fièvre
jaune, la dysenterie, le *vomito-negro*.

Laval, moins robuste que Gauguin, ne tarda pas
à subir les effets néfastes du climat et du changement
de régime. Il tomba gravement malade et fut même,
dans un accès de fièvre, sur le point de se suicider.
Ce fut son compagnon qui, par force, l'empêcha de

réaliser cette tragique tentative. Mais lui-même, malgré son tempérament exceptionnellement robuste, fut atteint d'un commencement de dysenterie et ne dut qu'à un départ précipité d'échapper à une crise peut-être fatale.

III

1888-1889

Gauguin débarqua à Paris dans les premiers
jours de 1888, hâve, maigri, l'œil terne, la
figure bronzée par le climat des Antilles.
N'ayant ni logis, ni atelier, ni ressources suffisantes
pour faire face aux périodiques exigences du terme,
il alla, à son arrivée, frapper à la porte de son vieux
camarade de chez Bertin, Schuffenecker, chez lequel
il avait, avant de partir, déposé les quelques tableaux d'amis qui constituaient toute sa fortune.

Schuffenecker, comme Gauguin, avait quitté la
Bourse en poussant ce cri de délivrance : *Anch'io
sono pittore.* Moins audacieux que l'indépendant
élève de Pissarro, il se sentait secrètement porté vers
la tradition académique, et, désireux de recevoir les
conseils d'un officiel illustre, s'était fait présenter
au peintre Baudry, lequel avait alors son atelier,
70, rue Notre-Dame-des-Champs. Dans le même
immeuble se voyait la *Boîte à thé*, local jadis célèbre
qu'habitèrent Hamon, Gérôme et Schutzenberger.

Schuffenecker mit un jour sous les yeux du peintre
une petite étude de nu. C'était un buste de fillette
à cheveux roux, vue de dos, la tête tournée de profil
et se détachant sur un fond sombre.

Cette petite toile, assez largement exécutée, offrait une tonalité rompue qui rappelait un peu la peinture de Degas. Baudry l'examina longuement : « C'est vous, dit-il avec surprise, qui avez fait cela ? » Et, sur une réponse affirmative : « C'est très bien ! Je ne puis que vous féliciter. Une chose seulement m'étonne. Comment avez-vous pu, en si peu de temps, transformer à ce point votre exécution et faire de si rapides progrès ? » — « C'est, répondit Schuffenecker avec un excès de sincérité, que je me suis inspiré des impressionnistes. »

Baudry pâlit, regarda un instant son élève, et lui tendant la toile : « Puisque, lui dit-il, les impressionnistes sont vos maîtres, vous n'avez plus besoin de mes conseils ! » C'était un congé en règle. Schuffenecker sortit, emportant la réconfortante conviction d'avoir étonné le copiste de Michel-Ange.

Vouant Bertin et la Bourse aux Dieux infernaux, il s'inscrit, en 1881, à l'Académie Colarossi, où sa présence fit sensation. Assis sur un tabouret d'un pied de haut, à moins d'un mètre du modèle, il ne peint que des choses plafonnantes, dont, en haine des tons de musée, il traite toutes les ombres en un noir violet, véritable délayage d'encre. Gustave Courtois, son compatriote, — tous deux sont originaires de la Franche-Comté, — est un des professeurs attitrés de l'Académie. Il s'efforce, mais en vain, de faire rentrer Schuffenecker dans la voie correcte des principes de l'École. Celui-ci ne veut rien entendre. Il se révolte, il discute, à la grande joie de ses camarades qui voyaient se renouveler chaque semaine cette lutte héroïque.

Et Schuffenecker, tout en prenant part à la symphonie champêtre du *Réveil de la ferme*, prêchait à ses camarades, dont plusieurs s'orientaient vers les idées

nouvelles, le culte de Delacroix, « ce précurseur »,
et aussi celui de Cazin, dont l'*Ismaël et Agar*, aujour-
d'hui tombé dans l'oubli, lui inspira une *Mort d'Abel*,
qui subit, au Salon de 1882 ou de 1883, un échec
peu retentissant.

En 1887, Schuffenecker demeurait à Montrouge,
29, rue Boulard. Une étroite allée, entourée de treil-
lages, était bordée à droite et à gauche de petits
pavillons symétriquement alignés et précédés chacun
d'un minuscule jardinet. L'un de ces pavillons, à
droite, était occupé par Schuffenecker. La salle à
manger et une pièce voisine — ancien salon transformé en atelier — donnaient de plain-pied dans le
jardin.

Vers la fin du printemps on pouvait, par la fenêtre
grande ouverte, apercevoir à la table de famille un
personnage d'allure étrange, qui savourait avec une
visible satisfaction le mélange classique de moka,
martinique et bourbon succédant à un copieux dé-
jeuner. Une bouteille de fine champagne était à
portée de sa main et une cigarette laissait filtrer,
entre ses doigts jaunis, de délicates spirales de fumée.
C'était Gauguin, de retour des Antilles, et momentanément rétabli, grâce aux soins de personnes em-
pressées à satisfaire ses moindres désirs. Avec le
flegme de quelqu'un qui ne s'étonne jamais, il se
laissait vivre, et — chose qui ne surprendra aucun
de ceux qui l'ont connu — se figurait être, non pas
un invité de marque devant les caprices duquel il
convenait de s'incliner, mais bien le véritable maître
de la maison.

Dans l'atelier voisin étaient éparses une série
d'études récentes de Schuffenecker, qui, à partir de
1884, avait définitivement évolué vers l'intransi-
geance et, non sans succès, était devenu un des plus

ardents champions du néo-impressionnisme. Il procédait alors par tons divisés, par virgules obliques,
parmi lesquelles dominaient dans les chairs la garance rose, le vert Véronèse et le jaune de cadmium. Sur un chevalet était une petite étude de
danseuse en jupe blanche pailletée, réminiscence de
Degas.

Et Gauguin, quand survenait un visiteur ami, faisait silencieusement le tour de la pièce, allait prendre
une trentaine de toiles de 15 ou de 20, rapportées de
son voyage, et les posait successivement sur un chevalet de campagne, donnant à leur sujet, quand il
le jugeait à propos, quelques laconiques explications.

Gauguin n'avait de ménagements pour personne,
même pour ceux qui se mettaient à sa disposition, à
moins qu'il n'eût constaté que ces derniers avaient
bec et ongles et qu'ils étaient disposés à en faire
usage. Il fut toujours très dur pour Schuffenecker.
Deux faits, que celui-ci n'excusa jamais, démontreront suffisamment le peu de délicatesse de ses procédés, quand la question d'art venait se mêler à la
question de camaraderie.

Un jour que Jean Dolent, venu pour serrer la main
à Gauguin, admirait une toile de Schuffenecker,
Gauguin tourna vers le poète un regard oblique, en
gardant un silence si chargé d'orage que celui-ci
crut avoir fait une irréparable bévue.

Et un autre jour que Théodore Van Gogh, frère
de Vincent, venait demander à Gauguin, logé chez
Schuffenecker et hébergé par lui, de vouloir bien lui
montrer ses récentes œuvres, Gauguin entra dans
l'atelier de Schuffenecker avec le visiteur et ferma
purement et simplement la porte au nez de son hôte,
qui resta dehors, suffoqué.

Tous les camarades de Schuffenecker furent plus ou moins influencés par Gauguin, du moins d'une manière momentanée. Un seul, le paysagiste Quignon, fut réfractaire. Encore ce fervent admirateur de Pelouze ne dut-il son salut qu'à la fuite, car, abandonnant la rue Boulard et ses effluves délétères, il recula devant le fléau jusque vers les parages lointains du canal Saint-Martin.

Gauguin se remit au travail sans perdre de temps.

Pris de passion pour la céramique, il entra en relations avec le maître Chaplet, qui lui donna quelques indications techniques. Un carnet de Gauguin mentionne les formules utiles de pâte de grès pour recevoir les couleurs, de pâte de grès noir, de vernis pour enduire les pièces en biscuit, de vernis pour décorer les poteries communes en jaune, en brun, en vert. Il note même, ce qui surprend, vu ses connaissances plus que rudimentaires en physique, que la cuisson se fait à 100° ou 120° du pyromètre de Wegwood. Et, malgré sa répulsion pour le côté cuisine en art, il arrive du premier coup, — toute appréciation d'un autre ordre mise à part, — à une exécution qui ne trahit ni l'hésitation, ni l'embarras.

Chaplet, que Gauguin tenait en très haute estime, voulut bien se charger de cuire ses grès et le fit avec la même conscience que s'il se fût agi de ses propres œuvres. Le musée du Luxembourg possède de cet artiste trop modeste, qui, selon certains, fut une sorte de Bernard Palissy, quatre petits vases sans autre ornement que leur émail et dont le décor riche, savoureux et coloré, est mat ou presque mat.

Gauguin, qui fut un familier du musée Guimet, avait pour la céramique d'Orient une véritable admiration. Il fit plus tard à Tahiti le récit imaginé, et néanmoins étonnamment vraisemblable, des procédés tout primitifs employés — naguère — pour la fabrication de la porcelaine japonaise :

Là-bas, bien loin de mon patelin, la campagne nippone est couverte de neige; tout le monde est dans les fermes. Pour éviter d'entrer par la cheminée, — les portes sont closes, — je vais vous introduire, par le seul fait d'une narration, au milieu d'une famille nippone, paysans neuf mois de l'année, artistes les trois mois d'hiver. Et ce que vous aurez vu dans cette maison suffira à votre enseignement. Toutes sont pareilles, animées de la même vie. L'intérieur est tout ce qu'on veut : une petite fabrique, un dortoir, un réfectoire, etc.

Ah! que le thé a un bon parfum, quand on le boit dans une tasse qu'on a faite soi-même!

Et ces adorables petits paniers, que chacun prépare pour la cueillette des cerises, au beau temps revenu!

Et ces merveilleux vases cloisonnés, qui demandent tant de patience, d'adresse et de goût!

Chaque paysan japonais fabrique son vase, pour y mettre à la belle saison des bouquets. Voulez-vous que nous assistions à l'opération. Ce sera l'affaire de deux ou trois mois.

Tout d'abord le paysan nippon fait avec soin son dessin, sa composition, sur un morceau de papier de même surface que celle du vase, déroulée. Il sait dessiner, non pas comme chez nous, d'après nature; mais à l'école, tout enfant, on lui a appris un *schéma* établi d'après les maîtres. Les oiseaux au vol, au repos, les maisons, les arbres, tout enfin dans la nature a une forme invariable que l'enfant arrive vite à posséder au bout des doigts. La composition seule ne lui est point enseignée. L'imagination est libre de vagabonder tant qu'il lui plaira.

Voilà donc notre Japonais installé avec un vase de cuivre devant lui, son dessin bien en vue à côté de lui. Des pinces, des cisailles, fil de cuivre, voilà son outillage.

Avec dextérité il donne à son fil de cuivre plat toutes les formes exactement semblables au dessin qui est devant lui, puis, au moyen de borax, il soude tous ces contours sur le vase en cuivre, bien entendu à leur place, correspondant au dessin sur le papier. Cette opération terminée, non sans un soin extrême et une grande habileté, remplir tous les vides avec des pâtes céramiques de couleurs différentes n'est plus qu'un jeu d'enfants.

L'artiste a terminé son œuvre, il n'a plus qu'à cuire son vase. Le four en terre réfractaire se trouve chez tous les marchands. Les paysans en ont de différentes grandeurs. Une petite porte y est ménagée pour y introduire et retirer l'indicateur du degré de cuisson. Les femmes, les enfants entrent en lice. On entoure le four et son contenu avec du charbon qu'on allume doucement, très doucement. Chacun, avec son éventail, attise progressivement le feu, et ce sont les jeux innocents : *Monsieur le curé n'aime pas les o.* Les enchères sont les bijoux, les peignes, tout cela dit et enlevé rapidement. On s'échauffe. L'éventail va toujours, de plus en plus actif. L'œuvre infernale s'accomplit dans la cornue, les rires, les chants, accompagnent ce simulacre de sabbat. Une telle n'a plus qu'un gage à donner : sa chemise. Elle n'a qu'à bien se garder. Un autre n'a plus que son pantalon. Heureusement que l'indicateur a fait signe que le feu devait cesser. Il est tard, du reste, et le tout se refroidit pendant la nuit, doucement, très doucement.

Le matin, tout est calme, et, sur un de ces petits bahuts japonais incrustés de nacre, le vase cloisonné fait son apparition première, car il n'est pas encore terminé. Mais on veut en jouir. L'artiste, dans un coin, voit son œuvre. S'il gronde, les enfants trouvent le vase très laid, tandis que, s'il est gentil, le plus petit dit : oui, et se tait. Le plus grand admire et dit : « Papa, qu'il est beau ! » En japonais cela se dit autrement, mais je ne sais pas le japonais. Pour le terminer, on travaille chaque jour un peu pour le polir avec soin.

Et, au printemps, on va par couples gais, heureux, s'égarer dans des forêts de fleurs. On fait des bouquets, qui vont si bien dans les vases cloisonnés*!

---

* *Choses diverses*, p. 314. Suite du manuscrit de *Noa Noa*.

Gauguin, n'ayant à Paris qu'un gîte provisoire, loua un petit atelier. C'était un local quelconque, éclairé par le haut, inclus dans une bâtisse industrielle. On y accédait par l'avenue de Montsouris, bien qu'il se trouvât en bordure de l'impasse du Saint-Gothard. Le peintre ne garda cet abri, d'un loyer annuel de 400 francs, que la seule durée d'un terme.

Aux premiers beaux jours, constatant qu'il ne pouvait compter, à Paris, sur le nécessaire, Gauguin se décida, autant par affinité secrète que par économie, à reprendre le chemin de la Bretagne. La tristesse des landes, la fruste majesté des calvaires de granit qui se dressent, lépreux, aux coins solitaires des carrefours, les agrestes chemins creux, bordés de pierres éboulées, qui conduisent on ne sait où, la lumière blême des temps couverts mettant des reflets de plomb sur le visage tanné des paysans et sur le pâle visage des femmes, toute cette rusticité était de nature à séduire un artiste qui avait horreur des élégances mondaines et qui, chose remarquable, ne peignit jamais une Parisienne.

Il s'arrête de nouveau à Pont-Aven. Un petit groupe de peintres français et étrangers, qui s'y retrouvait chaque année, avait fait de ce lieu un nouveau Barbizon. A l'arrivée de Gauguin, deux groupes tranchés, nettement hostiles, se dessinèrent à la pension Gloanec. D'une part Gauguin lui-même et ses camarades de travail Laval, Moret, Paul Sérusier, Émile Bernard et de Chamaillard, lesquels, insoucieux du voisinage, prenaient leurs repas dans une petite pièce. D'autre part, dans la grande salle, une cohorte de peintres traditionnalistes, issus de l'École des Beaux-Arts ou de l'Académie Julian, lesquels résumaient leur haine collective à l'endroit des indépendants et des novateurs en l'épithète infamante d'« impressionnistes », équivalant dans leur pensée à celle de pestiférés. Un dessin de Gauguin, qui subsiste, fut balafré par l'un d'eux de cette annotation typique : « Succursale de Charenton *! »

Dans le groupe indépendant, les laborieuses séances sur nature alternaient avec d'interminables dissertations artistiques. De l'échange soutenu des idées, du libre choc d'opinions parfois contradictoires entre jeunes gens enthousiastes, ne pouvait manquer de jaillir quelque imprévu rayon de lumière éclairant d'un jour nouveau certains horizons de l'art. C'est ainsi que prit naissance et que s'élabora peu à peu la théorie picturale de la « synthèse », dont la diffusion à Paris fit, durant les années qui suivirent, quelque bruit dans les milieux artistiques.

La synthèse n'était autre chose que la simplification voulue des lignes, des formes et des couleurs, simplification ayant pour but de donner à l'expression son maximum d'intensité par la suppression de tout ce qui pouvait en amoindrir l'effet.

Ce mode d'interprétation n'était pas, à vrai dire, une découverte, puisque, depuis les origines de la peinture, cette simplification est la base même de l'art décoratif, et, en particulier, de la fresque et du vitrail. Il n'y eut même pas d'innovation à l'appliquer aux tableaux de chevalet car, sans remonter plus haut dans l'histoire de l'art, Puvis de Chavannes simplifia dans son *Espérance* assise, tenant une fleur

---

* Charles Chassé. *Gauguin et le groupe de Pont-Aven.* H. Floury, éditeur, 1921. — Vincent Van Gogh, sollicité d'aller rejoindre à Pont-Aven la petite colonie artistique dont il est ici parlé, écrivait d'Arles à son frère Théodore qui, de Paris, subvenait généreusement à ses pressants besoins : « Maintenant, c'est dit, je ne vais pas à Pont-Aven, si c'est qu'on doive y loger à l'hôtellerie avec ces Anglais et ces gens de l'École des Beaux-Arts avec qui on discute tous les soirs, tempête dans une cuvette. »

à la main, dans son *Enfant prodigue* et dans le classique *Pauvre pêcheur*. Corot et Ingres simplifièrent également, et aussi Le Poussin. Ces maîtres et bien d'autres faisaient, comme Monsieur Jourdain de la prose, de la synthèse sans le savoir.

Gauguin, qui s'était aperçu à la Martinique de l'insuffisance expressive et picturale des moyens fournis par le mélange optique des couleurs, avait adopté un mode d'interprétation plus large que celui dont il avait usé jusque-là et qu'il abandonna définitivement lors de son arrivée en Bretagne. Une telle évolution ne pouvait être, chez un révolté comme lui, le reflet pur et simple des idées ambiantes. Elle était le résultat de son expérience personnelle, et non celui de l'expérience des autres.

Les discussions esthétiques, dont peintres et littérateurs sont coutumiers, les conversations tenues au hasard des rencontres sur des matières de littérature et d'art, la manière de certains, entre autres celle de Cézanne, que l'on crut pouvoir considérer comme un de ses initiateurs, ne furent certainement pas sans avoir quelque influence sur son mode d'interprétation, mais le tempérament volontaire de l'artiste reprit toujours le dessus. Il eût été impossible à Gauguin, — même par un acte de volition ferme, — de se plier à la vision d'un autre. Il eût fallu pour cela qu'il anéantît la sienne, et il suffit de l'avoir personnellement connu pour être fixé sur le degré d'élasticité que comportaient les circonvolutions de son cerveau.

Une toile du maître, datée de 1887 et appartenant à l'ingénieur Ernest Cros, est du reste une preuve typique de ce que l'abandon des formules impressionnistes ne fut pas en principe déterminé par les théories émises, en 1888, au sein du groupe artistique de Pont-Aven.

Sur cette petite toile (une toile de 12, paysage) sont représentées des femmes de race noire, en robes éclatantes, défilant au bord de la mer. Deux d'entre elles sont assises au premier plan près de corbeilles de fruits. Ces figures exotiques, cernées en partie d'un trait qui accuse leur contour, se découpent en silhouettes sur la mer très bleue, que domine un ciel d'orage. Au fond, sont des coteaux violets avec, à leur pied, un village à toits rouges.

Les tons sont francs et nets, sans mélange optique de couleurs, sauf cependant, — ce qui est caractéristique comme indice de transition, — un bouquet d'herbes, semé de fleurs rouges, placé au premier plan au pied d'arbres dessinés avec style, et qui est traité à la manière de Pissarro. Il semble que Gauguin, encore mal affermi dans sa nouvelle orientation, obsédé peut-être par des théories qu'il répudiait en principe, mais dont il ne pouvait faire entièrement table rase, eût eu, devant une difficulté d'interprétation, un retour machinal vers sa manière ancienne, dès lors condamnée *.

Dans le courant de l'année 1888, eut lieu, à l'entresol de la maison Boussod et Valadon, boulevard Montmartre, la première exposition particulière des œuvres de Gauguin. Deux petites salles, au milieu desquelles quelques grès étaient posés sur des socles, furent garnies de ses toiles, parmi lesquelles Roger Marx considérait comme une des meilleures *La baignade*, datée de 1887, deux figures nues dans un chemin sous bois.

Il serait aujourd'hui difficile de savoir quel béné-

* « Parlant de moi, — dit le peintre dans une des lettres qu'il adressa plus tard à Daniel de Monfreid, — l'un dit : C'est du Van Gogh ; l'autre : C'est du Cézanne. Bernard dit que c'est de lui ; un autre encore dit : C'est du Anquetin ou du Séruzier.

— « Des pères, j'en ai plus que toi ! ! »

fice exact Gauguin, encore peu connu, tira de cette
exposition peu tapageuse, mais il est constant que
la vente de quelques toiles lui permit de ne pas
mourir de faim, ce qui était un résultat appréciable.

Gauguin, très éprouvé par le climat de la Martinique, eut une rechute en Bretagne,* où la vie d'auberge et de café était loin de lui être favorable.

Son ami Vincent Van Gogh, parti pour la Provence sur la foi des chaudes descriptions de Zola et
de Daudet, ne l'avait pas oublié et tenta, avec un
fraternel dévouement, de l'arracher à une neuras-
thénie en pleine évolution. Son plus cher désir eût
été de le faire venir près de lui, à Arles, où il travaillait avec un entrain que rien ne rebutait, grisé,
lui hollandais, par le charme spécial et âpre de cette
cité en ruines et de ses abords brûlés par le soleil,
de cette Camargue, notamment, à laquelle il trouvait un caractère à la Ruysdaël, et de ces champs à
perte de vue verts et jaunes, dont l'aspect solennel
lui rappelait Salomon Konink, l'élève de Rembrandt,
qui faisait les immenses campagnes plates.

Il y peignait la nuit étoilée, les sillons, le « jardin
du poète », la vigne, et certain jardin de paysan,
superbe de couleur, « où les dahlias sont d'un pourpre
riche et sombre ; la double rangée de fleurs, rose
et vert d'un côté, et orangé presque sans verdure de
l'autre », où se dresse, au milieu, un petit grenadier
à fruit vert jaune, à fleurs du plus éclatant orangé
rouge, et où se détachent sur le soleil, au milieu
de hauts roseaux d'un vert bleu et de figuiers émeraude, des maisons blanches à fenêtres vertes, à toits
rouges.

Et il constate, dans son enthousiasme, que, pour
embrasser tout, il faudrait une école d'artistes travaillant d'un commun accord et se complétant comme

les vieux Hollandais : portraitistes, peintres de genre,
peintres de paysages, animaliers, peintres de nature
morte.

Vincent écrivait à son frère Théodore :

Je t'écris, bien à la hâte, pour te dire que je viens de recevoir une lettre de Gauguin, qui dit qu'il n'a pas écrit à
cause qu'il travaillait beaucoup; il se dit toujours prêt à
venir dans le Midi, aussitôt que la chance le permettra...

Dans l'espoir de vivre dans un atelier à nous avec Gauguin,
je voudrais faire une décoration pour l'atelier. Rien que
des grands tournesols... Le tout sera une symphonie en
bleu et jaune *.

J'ai reçu, dit-il peu après, une lettre de Gauguin... Il
dit que ses douleurs d'entrailles continuent toujours, et
il me paraît bien triste.

Il parle d'une espérance qu'il a de trouver un capital de
six cent mille francs pour établir un marchand de tableaux
impressionnistes, qu'il t'expliquera son plan et qu'il vou-
drait que tu fusses à la tête de cette entreprise. Je ne serais
pas étonné si cette espérance était une *fata morgana*, un
mirage de la dèche : plus on est dans la dèche, surtout lorsqu'on est malade, plus on pense à des possibilités pareilles.
Je vois donc dans ce plan surtout une preuve de plus qu'il
se morfond, et que le mieux serait de le mettre à flot le plus
vite possible.

... Je serais donc bien étonné s'il n'était pas content de
venir, mais les frais de l'hôtel et du voyage sont encore
compliqués de la note du médecin : aussi ce sera bien difficile.

Il me semble qu'il devrait laisser la dette en plan et des
tableaux en gage. J'ai été obligé de faire la même chose pour
venir à Paris **.

... Il (Gauguin) doit manger, se promener avec moi dans
la belle nature... voir la maison comme elle est et comme

* *Mercure de France*, t. X, p. 28.
** *Mercure de France*, t. X, p. 29.

nous la ferons, et enfin se distraire sérieusement. Il a vécu
à bon marché, oui, mais il en est devenu malade à ne pouvoir distinguer un ton gai d'un ton triste. Eh bien! cela ne
vaut rien du tout. Il est grand temps qu'il vienne, et il se
guérira bien vite; en attendant, pardonne-moi si j'excède
mon budget, je travaillerai d'autant plus *.

Gauguin avait envoyé à Vincent Van Gogh son portrait par lui-même. Ce tableau était traité dans une
gamme si triste que ce n'était pas « le moins du monde
de la chair » et « cela, disait Vincent, me fait décidément l'effet de représenter un prisonnier... Mais
on peut mettre cela sur le compte de sa volonté de
vouloir faire une chose mélancolique; la chair dans
les ombres est lugubrement bleutée... Ce que le portrait de Gauguin me dit surtout, c'est qu'il ne doit
pas continuer comme cela, qu'il doit se consoler,
qu'il doit redevenir le Gauguin plus riche des négresses ».

Je pense beaucoup à Gauguin, répète ailleurs Vincent
van Gogh s'adressant à son frère, et je t'assure que, d'une
façon ou d'une autre, que ce soit lui qui vienne, que ce soit
moi qui aille vers lui, nous aimerons, lui et moi, à peu près
les mêmes motifs.

Et il ajoute, dans le style hérissé de conjonctions
qui lui est particulier :

Reste encore que pourvu que nous vivions en bon accord,
et avec le parti pris de ne pas nous quereller, on y gagnera
une position plus ferme en tant que quant à la réputation.
Vivant seul de part et d'autre, on vit comme des fous ou
des malfaiteurs, en apparence au moins, et en réalité un
peu également *.

* *Mercure de France*, t. X, p. 32.
** *Mercure de France*, t. XI, p. 258.

Gauguin, cédant enfin à de si amicales sollicitations, quitta Pont-Aven dans le courant de l'automne 1888 et s'achemina vers Arles.

« Ce fut à Arles, — écrit-il lui-même, dans les *Choses diverses*, qui font suite au manuscrit de *Noa Noa*, — que j'allai retrouver Vincent Van Gogh, après des sollicitations nombreuses de sa part. Il voulait, disait-il, fonder l'atelier du Midi, dont je serais le chef. Ce pauvre hollandais était tout ardent, tout enthousiaste. Or la lecture de *Tartarin de Tarascon* lui avait fait croire à un Midi extraordinaire, à exprimer en jets de flamme.

« Et sur sa toile le chrome surgissait, inondant de soleil les *mas*, toute la plaine de la Camargue.

« Nous travaillâmes quelques mois avec ardeur. Ce fut peu. Ce fut beaucoup. Dans l'atelier une paire de gros souliers ferrés, tout usés, maculés de boue; il en fit une singulière nature morte. Je ne sais pourquoi je flairais une histoire attachée à cette vieille relique, et je me hasardai un jour à lui demander s'il avait une raison pour conserver avec respect ce qu'on jette ordinairement à la hotte du chiffonnier.

« — Mon père, dit-il, était pasteur et je fis mes études théologiques pour suivre la vocation que, sur ses instances, je devais avoir. Jeune pasteur, je partis un beau matin, sans prévenir ma famille, pour aller en Belgique dans les usines prêcher l'Évangile, non comme on me l'avait enseigné, mais comme je l'avais compris.

« Ces chaussures, comme vous les voyez, ont bravement supporté les fatigues de ce voyage!

« Mes paroles enseignaient la sagesse, l'obéissance aux lois de la raison, de la conscience, puis aussi les devoirs de l'homme libre. On crut à la révolte contre l'Église. Ce fut un scandale. Mon père rassemble un conseil de famille pour me faire enfermer comme fou; grâce à mon frère aîné, ce brave Théodore, on me laisse tranquille, mais je dus naturellement quitter l'Église protestante.

« Il y eut en ce temps une terrible catastrophe de feu grisou dans une mine. Les médecins secouraient les blessés considérés comme viables, puis, débordés par la besogne, abandonnaient à leurs souffrances ceux qui devaient mourir.

« Un de ceux-là gémissait dans un coin, la figure inondée de sang, le crâne labouré par des éclats de charbon. J'aurais voulu le sauver, moi, médecin de l'âme : « Inutile, s'écria le médecin du corps, cet « homme est perdu, à moins qu'on puisse lui donner « des soins de chaque minute pendant quarante « jours, et la Compagnie n'est point assez riche pour « un tel luxe. »

« A son chevet je veillai constamment, tout un mois, lavant ses plaies, le priant de vivre. Il fut guéri.

« Et avant de quitter la Belgique, j'eus la vision, devant cet homme portant sur son front une série de cicatrices, telle la couronne d'épines, j'eus la vision du Christ ressuscité.

« Et Vincent reprit la palette; en silence il travailla. A côté de lui une toile blanche. Je commençai son portrait, j'eus aussi la vision d'un Jésus prêchant la bonté et l'humilité *. »

Après une courte période de vie commune, une scène tragique, causée par un accès de folie de Van Gogh et sur laquelle la lumière fut quelque temps

---

* Manuscrit de *Noa Noa. Diverses choses*, p. 261.

à se faire, se déroula entre les deux amis. Gauguin,
mis en cause par l'opinion publique, prit le parti
d'en faire, plus tard, le récit détaillé :

« Les lecteurs du *Mercure* ont pu voir, dans une
lettre de Vincent, publiée il y a quelques années,
l'insistance qu'il mettait à me faire venir à Arles
pour fonder, à son idée, un atelier dont je serais le
directeur.

« Je travaillais en ce temps à Pont-Aven, en Bretagne, et soit que mes études commencées m'atta-
chaient à cet endroit, soit que, par un vague instinct,
je prévoyais quelque chose d'anormal, je résistai
longtemps, jusqu'au jour où, vaincu par les élans
de sincère amitié de Vincent, je me mis en route..

« J'arrivai à Arles fin de nuit et j'attendis le petit
jour dans un café de nuit. Le patron me regarda et
s'écria : « C'est vous le copain : je vous reconnais. »

« Un portrait de moi que j'avais envoyé à Vincent
est suffisant pour expliquer l'exclamation de ce
patron. Lui faisant voir mon portrait, Vincent lui
avait expliqué que c'était un copain qui devait venir
prochainement. Ni trop tôt, ni trop tard, j'allai
réveiller Vincent. La journée fut consacrée à mon
installation, à beaucoup de bavardages, à de la promenade pour admirer les beautés d'Arles et des Arlé-
siennes, dont, entre parenthèses, je n'ai pu me décider
à être enthousiaste.

« Dès le lendemain nous étions à l'ouvrage : lui,
en continuation, et moi, à nouveau. Il faut vous dire
que je n'ai jamais eu les facultés cérébrales que les
autres, sans tourment, trouvent au bout de leur
pinceau. Ceux-là débarquent du chemin de fer,
prennent leur palette et, en rien de temps, vous
campent un effet de soleil. Quand c'est sec, cela
va au Luxembourg et c'est signé : Carolus Duran.

Je n'admire pas le tableau, mais j'admire l'homme,
— lui si sûr, si tranquille! — moi, si incertain, si
inquiet.

« Dans chaque pays, il me faut une période d'incu-
bation, apprendre chaque fois l'essence des plantes,
des arbres, de toute la nature, enfin, si variée et si
capricieuse, ne voulant jamais se faire deviner et se
livrer.

« Je restai donc quelques semaines avant de saisir
clairement la saveur âpre d'Arles et des environs.
N'empêche qu'on travaillait ferme, surtout Vincent.
Entre deux êtres, lui et moi, l'un était tout volcan et
l'autre, bouillant aussi, mais en dedans; il y avait en
quelque sorte une lutte qui se préparait.

« Tout d'abord, je trouvai en tout et pour tout un
désordre qui me choquait. La boîte de couleurs suffisait à peine à contenir tous ces tubes pressés, jamais
refermés, et malgré tout ce désordre, tout ce gâchis,
un tout rutilait sur la toile : dans ses paroles aussi.
Daudet, de Goncourt, la Bible brûlaient ce cerveau
de hollandais. A Arles, les quais, les ponts, les ba-
teaux, tout le Midi devenait pour lui la Hollande.
Il oubliait même d'écrire le hollandais, et, comme
on a pu voir par la publication des lettres à son frère,
il n'écrivait jamais qu'en français, et cela admirablement, avec des *tant qu'à, quant à* à n'en plus finir.
Malgré tous mes efforts pour débrouiller dans ce
cerveau désordonné une raison logique dans ses
opinions critiques, je n'ai pu m'expliquer tout ce
qu'il y avait de contradictoire entre sa peinture et
ses opinions. Ainsi, par exemple, il avait une admiration sans bornes pour Meissonier et une haine profonde pour Ingres. Degas faisait son désespoir et
Cézanne n'était qu'un fumiste. Songeant à Monti-
celli, il pleurait.

« Une de ses colères, c'était d'être forcé de me reconnaître une grande intelligence *, tandis que j'avais le front trop petit, signe d'imbécillité. Au milieu de tout cela, une grande tendresse, ou plutôt un altruisme d'Évangile.

« Dès le premier mois, je vis nos finances en commun prendre les mêmes allures de désordre. Comment faire ? La situation était délicate, la caisse étant remplie, modestement, par son frère, employé dans la maison Goupil ; pour ma part, en combinaison d'échanges de tableaux. Parler : il le fallait, et se heurter contre une susceptibilité très grande. Ce n'est donc qu'avec beaucoup de précautions et bien des manières câlines peu compatibles avec mon caractère, que j'abordai la question. Il faut l'avouer, je réussis plus facilement que je ne l'avais supposé.

« Dans une boîte, tant pour promenades nocturnes et hygiéniques, tant pour le tabac, tant aussi pour dépenses imprévues, y compris le loger. Sur tout cela un morceau de papier et un crayon pour inscrire honnêtement ce que chacun prenait dans cette caisse. Dans une autre boîte, le restant de la somme divisé en quatre parties pour la dépense de nourriture, chaque semaine. Notre petit restaurant fut supprimé et, un petit fourneau à gaz aidant, je fis la cuisine tandis que Vincent faisait les provisions, sans aller bien loin de la maison. Une fois pourtant, Vincent voulut faire une soupe, mais je ne sais comment il fit ses mélanges — sans doute comme les couleurs sur ses tableaux, — toujours est-il que nous ne pûmes la manger. Et mon Vincent de rire en s'écriant : « Tarascon ! La casquette au père Daudet ! »

---

* « Faut-il être modeste, écrit quelque part Gauguin, se dire un imbécile ? »

« Sur le mur, avec de la craie, il écrivit :

Je suis Saint-Esprit,
Je suis sain d'esprit !

« Combien de temps sommes-nous restés ensemble ? Je ne saurais le dire, l'ayant totalement oublié. Malgré la rapidité avec laquelle la catastrophe arriva, malgré la fièvre de travail qui m'avait gagné, tout ce temps me parut un siècle.

« Sans que le public s'en doute, deux hommes ont fait là un travail colossal, utile à tous les deux, — peut-être à d'autres. Certaines choses portent leur fruit.

« Vincent, au moment où je suis arrivé à Arles, était en plein dans l'école néo-impressionniste, et il pataugeait considérablement, ce qui le faisait souffrir ; non point que cette école, comme toutes les écoles, soit mauvaise, mais parce qu'elle ne correspondait pas à sa nature si peu patiente et si indépendante.

« Avec tous ses jaunes sur violets, tout ce travail en complémentaires, travail désordonné de sa part, il n'arrivait qu'à de douces harmonies incomplètes et monotones ; le son du clairon y manquait.

« J'entrepris la tâche de l'éclairer, ce qui me fut facile, car je trouvai un terrain riche et fécond. Comme toutes les natures originales et marquées au sceau de la personnalité, Vincent n'avait aucune crainte et aucun entêtement.

« Dès ce jour, Van Gogh fit des progrès étonnants ; il semblait entrevoir tout ce qui était en lui et de là toute cette série de soleils sur soleils en plein soleil.

« Avez-vous vu le portrait du Poète ?

« La figure et les cheveux, jaune de chrome 1.

« Le vêtement jaune de chrome 2.

« La cravate jaune de chrome 3, avec une épingle émeraude vert émeraude sur un fond jaune de chrome 4.

« C'est ce que me disait un peintre italien et il ajoutait :

« — Tout est jaune : je ne sais plus ce que c'est que la *pintoure!* »

« Il serait oiseux d'entrer ici dans des détails de technique. Ceci dit pour vous informer que Van Gogh, sans perdre un pouce de son originalité, a trouvé de moi un enseignement fécond. Et chaque jour il m'en était reconnaissant. Et c'est ce qu'il veut dire quand il écrit à Albert Aurier qu'il doit beaucoup à Paul Gauguin.

« Quand je suis arrivé à Arles, Vincent se cherchait, tandis que moi, beaucoup plus vieux, j'étais un homme fait. A Vincent je dois quelque chose, c'est avec la conscience de lui avoir été utile, l'affermissement de mes idées picturales antérieures; puis, dans les moments difficiles, je me souviens, grâce à lui, qu'on trouve plus malheureux que soi.

« Quand je lis ce passage : « Le dessin de Gauguin « rappelle celui de Van Gogh », je souris.

« Dans les derniers temps de mon séjour, Vincent devint excessivement brusque et bruyant, puis silencieux. Quelques soirs je surpris Vincent qui, levé, s'approchait de mon lit.

« A quoi attribuer mon réveil, en ce moment?

« Toujours est-il qu'il suffisait de lui dire très gravement : « Qu'avez-vous, Vincent? » pour que, sans mot dire, il se remît au lit, pour dormir d'un sommeil de plomb.

« J'eus l'idée de faire son portrait en train de peindre la nature morte qu'il aimait tant, — des

tournesols. Et le portrait terminé, il me dit : « C'est
« bien moi, mais moi devenu fou. » Le soir même,
nous allâmes au café : il prit une légère absinthe.

« Soudainement il me jeta à la tête le verre et
son contenu. J'évitai le coup et, le pressant à bras-
le-corps, je sortis du café, traversai la place Victor-
Hugo et, quelques minutes après, Vincent se trouvait sur son lit où, en quelques secondes, il s'endormit
pour ne s'éveiller que le matin.

« A son réveil, très calme, il me dit :

« — Mon cher Gauguin, j'ai un vague souvenir
que je vous ai offensé hier soir.

« — Je vous pardonne volontiers et d'un grand
cœur, mais la scène d'hier pourrait se produire à
nouveau et, si j'étais frappé, je pourrais ne pas être
maître de moi et vous étrangler. Permettez-moi
donc d'écrire à votre frère pour lui annoncer ma
rentrée. »

« Quelle journée, mon Dieu !

« Le soir arrivé, j'avais ébauché mon dîner et
j'éprouvai le besoin d'aller seul prendre l'air aux
senteurs des lauriers en fleurs. J'avais déjà traversé presque entièrement la place Victor-Hugo,
lorsque j'entendis derrière moi un petit pas rapide
et saccadé que je connaissais bien. Je me retournai
au moment même où Vincent se précipitait sur moi
un rasoir à la main. Mon regard dut à ce moment
être bien puissant, car il s'arrêta et, baissant la
tête, il reprit en courant le chemin de la maison.

« Ai-je été lâche en ce moment et n'aurais-je pas
dû le désarmer et chercher à l'apaiser ? Souvent j'ai
interrogé ma conscience et je ne me fais aucun reproche.

« Me jette la pierre qui voudra.

« D'une seule traite, je fus à un bon hôtel d'Arles

où, après avoir demandé l'heure, je retins une chambre et je me couchai.

« Très agité, je ne pus m'endormir que vers trois heures du matin et je me réveillai assez tard, vers sept heures et demie.

« En arrivant sur la place, je vis rassemblée une grande foule. Près de notre maison, des gendarmes et un petit monsieur au chapeau melon, qui était le commissaire de police.

« Voici ce qui s'était passé.

« Van Gogh rentra à la maison et, immédiatement, se coupa l'oreille juste au ras de la tête. Il dut mettre un certain temps à arrêter l'hémorragie, car le lendemain de nombreuses serviettes mouillées s'étalaient sur les dalles des deux pièces du bas.

« Le sang avait sali les deux pièces et le petit escalier qui montait à notre chambre à coucher.

« Lorsqu'il fut en état de sortir, la tête enveloppée, un béret basque tout à fait enfoncé, il alla tout droit dans une maison où, à défaut de payse, on trouve une connaissance, et donna au « factionnaire » son oreille bien nettoyée et renfermée dans une enveloppe : « Voici, dit-il, en souvenir de moi. » Puis il s'enfuit et rentra chez lui où il se coucha et s'endormit. Il eut soin, toutefois, de fermer les volets et de mettre, sur une table, près de la fenêtre, une lampe allumée.

« Dix minutes après, toute la rue accordée aux filles de joie était en mouvement et on jasait sur l'événement.

« J'étais loin de me douter de tout cela lorsque je me présentai sur le seuil de notre maison et lorsque le monsieur au chapeau melon me dit à brûle-pourpoint, d'un ton plus que sévère :

« Qu'avez-vous fait, Monsieur, de votre camarade? — Je ne sais. — Que si... vous savez bien... il est mort. »

« Je ne souhaite à personne un pareil moment, et il me fallut quelques longues minutes pour être apte à penser et comprimer les battements de mon cœur.

« La colère, l'indignation, et la douleur aussi, et la honte de tous ces regards, qui déchiraient toute ma personne, m'étouffaient, et c'est en balbutiant que je dis : « C'est bien, Monsieur, montons et nous nous « expliquerons là-haut. » Dans le lit, Vincent gisait complètement enveloppé par les draps, blotti en chien de fusil : il semblait inanimé. Doucement, bien doucement, je tâtai le corps dont la chaleur annonçait la vie assurément. Ce fut pour moi comme une reprise de toute mon intelligence et de mon énergie.

« Presque à voix basse, je dis au commissaire de police : « Veuillez, Monsieur, réveiller cet homme avec « beaucoup de ménagements et, s'il demande après « moi, dites-lui que je suis parti pour Paris, ma vue « pouvant lui être funeste. »

« Je dois avouer qu'à partir de ce moment, ce commissaire de police fut aussi convenable que possible et, intelligemment, il envoya chercher un médecin et une voiture.

« Une fois réveillé, Vincent demanda après son camarade, puis sa pipe et son tabac, songea même à demander la boîte qui était en bas et contenait notre argent. Un soupçon, sans doute, qui m'effleura! étant déjà armé contre toute souffrance.

« Vincent fut conduit à l'hôpital, où, aussitôt arrivé, son cerveau commence à battre la campagne.

« Tout le reste, on le sait dans le monde que cela

peut intéresser, et il serait inutile d'en parler, si ce n'est cette extrême souffrance d'un homme qui, soigné dans une maison de fous, s'est vu, par intervalles mensuels, reprendre la raison suffisamment pour comprendre son état et peindre avec rage les tableaux admirables qu'on connaît.

« La dernière lettre que j'ai eue était datée d'Auvers, près Pontoise. Il me disait qu'il avait espéré guérir assez pour venir me retrouver en Bretagne, mais qu'aujourd'hui il était obligé de reconnaître l'impossibilité d'une guérison. « Cher maître (la seule fois qu'il avait prononcé ce mot), il est plus digne, après vous avoir connu et vous avoir fait de la peine, de mourir en bon état d'esprit qu'en état qui dégrade. »

« Et il se tira un coup de pistolet dans le ventre, et ce ne fut que quelques heures après, couché dans son lit et fumant sa pipe, qu'il mourut ayant toute sa lucidité d'esprit, avec amour pour son art et sans haine des autres *. »

Un critique étranger dont nombre de pages ne sont pas sans erreurs, Meier-Graefe **, a cru voir dans le très simple récit qui précède « une nuance de la manière d'hidalgo familière à Gauguin », une sorte de parti pris d'indifférence et de hauteur qu'on lui pardonne difficilement. Mais, pour ceux qui ont personnellement connu l'artiste, cette apparente insensibilité masquait une émotion sincère et profonde, dont il n'a pas cru devoir faire part à un public volontiers malveillant. Une réserve sur ses sentiments intimes s'imposait. Peut-être, sans s'en rendre compte, l'a-t-il quelque peu exagérée.

---

* *Avant et Après*, p. 8. — Ce récit a été publié par Charles Morice dans le *Mercure de France*.

** *Entwicklungs-Geschichte der modernen Kunst*. I, 373.

Le pauvre Vincent, resté seul à Arles, envoya peu après à Gauguin la touchante lettre qui suit :

MON CHER AMI GAUGUIN,

Merci de votre lettre. Restant seul à bord de ma petite maison jaune, comme d'ailleurs c'était peut-être mon devoir d'y rester le dernier, je ne suis pas sans être em...bêté du départ des amis.

Roulin a eu son changement pour Marseille et vient de partir. C'était touchant de le voir les derniers jours avec la petite Marcelle, lorsqu'il la faisait rire et sauter sur ses genoux. Son changement nécessite sa séparation de sa famille et que celui que simultanément vous et moi un soir avions surnommé « le partant » avait le cœur donc bien gros. (Ne vous étonnera pas.) Or moi aussi témoin de ça et d'autres choses navrantes.

Sa voix en chantant pour son enfant prenait un timbre étrange où il y avait de la voix d'une berceuse ou d'une nourrice navrée et puis un autre son d'airain comme un clairon de France.

A présent j'ai du remords d'avoir peut-être, moi qui insistais tant pour que vous restiez ici attendre les événements, et vous donnais tant de bonnes raisons pour cela, à présent j'ai du remords d'avoir bien peut-être déterminé votre départ, — à moins pourtant que ce départ fût prémédité auparavant? Et que alors il était peut-être à moi de montrer que j'étais encore en droit d'être franchement tenu au courant.

Quoi qu'il en soit, nous nous aimons assez, j'espère, pour pouvoir encore même au besoin recommencer si la dèche, hélas, toujours là pour nous autres artistes sans capital, nécessitait telle mesure.

...Ah! mon cher ami, faire de la peinture ce qu'est déjà avant nous la musique de Berlioz et de Wagner... un art consolateur pour les cœurs navrés! Il n'y a encore que quelques-uns qui, comme vous et moi, le sentent.

Mon frère vous comprend bien et, lorsqu'il me dit que

vous êtes une espèce de malheureux comme moi, alors cela
prouve bien qu'il nous comprend. Je vous enverrai vos
affaires, mais, par moments, la faiblesse me reprend encore
et alors je ne peux pas même faire le geste de vous renvoyer
vos affaires. Dans quelques jours je m'enhardirai. Et les
« masques et gants d'armes » (ne vous servez que le moins
possible d'engins de guerre moins enfantins), ces terribles
engins attendent jusque-là. Je vous écris maintenant très
tranquillement, mais l'emballage de tout le reste, je n'ai
pas encore pu.

Dans ma fièvre cérébrale ou folie, je ne sais trop comment
dire ou comment nommer ça, ma pensée a navigué sur bien
des mers. J'ai rêvé jusqu'au vaisseau fantôme hollandais
et jusqu'à l'Horla et il paraît que j'ai alors chanté, moi qui
ne sais pas chanter en d'autres occasions, justement un
vieux chant de nourrice, en songeant à ce que chantait la
berceuse qui berçait les marins et que j'avais cherchée dans
son arrangement de couleurs avant de tomber malade.
(Ici la silhouette d'un poisson, sur lequel est écrit : ICTUS.*)*

Ne connaissant pas la musique de Berlioz. Poignée de
main bien de cœur.

T. a. v. VINCENT.

Cela me fera bien plaisir si vous m'écrivez de nouveau
sous peu. Avez-vous déjà lu Tartarin en plein, maintenant ?
L'imagination du Midi rend copains, allez, et entre nous
nous avons amitié toujours*.

L'année 1889 vit s'ouvrir au Champ-de-Mars
l'immense foire du Monde. Sous les coupoles bleues
d'un palais disparu, où s'amoncelèrent les productions
d'Art de toutes les Écoles, rien ne prit place qui ne
fût préalablement revêtu de l'estampille officielle.

Et cependant, au rez-de-chaussée même de ces
pompeuses galeries, dans un *box* banal affecté à un

---

* L'original de cette lettre avait été conservé par Gauguin.

estaminet des boulevards, les promeneurs virent un jour avec surprise s'aligner sur des murs, jusque-là vierges de toute décoration, une centaine de toiles étranges, dont plusieurs, à certains, parurent filles du cauchemar.

Un livret oblong à couverture blanche rayée de bleu — telle l'étoffe d'une tente — fut mis à la disposition du public sous ce titre imprévu :

Catalogue de l'Exposition de Peintures du Groupe Impressionniste et Synthétiste, faite dans le local de M. Volpini, au Champ-de-Mars, 1889.

Les exposants étaient Paul Gauguin, E. Schuffenecker, Émile Bernard, Charles Laval, Louis Anquetin, Louis Roy, Léon Fauché, Georges Daniel et Ludovic Nemo. A travers les nuages de fumée qui s'échappaient d'une bouillotte monumentale, dans le va-et-vient de garçons affairés, s'entrevoyaient dix-sept toiles de Gauguin, datées de la Martinique, de Bretagne et d'Arles. Elles portaient les titres suivants :

> *Premières fleurs. — Bretagne.*
> *Les mangos. — Martinique.*
> *Conversation. — Bretagne.*
> *Hiver. — Bretagne.*
> *Presbytère de Pont-Aven.*
> *Ronde dans les foins.*
> *Paysage d'Arles.*
> *Les mas. — Arles.*
> *Pastel décoratif.*
> *Jeunes lutteurs. — Bretagne.*
> *Fantaisie décorative. — Pastel.*
> *Ève. — Aquarelle.*
> *Misères humaines.*
> *Dans les vagues.*

Le modèle. — Bretagne.
Portrait. — Arles.
Paysage. — Pont-Aven.

Deux *fac-similés* de dessins de Gauguin (*P. Go.*) décoraient les pages du catalogue : deux baigneuses tragiques, l'une assise, la tête appuyée sur les mains, l'autre, luttant tristement contre la vague; et des faneuses bretonnes au profil bestial.

Émile Bernard avait là vingt-trois toiles, exécutées, soit en Bretagne, soit aux environs de Paris. Il exposait en outre, sous le pseudonyme de Ludovic Nemo, deux « peintures pétrole ».

La mention suivante se lisait à la fin du catalogue :

Visible sur demande

ALBUM DE LITHOGRAPHIES
PAR PAUL GAUGUIN ET ÉMILE BERNARD.

Les lithographies de Gauguin étaient tirées en noir sur papier jaune de chrome clair, dans le format 0 m. 50 × 0 m. 32. C'étaient :

Un projet d'assiette représentant une Léda moderne, vue de dos, et dont un cygne becquetait les cheveux. La composition portait cette légende en exergue : *Honi (sic) soit qui mal y pense. P. Go.*

Une *Pastorale à la Martinique*, avec deux négresses se causant à l'oreille.

Une autre scène de la Martinique, *Les cigales et les fourmis :* des négresses affairées portant des corbeilles de fruits, tandis qu'à leurs pieds d'autres négresses sont paresseusement accroupies sur le sable.

De vieilles filles traversant un jardin, l'hiver, à Arles.

Une gardeuse de chèvres, assise près d'une femme qui lave du linge dans le Rhône.

Et plusieurs scènes de Bretagne : des femmes priant au bord de la mer; d'autres causant près d'une barrière; un petit baigneur prêt à entrer dans l'eau...

Un projet d'éventail terminait la série : un malheureux se cramponnant à une barque entraînée vers l'abîme.

Charles Laval, mort depuis, était représenté par une demi-douzaine de toiles rapportées de la Martinique : une *Entrée de bois; Les palmes; Sous les bananiers; Rêve martiniquais...*

C'était une imitation, à peine dissimulée, des œuvres de son magistral compagnon de voyage.

Et les visiteurs, attirés par le ronflement rythmique d'une musique de chambre, que dominait le strident coup d'archet de la « princesse Dolgorouka », contemplaient, effarés, ces compositions singulières, auxquelles les plus malveillants ne pouvaient contester, à défaut de correction académique, le mérite de l'originalité et de l'audace.

Gauguin, qui d'Arles avait regagné la Bretagne, avait quitté Pont-Aven pour Le Pouldu. Il y arriva le 20 octobre 1889 et alla se loger, près de la mer, dans une auberge isolée, alors tenue par Mlle Marie Henry. Il était accompagné d'un peintre hollandais, difforme et maladif, Meyer de Haan, lequel, visitant une exposition, s'était enthousiasmé de la peinture impressionniste et avait été adressé à Gauguin par Camille Pissarro.

Successivement les rejoignirent Laval, qui ne fit au Pouldu qu'une apparition, puis Paul Séruzier et Filiger. Il y vint en outre, temporairement, quelques artistes en voyage, parmi lesquels Armand Séguin et le graveur Paul-Émile Colin, qui ont publié au sujet de leur visite au Pouldu des pages intéressantes.

Gauguin se trouva ainsi environné d'un petit cercle de camarades, amoureux d'art et de travail. Deux d'entre eux, Séruzier et de Haan cherchaient visiblement à se rapprocher de sa manière, mais sans pression aucune de sa part, car il n'était pas donneur de conseils.

L'expression : *école de Pont-Aven*, dont plusieurs se sont servis pour désigner le groupe artistique dont nous parlons, est, on doit le dire, inexacte.

Il n'y avait à Pont-Aven et au Pouldu ni professeur ni élèves. Il y eut là, simplement, une réunion de jeunes gens indépendants et convaincus, qui, vivant temporairement dans le même décor, furent sollicités par les mêmes motifs picturaux, ce qui donna à l'ensemble de leurs œuvres d'alors une certaine cohésion, et à plusieurs desquels le voisinage et l'exemple de Gauguin furent profitables. Celui-ci ne songeait pas à se donner comme leur maître. En Bretagne, comme ailleurs, il se contentait de produire, appréciant à sa juste valeur l'importance des dogmes en peinture.

Sous les pinceaux de l'artistique phalange, dit Armand Séguin *, les murs de l'auberge se couvrirent de décorations qui stupéfiaient le rare voyageur. De nobles sentences les encadraient, et les vitres même du cabaret, par un simple délayage de couleurs dans l'essence de térébenthine, devinrent, si l'on veut, d'éblouissantes verrières.

Suivant des renseignements plus précis, recueillis par Charles Chassé, la décoration de la salle principale consistait en un lot de toiles, cartons, dessins et litho-

* *L'Occident*, mars 1903.

graphies fixés aux murs et exécutés, soit par Gauguin, soit par les peintres ayant avec lui séjourné dans
l'auberge, en un grand buste de de Haan, en chêne
massif, sculpté et peint par Gauguin, et en un pla-
fond brossé par lui, au centre duquel figurait un
cygne aux ailes déployées masquant le buste d'une
femme. En ce motif, où certains ont cru voir une
oie, et qui ne différait pas de celui dont il fit une
lithographie avec cette légende : *honi (sic) soit qui
mal y pense*, l'artiste, suivant ce qu'il nous en a dit
lui-même, avait eu le caprice de traduire l'aventure
de Léda. Le cygne était Gauguin, la femme repré-
sentée, certaine amie, d'ailleurs ressemblante, ayant
une situation régulière. D'où l'accord de la légende
et du sujet.

Sur le panneau de la porte était appliquée une
toile humoristiquement dénommée : *Bonjour, monsieur
Gauguin*. En tant que maximes peintes, si l'une
d'elles pouvait avoir été empruntée à Wagner,
toutes n'étaient pas de nobles sentences, car on
lisait, alentour d'une nature morte représentant des
oignons, cette réflexion gastronomique : « J'aime
l'oignon frit à l'huile. » Les vitres, sur la route,
avaient été décorées, par transparence, de motifs
rustiques qui n'ont pas subsisté.

Le paysage, plein de gravité et de caractère, que
ces artistes avaient sous les yeux, favorisait singulièrement la recherche de la « synthèse ». Seule alors
dans la lande s'élevait l'auberge, qu'avoisinait une
villa inhabitée, dont les combles furent, au début,
convertis en un vaste atelier. Alentour, des murs de
pierres sèches, qui sertissaient les champs morcelés,
en faisaient autant de cloisonnés rouges, verts, jaunes
ou violets, suivant les saisons, les heures et les temps.
Au bord de la mer, des rocs étranges, battus par les

lames, paraissaient les prototypes de monstres inconnus. Sur le ciel nuageux se découpait en masses brutales la ramure tortueuse des chênes.

Ce fut au Pouldu que Gauguin sculpta à jour de rustiques sabots de bois clair qu'il porta à Paris les hivers suivants et dont il avait rehaussé les arabesques barbares d'or, d'azur et de vermillon. Il est étrange de constater chez Victor Hugo, à Guernesey, la même prédilection pour l'objet décoré dans un goût brutal et formidable, la recherche de meubles étranges et capricieux au dessin lourd et puissant, aux couleurs violentes, l'éclosion spontanée de ce style barbare qu'un chroniqueur qualifiait d'art canaque et qui était surtout une explosion de haine contre la ligne correcte et cossue des meubles fabriqués sur un type immuable par les manœuvres du faubourg Saint-Antoine.

L'époque de Bretagne fut une des plus fécondes de la production artistique de Gauguin. Maître de son procédé, sûr de sa vision, il amplifie sa manière d'interpréter, qui, d'hésitante parfois, devient définitivement magistrale.

La composition, expressive et personnelle, n'a plus rien des tâtonnements des débuts, les masses colorées se simplifient, les tons prennent une harmonie à la fois sévère et somptueuse. Les valeurs d'ombre et de lumière, sacrifiées par principe à la richesse du ton, sont remplacées, quand c'est nécessaire pour la clarté de la composition, par un trait léger cernant le contour. Les arbres ne se détaillent plus en touffes de feuillages, ils affectent, sous le pinceau de l'artiste, des courbes expressives et concourent, par une déformation voulue, à l'harmonie des lignes générales.

Et en même temps l'habileté du tour de main,

par laquelle n'eût pas manqué de se trahir un exécutant vulgaire, ne se fait sentir nulle part. Une gaucherie naïve et sincère préside à l'exécution de tous les détails. C'est la conviction qui conduit le pinceau et non l'acquis d'une science consommée.

Parmi les œuvres capitales de cette période figurent l'étonnant *Christ jaune* et la *Lutte de Jacob avec l'Ange*, qui furent conçus et exécutés à Pont-Aven.

Octave Mirbeau a, en quelques lignes, éloquemment interprété la première de ces œuvres et en a donné, en prose, la sensation angoissante :

Dans la campagne toute jaune, d'un jaune agonisant, en haut du coteau breton qu'une fin d'automne tristement jaunit, en plein ciel, un calvaire s'élève, un calvaire de bois mal équarri, pourri, disjoint, qui étend dans l'air ses bras gauchis. Le Christ, telle une divinité papoue, sommairement taillé dans un tronc d'arbre par un artiste local, le Christ piteux et barbare est peinturluré de jaune. Au pied du calvaire des paysannes se sont agenouillées. Indifférentes, le corps affaissé pesamment sur la terre, elles sont venues là parce que c'est la coutume de venir là un jour de Pardon. Mais leurs yeux et leurs lèvres sont vides de prières. Elles n'ont pas une pensée, pas un regard pour l'image de Celui qui mourut de les aimer. Déjà enjambant des haies, et fuyant sous les pommiers rouges, d'autres paysannes se hâtent vers leur bauge, heureuses d'avoir fini leurs dévotions. Et la mélancolie de ce Christ de bois est indicible. Sa tête a d'affreuses tristesses ; sa chair maigre a comme des regrets de la torture ancienne, et il semble se dire, en voyant à ses pieds cette humanité misérable et qui ne comprend pas : « Et pourtant, si mon martyre avait été inutile [*] ?

La toile magistrale qui s'appelle la *Lutte de Jacob avec l'Ange* et qui, par le sous-entendu du décor dans

____
[*] *Catalogue d'une vente de 30 tableaux de Paul Gauguin*, p. 19.

lequel sont placées les bretonnes qui contemplent
la lutte, laisse à l'imagination du spectateur le soin
de deviner que c'est pour elles une vision, suggérée
par la voix d'un curé de campagne, inspira au regretté
Albert Aurier le précis commentaire qui suit :

Loin, très loin sur une fabuleuse colline, dont le sol apparaît en un vermillon rutilant, c'est la lutte biblique de Jacob
avec l'Ange.

Tandis que ces deux géants de légende, que l'éloignement
transforme en pygmées, combattent leur formidable com-
bat, des femmes regardent, intéressées et naïves, ne comprenant point trop, sans doute, ce qui se passe là-bas, sur
cette fabuleuse colline empourprée. Ce sont des paysannes.
Et à l'envergure de leurs coiffes blanches éployées comme
des ailes de goéland, et aux typiques bigarrures de leurs
fichus, et aux formes de leurs robes et de leurs caracos, on
les devine originaires de la Bretagne. Elles ont des attitudes respectueuses et les faces écarquillées des créatures
simples écoutant d'extraordinaires contes un peu fantastiques affirmés par quelque bouche incontestable et révérée.
On les dirait dans une église, tant silencieuse est leur attention, tant dévot est leur maintien; on les dirait dans une
église et qu'une vague odeur d'encens et de prière volette
parmi les ailes blanches de leurs coiffes et qu'une voix res-
pectée de vieux prêtre plane sur leurs têtes... Oui, sans
doute, dans une église, dans quelque pauvre église de quelque
pauvre petit bourg breton... Mais alors où sont les piliers
moisis et verdis? où sont les murs laiteux avec l'infime
chemin de croix chromolithographique? où la chaire de
sapin? où le vieux curé qui prêche et dont l'on entend,
certes, dont l'on entend la voix marmonnante ? Où tout
cela? Et pourquoi, là-bas, loin, très loin, le surgissement de
cette colline fabuleuse, dont le sol apparaît de rutilant vermillon?

Ah! c'est que les piliers moisis et verdis, et les murs laiteux,

_____

* *Mercure de France*, t. II, p. 155.

et le petit chemin de croix chromolithographique, et la chaire
de sapin, et le vieux curé qui prêche se sont, depuis bien
des minutes, anéantis, n'existent plus pour les yeux et pour
les âmes des bonnes paysannes bretonnes!... Toutes les
ambiantes matérialités se sont dissipées en vapeurs, ont
disparu : lui-même, l'évocateur, s'est effacé et c'est maintenant sa Voix... que contemplent, avec cette attention
naïve et dévote, ces paysannes à coiffes blanches, et c'est
sa Voix, cette vision villageoisement fantastique, surgie
là-bas, loin, très loin *...

De cette époque datent également le *Calvaire* et
« ce sublime *Jardin des Oliviers*, où un Christ en
cheveux incarnadins, assis dans un site de désola-
tion, semble pleurer les douleurs ineffables du rêve,
l'agonie des chimères, la trahison des contingences,
la vanité du réel et de la vie, et, peut-être, de l'au-
delà ».

Et aussi ces bois sculptés, au sujet desquels le
même Albert Aurier, enthousiaste, s'écriait :

Comment dire la philosophie sculptée dans ce bas-relief
ironiquement libellé : *Soyez amoureuses et vous serez heureuses*, où toute la Luxure, toute la lutte de la chair et de
la pensée, toute la douleur des voluptés sexuelles se tor-
dent et, pour ainsi dire, grincent des dents ? Comment évoquer
cet autre bois sculpté : *Soyez mystérieuses*, qui célèbre les
pures joies de l'ésotérisme, les troublants caressements de
l'énigme, les fantastiques ombrages des forêts du problème * ?

* *Mercure de France*, t. II, p. 155.

IV

1889-1891

Gauguin revint à Paris à la fin de l'année 1890.
Il avait à cette époque quarante et un ans.
C'était un homme solide et musclé, dont la
taille ne dépassait pas la moyenne, mais qui, grâce
à ses heureuses proportions, paraissait relativement
grand. Son teint plombé et ses traits énergiques, mais
prématurément fatigués, révélaient des périodes de
souffrances physiques et morales jalousement ina-
vouées.

Son costume d'alors était loin d'attirer les regards
par un luxe grandiose et ne rappelait que de fort
loin le « Magyar somptueux » et le « Rembrandt
de 1635 », évoqués par Armand Séguin dans ses *Souvenirs*. Un béret bleu foncé lui servait de coiffure,
et sur ses épaules était jeté un long macfarlane
chamois tourné définitivement au verdâtre. Sous
le macfarlane s'entrevoyait un veston, émaillé de
quelques taches de peinture. L'artiste, en guise de
gilet, portait un jersey bleu marine, décoré d'appli-
cations de broderies bretonnes. Le pantalon, trop
large, laissait tomber sur des sabots de bois sculpté
sa double base à pieds d'éléphant. Ce dernier était,
non le fruit de savantes conceptions, mais un vête-

ment tout fait, acquis, moyennant la modique somme
de 12 fr. 50, aux magasins de l'*Incomparable*. Le
principal mérite que Gauguin appréciait dans le costume, c'était, — on s'en doute, — le bon marché.
N'ayant rien d'assuré, il lui fallait compter avec le
pain quotidien. Il était du reste honnête et payait
son tailleur.

Gauguin, n'ayant pas de gîte, eut recours, comme
à son retour de la Martinique, à la bienveillante
hospitalité d'Émile Schuffenecker. Celui-ci avait
quitté la rue Boulard et demeurait alors à l'extrémité de Plaisance, 14, rue Durand-Claye. C'était
une rue de cent pas de long, bordée de palissades, à
l'entrée de laquelle venaient d'être construites quelques petites maisons bourgeoises de hauteurs inégales.
Le nomade artiste allait y trouver, au lieu de la
lande aux reflets d'or, de vagues terrains encom-
brés de plâtras et tapissés d'herbe souffreteuse et,
au lieu d'un horizon de cocotiers, la ligne de l'Ouest,
poudreuse et fumante, avec ses doubles poteaux
télégraphiques supportant une ramure de fils sonores
sur leurs godets de porcelaine.

Schuffenecker occupait en entier une confortable
habitation à façade de briques. Le second étage
en était composé d'un bel atelier très lumineux,
qu'avoisinaient deux cabinets. Dans l'un de ceux-ci
fut installé le peintre des bretonnes. Dans l'autre,
une grande alsacienne brune, qui était la bonne.
Les murs du rez-de-chaussée et du premier étage
disparaissaient sous une rare collection d'œuvres
de prix : toiles étranges et colorées de Gauguin, dont
le *Christ jaune*, qui venait de naître ; toiles harmonieusement sourdes de Cézanne, dont un puissant portrait de femme ; toiles rugueuses de Vincent Van Gogh,
dont son propre portrait, empreint de sauvagerie et

de douceur. De Van Gogh aussi, l'*Employé des postes*,
les *Oliviers en Provence*, le *Bon Samaritain*, l'*Arlé-
sienne* et un *Bouquet de soleils*. Puis des dessins
d'Odilon Redon, à la fois puissants et maladifs, et
d'autres encore, sur lesquels se détachaient, dans une
gamme sombre, une quantité de grès de Gauguin.

Émile Schuffenecker était connu de bon nombre
d'amateurs par cette collection, alors unique. Il
était pour eux, non un peintre de la nouvelle école,
alors en pleine possession de son talent, mais « le
monsieur qui a de si belles choses ».

Les murs de l'atelier resplendissaient cependant
de ses études claires et gaies, au-dessus desquelles,
à deux ou trois mètres de hauteur, courait une sorte
de frise faite d'estampes juxtaposées d'Hokousaï
et d'Outamaro. Ces estampes, ainsi que de curieux
dessins japonais originaux, appartenaient à Gauguin,
qui avait en outre piqué çà et là quelques photographies d'après des œuvres connues de Manet et de
Puvis de Chavannes. Une estampe d'Outamaro,
d'une valeur de 300 francs, avait été cédée par
Joyant à l'artiste en échange de tableaux.

Les récentes peintures de Gauguin, tournées face
au mur, s'appuyaient directement sur le parquet et
n'offraient aux regards du visiteur que la trame
grenue de leur partie arrière. Sur une selle à modeler
émergeait de langes humides, en face d'un drap
blanc jeté sur un paravent, une maquette de terre
rouge à laquelle l'artiste donnait la vie, une Ève
debout, drapée dans une opulente chevelure dé-
nouée.

Dans un coin de l'atelier, près de Gauguin pé-
trissant une boulette de terre, un camarade de
travail appartenant au clan impressionniste, Louis
Roy, fredonnait un refrain en vogue, tandis que

Schuffenecker, en pantoufles et une palette à la main, émettait, tout en clignant de l'œil après chaque coup de pinceau, de paradoxales opinions philosophiques ou religieuses, qui faisaient crisper le plus nerveux de ses auditeurs. Celui-ci avait peint debout, avec d'énormes chaussons et dans une attitude comiquement falote, son hôte et ami entouré de sa famille. Sur la toile était mise cette légende rosse : « Je vote pour Boulanggg... »

Cette association de deux êtres peu faits pour s'entendre, car Gauguin était pour son hôte un contradicteur perpétuel, prit fin sans secousse dans le courant de l'année 1890, époque à laquelle Gauguin fit transporter dans un garni les quelques objets à usage personnel qui lui appartenaient. Il s'installa rue Delambre, dans un modeste hôtel à l'entrée duquel se lisait, sur un écusson de tôle peinte : *Chambres et cabinets meublés depuis* 18 *francs*, et, comme il lui fallait un local pour travailler, l'éclairage de sa petite chambre étant insuffisant, il accepta avec empressement l'offre que lui fit le peintre Daniel de Monfreid d'user de son propre atelier, situé, dans le quartier de Plaisance, à l'angle de la rue du Château et de la rue Bourgeois.

Daniel de Monfreid avait fait la connaissance de Gauguin chez Schuffenecker, au retour de la Martinique. Il avait, en 1880, commencé la peinture à l'Académie Colarossi, sous l'égide de l'honnête Gustave Courtois. Sans tomber, ni dans les excentricités de quelques révoltés, ni dans les errements de la routine, il se révéla, dès le principe, comme un coloriste de race.

L'été, il déposait momentanément ses pinceaux et, monté sur un petit sloop de sept tonneaux, *le Follet*, ayant comme port d'attache La Nouvelle, il faisait son apprentissage maritime et parcourait les côtes de Roussillon et de Catalogne jusqu'aux bouches de l'Èbre.

Encouragé par ces heureux débuts, il acheta, en 1883, une goélette de trente-six tonneaux, qu'il conduisit lui-même de Saint-Malo à Port-Vendres. La *Marie-Madeleine,* — c'était le nom de ce bateau, — devenue l'*Amélie*, croisa successivement vers l'Algérie et vers la côte d'Azur, commandée par Daniel de Monfreid lui-même.

Celui-ci portait l'hiver, à l'atelier, sa casquette du bord, ce qui lui valut à Paris la qualification de *capitaine*, que lui octroyèrent généreusement ses camarades de travail. Puis, un beau jour, dégoûté par les quarantaines et les complications de toutes sortes, exigées par les règlements maritimes, il renonça aux captivantes croisières et fit don de sa goélette à l'École des Mousses de Cette. La *Marie-Madeleine*, qui avait repris son premier nom, y mourut de sa belle mort, c'est-à-dire qu'elle fut démolie, après une douzaine d'années de bons et loyaux services accomplis dans l'enseignement de la manœuvre.

Un attrait commun pour la navigation, la connaissance pratique des choses de la mer rapprochèrent Gauguin de Daniel de Monfreid. Les deux marins se comprirent, et trouvèrent, dans la similitude de leurs goûts sportifs et artistiques, les premiers éléments d'une solide amitié.

Gauguin, qui, depuis près de quinze ans, vivait à l'écart, absorbé par son labeur quotidien, commença, en 1890, à fréquenter certains milieux littéraires. Quelques jeunes écrivains, sympathiques à sa personne et à son talent, dont deux aujourd'hui sont morts, Albert Aurier et Julien Leclercq, le mirent en rapport avec la pléiade symboliste, qui venait de sonner le glas des écoles naturaliste et parnassienne.

Tous les lundis, vers neuf heures du soir, il y avait au café Voltaire, 1, place de l'Odéon, réunion plénière de tous ceux qui prenaient part à ce mouvement intellectuel, ou qui, simplement, s'y intéressaient. Dans un décor de blanches murailles apparaissaient Verlaine, maladif, le cou enveloppé d'un cache-nez tordu en spirale et s'appuyant péniblement sur une forte canne ; Charles Morice, chef désigné de la jeune école ; Jean Moréas ; Albert Aurier, à la mate carnation, à la longue chevelure noire d'un poète de la Renaissance italienne ; Julien Leclercq, brun et crépu, paraissant décroché d'un cadre de Jean Bellin ; Édouard Dubus ; Adolphe Retté ; Dauphin Meunier. Il venait là des peintres, comme Gauguin et Carrière, des sculpteurs, car on y vit Rodin, des fantaisistes, tels que le dessinateur Cazals, qui, vêtu d'une redingote 1830, complétait cet anachronisme par l'emprunt du masque de Delacroix ; enfin de simples curieux, tels que Maurice Barrès.

Carolus Duran, intrigué, se risqua certain soir dans une pièce voisine, où il resta longtemps plongé dans la lecture d'un indigeste périodique.

Ces réunions, dans lesquelles la littérature, l'art, la critique, les expositions picturales, les revues, journaux et livres récents servaient de thème habituel, sinon exclusif, aux conversations, étaient franchement cordiales. On y discutait sans aigreur et, chose étonnante, on y parlait — généralement — sans pose. Si Jules Huret présenta le camp littéraire de cette époque comme une arène où l'on s'assommait jusque dans le *toril*, par pur amour des coups, il faut avouer que les toreros, matadors et picadors d'avant-garde avaient, au *Voltaire*, d'heureux moments de détente.

Gauguin était le plus souvent accompagné par quelques amis personnels, avec lesquels il avait passé la journée. Il s'asseyait volontiers près de Charles Morice, d'Albert Aurier ou de Carrière, professant pour ce dernier, malgré la divergence profonde de leurs tendances artistiques, une sympathie sincère.

Au commencement de l'année 1891, Gauguin, que le contact prolongé de théoriciens à la langue dorée avait fini par faire sortir de sa sérénité artistique, car jamais il ne travailla avec plus de maîtrise que quand il était seul ou tout au moins dégagé de voisinages importuns, entreprit une grande composition, qu'il crut symbolique et que l'ancien timonier du *Desaix* avait provisoirement dénommée la *Perte du pucelage*. Cette composition était ordonnée de la façon suivante :

Au premier plan, parallèlement à la base du tableau, était étendue horizontalement une jeune fille nue, la tête placée à gauche du spectateur et les pieds à sa droite. Derrière cette jeune fille apparaissait un renard au poil rouge, qui posait une de ses pattes de devant sur le sein gauche de la jeune fille. Les yeux de celle-ci étaient grands ouverts et ses pieds repliés l'un sur l'autre, dans un geste d'énervement. C'était une vierge saisie au cœur par le démon de la lubricité. Une louve eût, du reste, paru plus apte que le renard à préciser sur ce point l'intention du peintre.

Derrière ce groupe s'étendait une campagne bretonne, couverte de moissons. Par un petit chemin qui se dirigeait du fond de la toile vers la jeune fille arrivait une noce de campagne en costumes du pays de Cornouailles. Des violons précédaient les invités, qui, paraissant tituber, esquissaient un pas de danse.

C'était le complément de l'allégorie du premier plan et l'image de son dénoûment normal.

Ce tableau, dans l'exécution duquel Gauguin fut beaucoup moins préoccupé du côté pictural de l'œuvre que de la réalisation de théories littéraires peu compatibles avec la peinture, fut pour lui l'occasion d'un effort considérable, qui demeura vain. La toile, indéfiniment retouchée, resta pâteuse et terne, et finit par échouer dans un grenier. Elle a depuis disparu.

Une difficulté pour l'artiste, qui à Paris ne fit guère de nu que dans les académies, avait été la découverte d'un modèle. N'ayant aucun goût pour le modèle joli et sans caractère, le peintre jeta son dévolu sur une brune et maigre fille, qui avait dû être peu courtisée et qui, sans doute, eût été capable de jouer au naturel le rôle fictif qu'on voulait lui confier. Ce ne fut pas sans peine que l'artiste obtint de la faire poser. Et alors quel désenchantement !

Gauguin, qui avait pour l'*Olympia* de Manet une spéciale admiration, entreprit d'en faire une copie. Surmontant son horreur des formalités bureaucratiques, il fit les démarches nécessaires pour être autorisé à travailler dans les galeries du Luxembourg. Ce ne fut pas sans un sentiment de dégoût qu'il s'y résigna, car, dès l'extérieur du monument, il grondait en passant devant l'étonnante collection de bronzes à attitudes burlesques, alignés le long de la façade qui regarde le jardin, et qu'il qualifiait pittoresquement « une assemblée de pitres faisant la parade devant la baraque ».

La copie de l'*Olympia*, à laquelle il travailla environ une huitaine de jours d'après l'original, fut terminée chez lui, de souvenir, ce qui explique pourquoi il reproduisit l'œuvre de Manet avec une approximative fidélité. Écœuré, dans la cohue des visiteurs, de l'ingrat métier de copiste, il avait hâte de sortir.

L'illustre auteur du *Christ jaune* posait du reste volontiers pour celui qui *ne peut pas* copier. Certain jour, ayant à prendre quelques notes d'après une photographie, il passa, accablé, son crayon à l'un des assistants.

Il fit également, en 1891, sa première et unique tentative d'eau-forte. Ne possédant pas le matériel nécessaire, il s'adressa à un ancien exposant du local Volpini, le peintre Léon Fauché, qui mit à sa disposition, chez lui, rue Léopold-Robert, tout ce dont il avait besoin. Gauguin, s'aidant simplement d'un dessin, attaqua le cuivre avec audace. Pointe, plume, burin, grattoir, tous les moyens lui sont bons. Dans la fièvre du travail, il renverse l'eau-forte et l'éponge avec les étoffes les plus proches qui lui tombent sous la main.

La planche, portée à l'impression chez Delâtre, rue Campagne-Première, donna un très expressif portrait du chantre de l'*Après-Midi d'un Faune*. Derrière la tête du poète se profile dans la pénombre un symbolique corbeau, emprunté à un dessin de Manet reproduit dans l'ouvrage d'Edmond Bazire. Une douzaine d'épreuves de cette remarquable composition furent tirées à l'encre bistre sur papier du Japon et offertes à des amis.

Pendant ces années de Paris, dans lesquelles Gauguin vivait campé dans une chambre d'hôtel, travaillant dans des ateliers d'emprunt, la vie matérielle était loin de lui être facile. Il prenait ses repas, souvent solitaires, dans de populaires crémeries et allait ensuite, l'estomac léger, s'asseoir dans quelque estaminet de faubourg, la plupart du temps à la brasserie

Gangloff, rue de la Gaîté. Une demi-douzaine de billards occupait le centre de ce hall immense, incessamment troublé par le mugissement d'un orgue à vapeur, duquel s'échappaient avec fracas l'*España* de Chabrié, un air de *Carmen* et l'ouverture de *Guillaume Tell*.

Gauguin, une cigarette à la bouche, versait distraitement dans son café un carafon presque entier de cognac frelaté, lisait peu de journaux et causait plus volontiers avec les amis ou camarades que le hasard amenait auprès de lui. L'art était son habituel sujet de conversation. Que d'observations originales, que d'aperçus pleins de justesse eussent mérité d'être précieusement recueillis !

« Dans la nature, nous disait-il un jour, il n'y a pas de « trous ». Tous les tons, même criards, s'y fondent en une invariable harmonie. Il n'y a de « trous » que dans les tableaux. Ce sont, dans ceux-ci, les « valeurs » qui détruisent l'harmonie des tons, par l'introduction d'éléments étrangers à la couleur et relevant du clair-obscur. »

Ainsi s'explique, par un raisonnement précis, l'absence voulue de relief qui se remarque dans la plupart des œuvres du peintre. Plus un motif est coloré, moins il emprunte au clair-obscur. Plus un motif présente d'oppositions d'ombre et de lumière, moins, par là même, il est coloré.

Gauguin rappelait avec justesse, à l'appui de sa thèse, la merveilleuse harmonie des tapis asiatiques aux tons puissants et somptueux, et la richesse éclatante et sans heurts des étoffes et de la céramique de l'Extrême-Orient.

Il nous fit, une autre fois, un exposé complet du mélange optique des couleurs, des oppositions de tons et de l'effet des complémentaires, principes

qui avaient servi de bases à ses premières œuvres
et dont il n'avait retenu que ce qui avait trait à
l'association et à la dissociation des tons, en tant
qu'éléments harmoniques d'un ensemble pictural.

Sa voix, dès cette époque, était sourde et voilée,
soit par l'effet d'un arthritisme constitutionnel ou
acquis, soit peut-être par un usage immodéré du
tabac, car Gauguin ne quittait guère la cigarette
que pour prendre la pipe de terre, une démocratique
Gambier.

Ses cheveux commençaient à perdre leur nuance
primitive et viraient à un ton indécis que chacun
eût été libre d'interpréter à sa guise. Originairement
châtain tirant sur le roux, ils étaient maintenant
passés de couleur. Sous leur masse longue et bouclée
s'étendait un front large et légèrement déprimé.
L'œil, voilé de paupières lourdes, était gris verdâtre.
Le nez était fort et busqué. La moustache, peu
fournie et plus claire que les cheveux, laissait à
découvert des lèvres fortes, aux commissures légèrement abaissées. Sous la bouche large se dessinait
un menton fuyant, recouvert d'une barbe frisottante,
mais courte et clairsemée.

Sans entrer dans de suspectes considérations
ethnographiques, on peut affirmer que la tête de
Gauguin, sans offrir le type particulier de telle ou
telle race méridionale, n'était cependant pas celle
d'un européen des climats septentrionaux. Le petit-
fils de Chazal et de Flora Tristan était, d'aspect
comme de fait, un sang-mêlé.

Gauguin, auquel la vie conventionnelle de Paris
causait une insurmontable aversion et qui se sentit
toujours mal à l'aise dans ce milieu réfractaire à son
tempérament et à ses idées, songeait depuis quelque
temps à émigrer vers quelque contrée lointaine, où

il pût s'isoler de tout et vivre, sans trop de frais,
dans le silence et le recueillement.

Et sa pensée, dit Octave Mirbeau, se reporte aux pays
de lumière et de mystère qu'il a jadis traversés. Il lui semble
qu'il y a là, endormis, inviolés, des éléments d'art, nouveaux et conformes à son rêve. Puis c'est la solitude, dont
il a tant besoin; c'est la paix et c'est le silence, où il s'écou-
tera mieux, où il se sentira vivre davantage.

Il tourna ses regards vers Tahiti qu'il ignorait,
et dont il n'entrevit la configuration, le climat et
les mœurs que par l'intermédiaire d'une brochure
de vulgarisation géographique.

Et comme il fallait, avant tout, réaliser des fonds,
puisque sa bourse était vide, il fit choix d'une trentaine de toiles — des toiles de 30, pour la plupart,
— œuvre des dernières années, et prit le parti de
les mettre en vente à l'hôtel Drouot.

Un livret fut imprimé, sous le titre de : *Catalogue
d'une vente de 30 tableaux par Paul Gauguin*. Octave Mirbeau en écrivit la préface, qui parut d'abord,
sous forme de chronique, dans le numéro du 16 février 1891 de l'*Écho de Paris* :

J'apprends, dit-il, que M. P. Gauguin va partir pour
Tahiti. Son intention est de vivre là, plusieurs années, seul,
d'y construire sa hutte, d'y retravailler à neuf les choses
qui le hantent. Le cas d'un homme fuyant la civilisation,
recherchant volontairement l'oubli et le silence, pour mieux
se sentir, pour mieux écouter les voix intérieures qui s'étouf-
fent au bruit de nos passions et de nos disputes, m'a paru
curieux et touchant. Paul Gauguin est un artiste très excep-
tionnel, très troublant, qui ne se manifeste guère au public,
et que, par conséquent, le public connaît peu. Je m'étais
bien des fois promis de parler de lui. Hélas! je ne sais pourquoi, il me semble que l'on n'a plus le temps de rien. Et puis,

j'ai peut-être reculé devant la difficulté d'une telle tâche et la crainte de mal parler d'un homme pour qui je professe une haute et tout à fait particulière estime. Fixer en notes brèves et rapides la signification de l'art si compliqué et si primitif, si clair et si obscur, si barbare et si raffiné de Gauguin, n'est-ce point chose irréalisable, je veux dire au-dessus de mes forces? Pour faire comprendre un tel homme et une telle œuvre, il faudrait des développements que m'interdit la parcimonieuse exigence d'une chronique. Cependant je crois qu'en indiquant, tout d'abord, les attaches intellectuelles de Gauguin, et en résumant, par quelques traits caractéristiques, sa vie étrange et tourmentée, l'œuvre s'éclaire, elle-même, d'une vive lumière.

Suivait un éloquent exposé de la vie et de l'œuvre du peintre, exposé qui se terminait par les lignes émues :

Où qu'il aille, Paul Gauguin peut être assuré que notre piété l'accompagnera.

Les tableaux mis en vente atteignirent les prix qui suivent :

1. *Paysage d'hiver* . . . . 265 francs.
2. *Martinique* . . . . 260 —
3. *La belle Angèle* * . . . . 450 —
4. *La couture* . . . . 270 —
5. *Entre les lys* . . . . 260 —
6. *Dans les foins* . . . . 350 —
7. *Le presbytère* . . . . 260 —
8. *Jeux d'oies* . . . . 260 —
9. *Étude : Femme et cochons* . . . . 250 —
10. *Les baigneurs* . . . . 360 —

* Mme Satre, de Pont-Aven. Cette magnifique toile fut acquise par le peintre Degas. Elle avait été gracieusement offerte à Mme Satre, qui, déconcertée par de stupides critiques, la refusa.

11. *Les Aliscamps.* . . . . 350 francs.
12. *Bretonnes au printemps.* . . . . 250 —
13. *Les mas* . . . . 245 —
14. *Une ondine.* . . . . 320 —
15. *Allées et venues (Martinique)* . . 505 —
16. *Paysage au Pouldu.* . . . . . 270 —
17. *La baignade* . . . . 360 —
18. *Effet de neige* . . . . 240 —
19. *Au-dessus de la mer* . . . . . 260 —
20. *Bretonnes et veau.* . . . . . . 270 —
21. *Les lutteurs* . . . . 250 —
22. *Petit breton et ses cochons* . . . 310 —
23. *Petites filles.* . . . . 280 —
24. *Course de chiens.* . . . . . . 400 —
25. *Vision après le sermon* * . . . . 900 —
26. *Paysage d'Arles* . . . . 350 —
27. *Petit ruisseau (Pont-Aven)* . . 250 —
28. *La vague (arc-en-ciel)* . . . . 240 —
29. *Au-dessus du gouffre* . . . . . 230 —
30. *Coin de rivière* . . . . 350 —

Le total se monta à 9.860 francs, somme qui
constitua le plus clair du viatique que Gauguin
emporta à Tahiti. Des bravos accueillirent l'adjudi-
cation, au profit de Henry Meilheurat des Pruraux,
de l'objet capital de la vente, la *Vision après le
sermon* — la *Lutte de Jacob avec l'Ange* — manifestation vite réprimée par le commissaire-priseur,
dont le traditionnel : *Ça vaut mieux qu'çà, Messieurs !* avait, dès le début, épanché dans la salle une
bonne humeur communicative.

Dans le but de lui concilier, dès l'arrivée, les bonnes

---

* Titre donné par Gauguin à la toile connue sous le nom de : *Lutte de
Jacob avec l'Ange.*

grâces des autorités de l'île, Ary Renan voulut bien faire, près du ministre de l'Instruction publique, les démarches nécessaires pour que le peintre fût investi d'une mission artistique en Océanie. Comme il était entendu que cette mission serait gratuite et que, comme on l'avait fait précédemment pour le peintre Dumoulin, lors d'un voyage d'étude que celui-ci fit au Japon, on dédommagerait l'artiste, au retour, par quelques achats, la demande eut un plein succès, et Gauguin devint de la sorte — une fois n'est pas coutume — un personnage officiel.

Le 23 mars suivant eut lieu, au café Voltaire, un banquet en son honneur. Une trentaine de convives y prirent part, parmi lesquels Mme Rachilde, Eugène Carrière, Odilon Redon, Jean Dolent, Charles Morice, Jean Moréas, Albert Aurier, Saint-Pol Roux, Julien Leclercq, Adolphe Retté, Édouard Dubus, Dauphin Meunier, Alfred Vallette. Les autres assistants étaient, pour la plupart, de jeunes peintres ou des amis personnels de l'artiste. Détail à noter : un seul convive était décoré, le peintre Carrière.

Il n'est pas sans intérêt, pour l'histoire gastronomique de l'art moderne, de relater que le menu était ainsi composé :

POTAGES

Saint-Germain. Tapioca.

HORS-D'ŒUVRE

Beurre. Olives. Saucisson

Filet de barbue sauce dieppoise
Salmis de faisan aux champignons
Gigot d'agneau rôti
Flageolets maître d'hôtel

Fromage Brie
Corbeilles de fruits.
Petits fours glacés

Vin Beaujolais

Le champagne avait été considéré comme un luxe inaccessible. Le café fut servi à part.

Au dessert, Jean Dolent prit la parole et improvisa une originale allocution, dans laquelle il associa au nom de Gauguin celui de « son cher et grand ami Carrière, le doux peintre des intimités... ». Puis Adolphe Retté déclama plusieurs strophes délicieusement obscures de Stéphane Mallarmé. Et enfin Gauguin, en quelques mots, remercia les convives.

Ce ne fut pas le seul banquet auquel le peintre assista au café Voltaire, car, dans les notes qui suivent *Noa Noa* *, se trouve cet amusant croquis, qui n'exige aucun commentaire :

Une longue table. De chaque côté s'alignent les assiettes, les verres. Ainsi alignés, ces verres, ces assiettes, par la perspective, rendent la table longue, très longue. — C'est un banquet. — Stéphane Mallarmé préside. En face Jean Moréas, symboliste. Les convives sont symbolistes, paraît-il! Là-bas, là-bas, loin, au bout, Clovis Hugues (Marseille). Là-bas aussi, loin, à l'autre bout, Barrès (Paris). On mange. Des toasts. Le président commence. Moréas répond.

Clovis Hugues, sanguin, chevelu, exubérant, en vers naturellement, parle longuement.

Barrès, mince et long, glabre, sèchement, en prose, cite Baudelaire.

On écoute. Le marbre se glace.

Mon voisin, tout jeune, mais gros (superbes boutons de diamant étincellent *(sic)*, chemise à mille plis repassés)

---

* P. 253 du manuscrit original.

m'interroge tout bas : « Est-ce que M. Baudelaire est parmi
nous à ce banquet? »

Je me gratte le genou et je réponds :

« Oui, il est ici, parmi les poètes. Du reste, Barrès en
parle... »

Lui : « Oh! je voudrais bien lui être présenté! »

Parmi les adieux que reçut l'artiste, un surtout,
adressé sous forme de lettre, mérite d'être retenu.
Il était ainsi conçu :

MON CHER GAUGUIN,

Une grippe que j'entreprends, mais avec manque de suite,
je l'espère, me priva d'abord vous serrer la main et revoir,
avec de l'adieu dans le regard, des choses belles que j'aime.

Avez-vous été un peu satisfait, — je n'ai vu personne;
du moins avez-vous tiré de la vente un espoir de départ?
J'ai rêvé, cet hiver, souvent, à la sagacité de votre résolution.

Votre main; tout ceci, pas pour que vous répondiez, mais
me sachiez vôtre, de près ou de loin.

STÉPHANE MALLARMÉ.

A l'occasion du lointain voyage eut lieu, au théâtre
d'Art — au Vaudeville — dont le foyer fut, pour la
circonstance, décoré d'un certain nombre de toiles
du maître, une représentation à son bénéfice et à
celui de Verlaine.

Je ne rendrai pas compte sans quelque tristesse, dit Pierre
Quillard dans la livraison de juillet 1891 du *Mercure de
France*, de la dernière représentation du Théâtre d'Art...
Je ne dirai rien du *Corbeau*, admirablement traduit par
Stéphane Mallarmé, ni des poèmes d'Hugo, de Lamartine
et de Baudelaire, sauf qu'ils furent écoutés avec recueille-

ment : le programme était assez chargé pour ne faire mention que des œuvres dialoguées. On n'attend point sans doute que je parle au long de *Les Uns et les Autres*, une fête galante de tristesse élégante et discrète... La toile se lève et *Chérubin* commence... Charles Morice nous doit, après avoir fait pénitence pour ce péché de jeunesse, le chef-d'œuvre qu'il ne saurait manquer d'écrire quelque jour.

Après *Chérubin*, *le Soleil de Minuit*, c'est-à-dire le contraste le plus violent, l'antithèse brutale... Les grands alexandrins emplissent la salle, font déborder la marée sanglante, heurtent, comme des haches de pierre, leurs syllabes sonores. *Phyllis*, comme le *Soleil de Minuit*, a montré la souveraine puissance du rythme. Cette églogue, vieille d'un demi-siècle, écrite d'après un hémistiche de Virgile : *Phyllida amo ante alias*, où nulle péripétie n'occupe l'attention et ne complaît à la futile curiosité, a charmé comme un rêve de noblesse et de joie antique...

La jeune littérature aurait fait triste mine à côté de nos aînés, si l'*Intruse* ne nous avait pas consolé de *Chérubin*. Ce fut la véritable révélation de la journée, même pour nous, qui, dès longtemps, avant même le courageux article d'Octave Mirbeau, admirions Maurice Maeterlinck. Qu'importe l'action même, aussi simple que celle du *Prométhée enchaîné* ; qu'importent les figures apparentes du drame? Entre toutes leurs paroles s'interpose un être d'angoisse et de terreur, celle qu'on n'a point invitée, l'impalpable, l'invisible ; elle est éparse dans tous les gestes, donne un timbre surnaturel aux voix et, simplement parce qu'elle est là, les mots ordinaires de la vie prennent un sens différent d'eux-mêmes, et leurs syllabes transfigurées portent toutes des marques d'effroi.

Pécuniairement la louable manifestation de sympathie dont il vient d'être parlé se traduisit par un insuccès. Elle se résuma, tant pour l'artiste que pour le poète, en une lueur d'espérance, tôt éteinte.

Un soir de printemps, le 4 avril 1891, Gauguin

fut accompagné à la gare de Lyon par quelques amis fidèles, qui l'embrassèrent au départ. Ce fut le cœur étreint d'une émotion sincère, qu'ils virent disparaître dans la brume le wagon qui l'emportait, confiant, dans la direction de la plage lointaine, où il espérait trouver la réalisation du rêve de sa vie, la paix dans le travail.

V

1891-1893

LE roman vécu par Gauguin à Tahiti a été écrit par lui-même, et écrit de la manière la plus originale, dans une curieuse autobiographie qu'il a intitulée *Noa Noa*.

« Le 8 juin, dit-il *, dans la nuit, après soixante-trois jours de traversées diverses, soixante-trois jours pour moi de fiévreuse attente, d'impatientes rêveries vers la terre désirée, nous aperçûmes sur la mer des feux bizarres qui évoluaient en zigzags. Sur un ciel sombre se détachait un cône noir à dentelles.

« Nous tournions Moréa pour découvrir Tahiti.

« Quelques heures après, le petit jour s'annonçait. Nous approchant avec lenteur des récifs, le cap sur la pointe Vénus, nous entrions dans la passe de Papeete et nous mouillions sans avaries dans la rade.

« Le premier aspect de cette petite île n'a rien de féerique, rien de comparable, par exemple, à la magnifique baie de Rio de Janeiro.

« C'est le sommet d'une montagne submergée aux jours anciens du déluge. L'extrême pointe seule dominait les eaux : une famille s'y est réfugiée, sans

---

* Cette citation et celles qui suivent sont empruntées au manuscrit original de *Noa Noa*.

doute, y a fait souche, — et les coraux aussi ont grimpé, entourant, développant l'île nouvelle. Elle continue à s'étendre, mais elle garde de son origine un caractère de solitude et de réduction que la mer accentue de son immensité...

« A dix heures du matin, je me présentai chez le gouverneur, le nègre Lacascade, qui me reçut comme un homme d'importance. Je devais cet honneur à la mission que m'avait — je ne sais trop pourquoi — confiée le gouvernement français. Mission artistique, il est vrai; mais ce mot, aux yeux du nègre, n'était que le synonyme officiel d'espionnage, et je fis vainement tous mes efforts pour le détromper. Tout le monde, autour de lui, partagea son erreur; quand je dis que ma mission était gratuite, personne ne voulut me croire.

« La vie, à Papeete, me devint bien vite à charge.

« C'était l'Europe, l'Europe dont j'avais cru m'affranchir, sous les espèces aggravantes encore du snobisme colonial, d'une imitation puérile et grotesque jusqu'à la caricature. Ce n'était pas ce que je venais chercher si loin. »

A son arrivée un événement public — par extraordinaire — l'intéressa, les funérailles pompeuses du roi Pomaré V, dernier représentant de sa dynastie en tant que race royale. Le prince, de prestance héroïque, avait épousé, le 28 janvier 1875, la princesse Joanna Maraou, issue du mariage d'un colon anglais du nom de Salmon et d'une parente de la reine Pomaré. La reine Maraou, qui fit son éducation en Angleterre, est personnellement connue à Paris, où elle vint en 1886.

« Avec lui (Pomaré V), — dit Gauguin, — disparaissaient les derniers vestiges des habitudes et des grandeurs anciennes. Avec lui la tradition maorie

était morte. C'était bien fini. La civilisation, hélas!
triomphait, — soldatesque, négoce et fonctionna-
risme.

« Une tristesse profonde s'empara de moi. Avoir
fait tant de chemin pour trouver cela, cela même
que je fuyais. Le rêve qui m'amenait à Tahiti était
cruellement démenti par le présent. C'était la Tahiti
d'autrefois que j'aimais. Et je ne pouvais me résigner
à croire qu'elle fût tout à fait anéantie, que cette
belle race n'eût rien, nulle part, sauvegardé de sa
vieille splendeur.

« Mais les traces de ce passé si lointain, si mystérieux, quand elles subsisteraient encore, comment les
découvrir, tout seul, sans indication? Retrouver le
foyer éteint, raviver le feu au milieu de toutes ces
cendres...

« Si fort que je sois abattu, je n'ai pas coutume de
quitter la partie sans avoir tout tenté, et aussi l'impossible.

« Ma résolution fut bientôt prise : partir de Papeete, m'éloigner du centre européen.

« Je pressentais qu'en vivant tout à fait de la vie
des naturels, avec eux, dans la brousse, je parvien-
drais, à force de patience, à vaincre la défiance de
ces gens-là et que je saurais.

« Un officier de gendarmerie m'offrit gracieusement sa voiture et son cheval. Je m'en allai, un
matin, à la recherche de « ma case ».

« Ma *vahiné* * m'accompagnait. Titi elle se nommait. Presque anglaise, elle parlait un peu le français. Elle avait mis, ce jour-là, sa plus belle robe;
une fleur à l'oreille selon la mode maorie, et son
chapeau en fils de canne, par elle-même tressé, s'or-

---

* Femme, compagne.

naît, au-dessus, d'un ruban, de fleurs en paille, d'une garniture de coquillages orangés. Ses cheveux noirs, déroulés sur ses épaules, fière d'être en voiture, fière d'être élégante, fière d'être la *vahiné* d'un homme qu'elle croyait important et riche, elle était ainsi vraiment jolie, et toute sa fierté n'avait rien de ridicule, tant l'air majestueux sied aux visages de cette race. Ils gardent de leur longue histoire féodale et des vieux souvenirs des grands chefs un ineffable pli d'orgueil. — Je savais bien que son amour, très intéressé, n'eût guère pesé plus lourd, dans des esprits strictement européens, que la complaisance vénale d'une fille. Mais j'y distinguais autre chose. Ces yeux-là et cette bouche ne pouvaient mentir. Chez toutes ces tahitiennes l'amour est tellement dans le sang, qu'intéressé ou désintéressé, c'est toujours de l'amour.

« La route fut en somme assez vite parcourue. Quelques causeries insignifiantes et un paysage riche et monotone. Toujours, sur la droite, la mer, les récifs de corail et des nappes d'eau qui parfois s'élevaient en fumées, quand se faisait trop brusque la rencontre de la lame et du roc.

« A midi nous achevions notre quarante-cinquième kilomètre et nous atteignions le district de Mataïéa.

« Je visitai le district et je finis par trouver une assez belle case que son propriétaire me céda en location. Il s'en construirait une autre, à côté, pour l'habiter.

« Le lendemain soir, comme nous revenions à Papeete, Titi me demanda si je consentais à la prendre avec moi.

« — Plus tard, dans quelques jours, quand je serai installé.

« J'avais conscience que cette demi-blanche, qui avait à peu près oublié sa race, ses différences, au contact des Européens, ne pourrait rien m'apprendre de ce que je voulais savoir, rien me donner du bonheur particulier que je désirais.

« Et puis, me disais-je, à la campagne, je trouverai ce que je cherche et je n'aurai que la peine de choisir. Mais la campagne n'est pas la ville. Depuis quelques jours je suis assez malade, les restes d'une bronchite contractée l'hiver à Paris. Je suis bien seul dans Papeete. Enfin prenons patience, dans peu de temps, je serai là-bas au quarante-cinquième kilomètre. »

Gauguin resta quelques jours alité. Tandis qu'il reposait sur son lit, les reins recouverts, suivant l'exigence du climat, d'un simple *paréo*, d'un pagne en cotonnade de couleur, rayée de jaune, de bleu ou de rouge, entra dans sa chambre, sans être annoncée et sans le plus léger souci de l'étiquette, la princesse Vaïtoua.

— *Ia orana*, Gauguin, — bonjour, Gauguin, — dit-elle. Tu es malade, je viens te voir.

— Et tu te nommes ?

— Vaïtoua.

Vaïtoua était une nièce déchue du roi défunt. Elle portait une robe noire et une fleur à l'oreille, et avait les pieds nus. Gauguin, qui commençait à se faire aux usages, proposa à la princesse de prendre ensemble — une absinthe ! ce que la visiteuse accepta, daignant aller chercher elle-même, dans un angle de la pièce, une bouteille achetée par le délégué du ministre pour ses réceptions.

Après un entretien assez décousu, ponctué de silence et d'intoxication par le poison vert, la princesse partit comme elle était venue, se sentant cepen-

dant la tête un peu lourde. Quelques jours après,
l'artiste quittait le chef-lieu de la colonie.

« Je ne suis plus à Papeete, mais au district de
Mataïéa *. D'un côté la mer, et de l'autre, la montagne, la montagne béante; crevasse formidable
que bouche, adossé au roc, un groupe énorme de
manguiers.

« Entre la montagne et la mer s'élevait ma case,
en bois de *bourao*. Et, près de ma case, il y en avait
une autre petite : *faré amou* (maison pour manger).

« ... J'allai, ce soir-là, fumer une cigarette sur
le sable, au bord de la mer.

« Le soleil, rapidement descendu sur l'horizon,
était à demi caché déjà par l'île Moréa, que j'avais
à ma droite. Les oppositions de lumière accentuaient
nettement et puissamment, noires sur le ciel incendié,
les montagnes, dont les arêtes dessinaient d'anciens
châteaux crénelés.

« ... La nuit tomba vite. Moréa dormait.

« Le silence! J'apprenais à connaître le silence
d'une nuit tahitienne.

« Seuls les battements de mon cœur se faisaient
entendre. De mon lit, je distinguais, aux filtrations
des clartés lunaires, les roseaux alignés et également
distants entre eux de ma case. On eût dit un instrument de musique, le pipeau des Anciens, que les
Tahitiens nomment *vivo*. Mais c'est un instrument
silencieux tout le jour durant: la nuit, dans la mémoire et grâce à la lune, il nous redit les airs aimés.
Je m'endormis à cette musique.

« Entre le ciel et moi, rien que le grand toit élevé
et léger, en feuilles de pandanus **, où habitaient les
lézards. Je pouvais, dans mon sommeil, m'imaginer

---

* Au sud de l'île, à 40 km. de Papeete.
** Plante arborescente, grimpante ou très basse.

l'espace libre au-dessus de ma tête, la voûte céleste, les étoiles. J'étais bien loin de ces prisons, les maisons européennes !

« ... Cependant je me sentais là bien seul.

« De part et d'autre, les habitants du district et moi, nous nous observions, et la distance, entre nous, restait entière. Dès le surlendemain, j'avais épuisé mes provisions. Que faire ?

« Je m'étais imaginé qu'avec de l'argent je trouverais tout le nécessaire de la vie. Erreur. C'est à la nature qu'il faut s'adresser pour vivre, et elle est riche et elle est généreuse : elle ne refuse rien à qui va lui demander sa part des trésors qu'elle garde dans ses réserves, sur les arbres, dans la montagne, dans la mer. Mais il faut savoir grimper aux arbres élevés, aller dans la montagne et en revenir chargé de fardeaux pesants, prendre le poisson, plonger, arracher dans le fond de la mer le coquillage solidement attaché au caillou...

« J'étais donc, moi, l'homme, le civilisé, singulièrement inférieur, pour l'instant, aux sauvages heureux autour de moi dans un lieu où l'argent, qui ne vient pas de la nature, ne peut servir à l'acquisition des biens essentiels que la nature produit.

« Or, comme, l'estomac vide, je songeais tristement à ma situation, j'aperçus un indigène qui gesticulait vers moi en criant. Les gestes, très expressifs, traduisaient les paroles, et je compris : mon voisin m'invitait à dîner. D'un signe de tête je refusai.

« Quelques minutes après, une petite fille déposait sur le seuil de ma porte, sans rien dire, quelques aliments, proprement entourés de feuilles, fraîches cueillies. J'avais faim. Silencieusement aussi, j'acceptai.

« Un peu plus tard, l'homme passa devant ma

case et, me souriant, sans s'arrêter, me dit, sur le ton interrogatif, ce seul mot :

« — *Paiéa ?*

« Je devinai : « Es-tu satisfait ? »

« Ce fut, entre ces sauvages et moi, le commencement de l'apprivoisement réciproque.

« Sauvages! ce mot me venait inévitablement aux lèvres, quand je considérais ces êtres noirs, aux dents de cannibales. Déjà pourtant j'entrevoyais leur grâce réelle. Cette petite tête brune aux yeux tranquilles, par terre, sous des touffes de larges feuilles de giraumon *, ce petit enfant qui m'étudiait à mon insu et qui s'enfuit quand mon regard rencontra le sien.

« Comme eux pour moi, j'étais pour eux un objet d'observation, l'inconnu, celui qui ne sait ni la langue, ni même l'industrie la plus initiale, la plus naturelle de la vie. Comme eux pour moi, j'étais pour eux le « sauvage ».

« Et c'est moi qui avais tort, peut-être. »

Gauguin commença à peindre, mais avec d'invraisemblables timidités, filles des routines de la vieille Europe. Le premier portrait qu'il fit fut celui d'une voisine qui, par curiosité, vint voir sa case. Son modèle contemplait avec admiration une photographie de l'*Olympia.*

— C'est ta femme ? demanda-t-elle.

Gauguin, visiblement flatté, répondit affirmativement...

L'artiste, auquel la solitude commençait à peser, fit savoir à Titi qu'il la reverrait avec plaisir. L'essai de vie en commun, qu'ils tentèrent, n'eut aucun succès, Titi étant par trop civilisée. Au bout de quel-

* Le giraumon est une espèce de courge.

ques semaines, le ménage improvisé se disloqua pour toujours.

Les voisins de Gauguin étaient devenus pour lui presque des amis. Il portait des vêtements semblables aux leurs et se nourrissait comme eux. Quand il ne peignait pas, l'artiste partageait leur vie d'indolence et de plaisir, coupée de brusques accès de gravité. Il s'asseyait le soir, au pied des buissons touffus que dominait la tête échevelée des cocotiers, et près desquels se réunissaient par groupes hommes, femmes et enfants, les uns de Tahiti, les autres de Tonga ou des îles Marquises. Des chants s'élevaient dans la nuit étoilée :

« La première chanteuse commence. Son cri puissant s'abaisse et remonte, planant comme l'oiseau, tandis que les autres volent autour de l'étoile en satellites fidèles. Puis tous les hommes par un cri barbare, un seul, terminent en accord dans la tonique. Ce sont les chants tahitiens, les *iménés*. »

Quelquefois, plus rarement, on discutait d'affaires et l'on faisait de sages projets, dont aucun ne devait être réalisé. Car, pourquoi travailler? Les Dieux de Tahiti ne donnent-ils pas à ceux qui peuplent leur empire la subsistance quotidienne?

Devant un tel genre de vie, étrange chez un européen, les indigènes en vinrent peu à peu à se familiariser avec le nouvel hôte de l'île. Celui-là, de son côté, se débarrassait chaque jour de quelque lambeau de civilisation, qu'il rejetait comme une encombrante guenille. Ses pieds s'étaient durcis au contact perpétuel du caillou et son corps, presque constamment nu, ne souffrait plus du soleil.

« Je commence, disait Gauguin, à penser simplement, à n'avoir que peu de haine pour mon prochain, — mieux, à l'aimer.

« J'ai toutes les jouissances de la vie libre, animale et humaine. J'échappe au factice, j'entre dans
la nature. Avec la certitude d'un lendemain pareil
au jour présent, aussi libre, aussi beau, la paix descend en moi, je me développe normalement et je
n'ai plus de vains soucis. »

Un ami lui vint, Jotéfa, jeune homme très simple
et très beau.

« Un jour que, lui confiant mes outils, je lui demandais d'essayer une sculpture, il me considéra
très étonné et me dit avec sincérité que, moi, je
n'étais pas comme les autres, que je pouvais des
choses dont les autres étaient incapables.

« Je crois bien que Jotéfa fut le premier homme
au monde qui m'ait tenu ce langage, ce langage d'enfant, car il faut l'être, n'est-ce pas, pour s'imaginer
qu'un artiste soit quelque chose d'utile... »

Ce fut avec Jotéfa qu'il partit un matin dans la
montagne pour y chercher un fût de bois de rose,
dont il avait besoin pour des travaux de sculpture
et pour la possession duquel il sacrifia un arbre
entier.

Gauguin, de nouveau seul dans sa case, était
envahi par des idées noires et son travail s'en ressen-
tait.

« Il est vrai que beaucoup de documents me faisaient défaut, mais c'est la joie surtout qui me manquait.

« Il y avait plusieurs mois que j'avais envoyé
Titi à Papeete, plusieurs mois que je n'entendais
plus ce babil de la *vahiné* me faisant sans cesse, à
propos des mêmes choses, les mêmes questions,
auxquelles je répondais invariablement par les mêmes
histoires. Et ce silence ne m'était pas bon. Je résolus
de partir, d'entreprendre autour de l'île un voyage

dont je ne m'assignais pas d'une façon précise le terme.

« Tandis que je faisais quelques paquets légers pour les besoins de la route et que je mettais de l'ordre dans toutes mes études, mon voisin et propriétaire, l'ami Anani, me regardait inquiet ! Il se décida enfin à demander si je me disposais à m'en aller.

« Je lui répondis que non, que je me préparais pour une promenade de quelques jours seulement, que je reviendrais.

« Il ne me crut pas et se mit à pleurer.

« Sa femme vint le rejoindre et me dit qu'elle m'aimait, que je n'avais pas besoin d'argent pour vivre parmi eux, qu'un jour, si je voulais, je pourrais reposer pour toujours là : elle me montrait, près de sa case, une place décorée d'un arbrisseau...

« Et j'eus tout à coup le désir de reposer pour toujours là. Du moins personne, toute l'éternité, ne viendra m'y déranger.

« ... Enfin, je partis.

« M'écartant du chemin qui borde la mer, je suis un étroit sentier, à travers un fossé qui s'étend assez loin dans la montagne, et j'arrive dans une petite vallée, dont les habitants vivent à l'ancienne mode maorie...

« A Taravao *, un gendarme me prête son cheval, et je file sur la côte Est, peu fréquentée des Européens.

« A Faoné, petit district qui précède celui, plus important, d'Itia, je m'entends interpeller par un indigène :

« — Hé ! l'homme qui fais des hommes ! (il sait que je suis peintre...), *haere maï ta maa*, viens manger

---

* Au sud de l'île.

avec nous — la formule tahitienne de l'hospitalité.

« Je ne me fais pas prier, tant le sourire qui accompagne l'invitation est engageant et doux.

« Je descends de cheval. Mon hôte le prend et l'attache à une branche, sans aucune servilité, simplement et avec adresse. Et nous entrons tous deux ensemble dans une case où sont réunis des hommes, des femmes et des enfants, assis par terre, causant et fumant.

« — Où vas-tu? me demande une belle maorie d'une quarantaine d'années.

« — Je vais à Itia.

« — Pourquoi faire?

« Je ne sais quelle idée me passa par la tête, ou peut-être, sans le savoir, disais-je le but réel, secret pour moi-même, de mon voyage.

« — Pour y chercher une femme, répondis-je.

« — Itia en a beaucoup, et de jolies. Tu en veux une?

« — Oui.

« — Si tu veux, je vais t'en donner une. C'est ma fille.

« — Est-elle jeune?

« — Oui.

« — Est-elle jolie?

« — Oui.

« — Est-elle bien portante?

« — Oui.

« — C'est bien. Va me la chercher.

« La femme sortit.

« Un quart d'heure après, et tandis qu'on apportait pour le repas des *maïorés* *, [des] bananes sauvages, des crevettes et un poisson, elle rentra, suivie

* Fruits de l'arbre à pain. Ils se mangent rôtis.

d'une grande jeune fille qui tenait un petit paquet à la main.

« A travers la robe, en mousseline rose excessivement transparente, on voyait la peau dorée des épaules et des bras. Deux boutons pointaient, drus, à la poitrine. Sur son visage charmant je ne reconnus pas le type que, jusqu'à ce jour, j'avais vu partout régner dans l'île, et sa chevelure aussi était exceptionnelle, poussée comme la brousse et légèrement crépue. Au soleil, tout cela faisait une orgie de chromes. Je sus dans la suite qu'elle était originaire des Tongas.

« Quand elle se fut assise auprès de moi, je lui fis quelques questions :

« — Tu n'as pas peur de moi?

« — *Aïta* (non).

« — Veux-tu habiter ma case toujours?

« — *Eha* (oui).

« — Tu n'as jamais été malade.

« — *Aïta*.

« Ce fut tout.

« Le cœur me battait, pendant que la jeune fille, impassible, rangeait à terre, devant moi, sur une grande feuille de bananier, les aliments qui m'étaient offerts. Je mangeai de bon appétit, mais j'étais préoccupé, intimidé. Cette jeune fille, cette enfant d'environ treize années, me charmait et m'épouvantait. Que se passait-il dans cette âme? Et c'était moi, moi si vieux pour elle, qui hésitais au moment de signer un contrat si hâtivement conçu et conclu!

« Peut-être, pensai-je, la mère a-t-elle ordonné, exigé. Peut-être est-ce un marché qu'elles ont débattu entre elles. Et pourtant je voyais bien nettement chez la grande enfant les signes d'indépendance et de fierté qui sont les caractéristiques de sa race. Ce qui surtout me rassura, c'est qu'elle avait, à n'en pas douter, l'attitude, l'expression sereine qui accompagne chez les êtres jeunes une action honorable. Mais le pli moqueur de sa bouche, du reste bonne et sensuelle, tendre, m'avertissait que le danger était pour moi, non pour elle...

« Je n'oserais dire qu'en franchissant le seuil de la case je n'avais pas le cœur serré d'une étrange angoisse, d'une appréhension poignante, d'une réelle peur.

« Je pris mon cheval et je montai.

« La jeune fille suivit, — derrière. Sa mère, un homme, deux jeunes femmes, — ses tantes, disait-elle, — suivirent aussi.

« Nous revenions à Taravao, à neuf kilomètres de Faoné. Mais, au premier kilomètre, on me dit :

« — *Paraï téié* (arrête-toi ici).

« Je descendis de cheval et nous pénétrâmes dans une grande case proprement tenue, presque riche, de la richesse des biens de la terre : de jolies nattes sur du foin.

« Un ménage encore jeune, et d'une extrême bonne grâce, y demeurait. Ma fiancée s'assit près de la femme et me la présenta :

« — Voici ma mère.

« Puis, en silence, on versa dans un gobelet de l'eau fraîche, dont nous bûmes tous à la ronde, gravement, comme s'il se fût agi de quelque rite d'une religion familiale.

« Après quoi, celle que ma fiancée venait de me présenter comme sa mère me dit, le regard ému, les paupières humides :

« — Tu es bon ?

« Je répondis non sans trouble, après avoir fait mon examen de conscience :

« — Oui.

« — Tu rendras ma fille heureuse?

« — Oui.

« — Dans huit jours, qu'elle revienne. Si elle n'est pas heureuse, elle te quittera.

« Un long silence.

« Enfin nous sortîmes et, de nouveau à cheval, je repartis, toujours suivi de mon escorte.

« Chemin faisant, nous rencontrâmes plusieurs personnes qui connaissaient ma nouvelle famille et qui, en la saluant, disaient à la jeune fille :

« Eh! quoi? tu es maintenant la *vahiné* d'un français. Sois heureuse. Bonne chance.

« Il y avait du doute dans son regard.

« Un point m'inquiétait. Comment Téhoura (ainsi se nommait ma femme) avait-elle deux mères?

« Je demandai donc à celle qui, la première, me l'avait offerte :

« — Pourquoi m'as-tu menti?

« La mère de Téhoura me répondit :

« — L'autre aussi est sa mère nourricière, celle qui s'en occupe.

« Je rêvais tout le long de la route, et mon cheval, ne se sentant plus soutenu, marchait avec peu de confiance, trébuchant au contact de gros cailloux.

« Les adieux de famille se firent à Taravao, chez le Chinois, qui là vend de tout, et les hommes et les bêtes.

« Nous prîmes, ma fiancée et moi, la voiture publique, qui nous déposait vingt-cinq kilomètres plus loin, à Mataïéa, — chez moi.

« ... Une semaine s'écoula, pendant laquelle je fus d'une « enfance » qui m'était à moi-même inconnue...

« Le huitième jour, — il me semblait que nous venions d'entrer pour la première fois ensemble dans ma case, — Téhoura me demanda la permission d'aller voir sa mère, à Faoné, chose promise.

« Je me résignai tristement et, nouant dans son mouchoir quelques piastres pour qu'elle pût payer les frais du voyage et porter du rhum à son père, je la conduisis à la voiture publique.

« Ce fut pour moi comme un adieu. Reviendrait-elle ?

« La solitude de ma case me chassait. Je ne pouvais fixer ma pensée à aucune étude...

« Plusieurs jours ensuite, elle revint... »

Ainsi se conclut, sans plus de formes et sans autre complication, ce qu'on pouvait appeler le *mariage de Koké*, Koké étant le nom tahitien de Gauguin.

« Téhoura était tantôt très sage et très aimante, tantôt folle et très frivole. Deux êtres en un, très différents, et qui se succédaient à l'improviste avec la plus déconcertante rapidité. Elle n'était point changeante, elle était double : l'enfant d'une race vieille.

« Un jour, l'éternel juif — colporteur — il écume la mer comme la terre — arrive dans le district avec une boîte de bijoux en cuivre doré.

« Il étale sa marchandise. On l'entoure.

« Une paire de boucles d'oreille circule de mains en mains. Tous les yeux brillent, toutes les femmes la désirent.

« Téhoura fronce les sourcils et me regarde. Elle veut la paire de boucles et ses yeux me le disent clairement. Je fais semblant de ne pas comprendre.

« Elle m'attire dans un coin.

« — Je la veux.

« Je lui fais observer qu'en France cette niaiserie vaut à peine deux francs et que c'est du cuivre.

« — *No atou* (je la veux).

« Mais ce serait folie de payer vingt francs une pareille saleté ! Non.

« — Je la veux !

« Et, avec une volubilité passionnée, les yeux pleins de larmes :

« — Quoi ! tu n'auras pas honte de voir ce bijou aux oreilles d'une autre femme ? Déjà un tel parle de vendre son cheval pour offrir la paire de boucles à sa *vahiné* !

« Je ne peux me résigner à cette sottise et, brutalement, cette fois, je refuse.

« Téhoura me regarde encore, vaincue. Sans plus rien dire, elle pleure.

« Je m'éloigne, je reviens, je donne les vingt francs au juif, et le soleil reparaît.

« Deux jours après, c'était un dimanche, Téhoura fait sa grande toilette. Les cheveux lavés au savon, puis séchés au soleil, et finalement frottés d'huile parfumée ; la robe, un de mes mouchoirs à la main, une fleur à l'oreille, les pieds nus, elle va au temple, répétant les psaumes qu'elle récitera tout à l'heure :

« — Et les boucles d'oreille ? lui dis-je.

« Téhoura fait une moue de dédain :

« — C'est du cuivre ! *aïta piro, piroupirou !*

« Et, éclatant de rire, elle franchit le seuil de la case et part pour le temple, redevenue grave. »

Gauguin, en même temps que très vigoureux, était très habile dans la plupart des exercices du corps. Il avait appris le maniement de l'épée sous la direction d'un prévôt de Grisier, et la boxe anglaise en s'exerçant, à Pont-Aven, avec un amateur, un peintre qui se nommait Bouffard. Comme tout marin, il avait pratiqué la savate. Une exploration qu'il fit en compagnie de sa *vahiné*, dans un lac souterrain, le montre sous l'aspect d'un extraordinaire nageur.

Mais il faut lui laisser raconter lui-même cet inter-
mède sportif, qui révèle à la fois sa robustesse native
et sa tenace volonté :

« Dieu sait quel jour de l'année, comme toujours,
il faisait beau, lorsque nous nous mîmes en route, le
matin, tous deux pour rendre visite à des amis, dont
la case se trouvait à une dizaine de kilomètres de
la nôtre.

« Partis à six heures, nous fîmes à la fraîche le
chemin, assez prestement, puisque nous étions ar-
rivés à huit heures et demie environ.

« Ce fut une surprise, et les embrassades terminées,
on se mit en quête, pour nous fêter, d'un petit cochon. Le meurtre fut accompli. On y ajouta deux
poules avec une superbe pieuvre prise le matin même.
Quelques *taros* et bananes. Notre repas s'annonçait
copieux et succulent. Je proposai, pour attendre
midi, d'aller aux grottes de Mora, que j'avais laissées
souvent sur ma route, sans nulle idée de les visiter.

« La bande, au complet, partit joyeusement pour
faire ce petit trajet. La grotte était tout près.

« Cachée presque entièrement par des goyaviers,
la grotte n'apparaissait sur le bord de la route que
comme un pur accident de rocher qui se serait détaché. Mais écartez les branches, laissez-vous glisser
d'un mètre de hauteur et vous êtes dans un trou
obscur. Ce n'est rien, les yeux ont perdu le souvenir
du soleil éblouissant qui règne dehors; ils voient
une grotte dont le fond semble une petite scène de
théâtre sans rideau, au plancher très rouge, distante
environ de cent mètres. Sur les autres parois, de
chaque côté, d'énormes serpents — du moins, ils
semblent tels — glissent lentement pour venir boire
à la surface de ce lac intérieur. Ce sont des racines
qui se font jour dans les fissures du roc.

« Je propose la baignade, mais sans succès. On me répond que l'eau est très froide. De longs conciliabules à l'écart, puis des rires m'intriguent.

« Enfin les jeunes filles se décident, quittent leurs légers vêtements. Les *paréos* à la ceinture, nous voilà tous à l'eau. Ce n'est qu'un cri général : *toétoé* * !

« L'eau éclabousse de partout, puis l'écho répète : *toétoé !*

« — Viens-tu avec moi? dis-je à Téhoura. Et je désigne le fond.

« — Tu es fou? là-bas, très loin? Et les anguilles? On ne va jamais là.

« Et ondulante, gracieuse, elle se jouait dans l'eau, comme une jeune personne fière de son adresse à la nage. Le cœur serré d'aller tout seul, je me suis mis en route, fier aussi de ma science de la natation.

« Par quel étrange phénomène le fond de la grotte s'éloignait-il toujours de moi à mesure que je me dirigeais vers lui? J'avançais toujours et, de chaque côté, les grands serpents me regardaient avec ironie. Je crus un instant voir flotter une grande tortue; plus précisément encore, la tête sortit au-dessus de l'eau pour me défier.

« Sornettes que tout cela! Les tortues de mer ne séjournent pas dans l'eau douce. Suis-je donc devenu fou ou plutôt complètement maori. Et ces ondulations devant moi? les anguilles! Il faut surmonter cette terreur, et je me laisse couler à pic avec élan pour connaître le fond. Je n'y arrive pas; je remonte. Je n'ai même pas touché le sol du talon pour redevenir fort. Téhoura me crie :

« — Reviens!

« Je me retourne, et je la vois très loin... Par quel

* « C'est froid ! »

autre phénomène la distance dans ce sens va-t-elle
à l'infini? Téhoura n'est plus qu'un petit point noir
sur le centre lumineux.

« Cré nom! J'en aurai le dernier mot, et, rageusement, je nage environ une demi-heure.

« Enfin, après une heure de route, je touche le
but : un petit plateau très ordinaire, un trou béant
qui va, où cela? Mystère!

« Il faut l'avouer, j'ai peur!

« Je reviens. Téhoura seule m'attend. Les com-
pagnes, indifférentes, sont parties.

« Téhoura fait une prière, et nous revenons.

« A l'air doux, au frottement de ma compagne,
je reprends chaleur et je vis. Je crois remarquer de
l'ironie sur le sourire de Téhoura, quand celle-ci
me dit :

« — Tu n'as pas eu peur?

« Effrontément, je lui répondis :

« — Nous autres Français, nous n'avons jamais
peur!

« Du reste, pas un geste d'admiration de Téhoura.
Et elle trouva tout naturel que j'aille cueillir, non
loin de là, quelques *tiarés* odorantes, les lui planter
dans la brousse de ses cheveux.

« La route était belle, la mer superbe, Moréa, en
face, grandiose et altier.

« Qu'il fait bon de vivre et, quand on a faim, de
dévorer le petit cochon, qui nous attend au logis. »

Gauguin, identifié aux insulaires, s'éprend peu
à peu du mystère qui plane sur l'antique théogonie
maorie. Il interroge les hommes, mais les hommes ont
oublié. C'est Téhoura qui lui donne les premières
notions de cette filiation obscure.

« Les Dieux d'autrefois ont gardé un asile dans
la mémoire des femmes. Et c'est un émouvant et

singulier spectacle que Téhoura me donne quand je vois peu à peu ses Dieux nationaux se réveiller en elle et s'agiter sous les voiles où les missionnaires protestants ont cru les ensevelir. En somme, l'œuvre des catéchistes est très superficielle. Leur enseignement est comme une faible couche de vernis qui s'écaille et cède vite à la moindre atteinte adroite. Téhoura va au temple régulièrement et pratique des lèvres et des doigts la religion officielle. Mais elle sait par cœur les noms de tous les Dieux de l'olympe maôri. Elle connaît leur histoire, comment ils ont créé le monde, comment ils aiment à être honorés. Quant aux rigueurs de la morale chrétienne, elle les ignore ou ne s'en soucie, et ne songe guère à se repentir de vivre hors des liens du mariage avec un *tané* *.

« Je ne sais trop comment elle associe dans ses croyances Taaroa et Jésus.

« Je pense qu'elle les vénère tous les deux. »

Un ouvrage de Moerenhout, que lui prêta un colon, M. Goupil, donna à Gauguin le complément des explications qu'il désirait. Un extrait de ce volume fut intercalé par lui dans son récit, mais il prend soin de déclarer, dans le manuscrit de *Noa Noa*, que l'érudition dont témoigne cet exposé est le fruit, non de ses propres recherches, mais de celles du consciencieux écrivain dont nous venons de reproduire le nom.

« Je complète, dit-il, la leçon de Téhoura à l'aide de documents trouvés dans un recueil de Moerenhout, ancien consul. Je dois à l'obligeance de M. Goupil, colon à Tahiti, la lecture de cette édition. »

Cette remarque a son importance, car elle épargne à l'artiste, auprès des personnes versées dans l'his-

* Homme, mari.

toire de la primitive Polynésie, un regrettable soupçon d'emprunt déguisé. Moerenhout était consul des États-Unis à Tahiti, au moment de la célèbre affaire Pritchard, et fut chargé, par délégation, des intérêts français dans l'île. Ses travaux sur Tahiti ont d'autant plus d'intérêt qu'ils ont été entrepris à une époque où bien des souvenirs subsistaient, dont la trace s'est depuis totalement effacée.

Si Gauguin, de longue date, était excellent nageur, il se révéla, sur la plage tahitienne, comme un pêcheur non moins expérimenté et fit preuve, en certaine circonstance, d'une adresse à rendre jaloux les professionnels.

« Depuis environ quinze jours, les mouches, rares auparavant, abondaient et devenaient insupportables. Et tous les Maoris de se réjouir : les bonites et les thons allaient monter du large. Les mouches annonçaient la saison de la pêche, la seule saison du travail à Tahiti.

« Chacun vérifiait la solidité de ses lignes, des hameçons. Femmes et enfants, tout le monde s'employait à traîner les filets, ou plutôt de longues barrières en feuilles de cocotier, le long du rivage, sur les coraux qui garnissent le fond de la mer, entre la terre et les récifs. On parvient à prendre ainsi certains petits poissons dont les thons sont friands.

« Quand les préparatifs furent achevés, ce qui ne demanda pas moins de trois semaines, on lança à la mer deux grandes pirogues accouplées, garnies à l'avant d'une très longue perche, susceptible d'être relevée vivement au moyen de deux cordes fixées à l'arrière. La perche est pourvue d'un hameçon et d'un appât. Quand le poisson a mordu, il est, de cette manière, aussitôt tiré de l'eau et emprisonné dans l'embarcation.

« Nous franchîmes la ligne des récifs et nous nous aventurâmes loin au large. Je vois encore une tortue, la tête hors de l'eau, qui nous regarde passer. Tous les pêcheurs étaient d'humeur joyeuse et ramaient vivement...

« Nous dépassâmes le Trou-aux-Thons, et un homme fut désigné par le patron des pirogues pour enfoncer la perche dans la mer et jeter l'hameçon.

« On attendit, de longues minutes durant. Aucun thon ne venait mordre.

« Ce fut le tour d'un autre rameur, et, cette fois, un superbe thon mordit, fit ployer la perche. Quatre bras vigoureux soulevèrent l'arbuste en tirant les cordes à l'arrière, et le thon parut à la surface. Mais aussitôt un gros requin saute sur notre capture. Quelques coups des terribles dents, et nous n'avions plus que la tête de notre poisson.

« C'était mon tour. Le patron me fit signe. Je jetai l'hameçon. Au bout de très peu de temps, nous pêchions cette fois un thon énorme. J'entendis mes voisins rire entre eux et chuchoter. Assommé à coups de bâton sur la tête, l'animal, frémissant des spasmes de l'agonie, s'agitait dans la pirogue, et son corps, transformé en miroir brillant de facettes, jetait les éclairs de mille feux.

« Une seconde fois, je fus aussi heureux.

« Décidément, le français portait chance ! Mes compagnons me félicitaient joyeusement, protestant que j'étais un homme de bien, et moi, tout glorieux, je ne disais pas non.

« Mais, dans le concert des louanges, je distinguai, comme lors de mon premier exploit, des chuchotements et des rires inexplicables.

« La pêche continua jusqu'au soir. Quand la

provision de petits poissons amorces fut épuisée,
le soleil incendiait de rouge l'horizon et dix magni-
fiques thons surchargeaient la pirogue.

« On se prépara au retour. Pendant qu'on mettait
tout en ordre, je demandai à un jeune garçon le
sens des paroles échangées tout bas et de rires qui
avaient accueilli mes deux captures. Il refusa de me
répondre. Mais j'insistai... Mon interlocuteur finit
par me confier que, si le poisson est pris par l'hameçon à la mâchoire inférieure, — et c'était le cas,
— cela signifie infidélité de la *vahiné* pendant
l'absence du *tané*.

« Je souris, incrédule, et nous revînmes...

« Devant nous, la terre s'éclairait de feux mou-
vants, flammes de torches énormes que fournissent
les branches sèches de cocotier. Et c'était un spectacle admirable. Sur le sable, au bord des flots illu-
minés, les familles des pêcheurs nous attendaient.
Quelques figures se tenaient assises, immobiles,
et d'autres couraient le long du rivage, avec les enfants qui sautaient en jetant des cris aigus.

« D'un puissant élan, la pirogue s'éleva sur le
sable. Aussitôt on procéda au partage du butin.

« Tout notre butin fut déposé par terre, et le
patron le divisa en autant de parts égales qu'il y
avait eu de personnes, hommes, femmes et enfants,
pour concourir et à la pêche aux thons et à la pêche
aux petits poissons.

« Cela fit trente-sept parts.

« Sans perdre de temps, ma *vahiné* prit la hache,
fendit le bois, alluma le feu, tandis que je faisais
un peu de toilette et que je me couvrais à cause de
la fraîcheur de la nuit. De nos deux parts, l'une fut
cuite, et Téhoura garda la sienne crue.

« Puis elle m'interrogea longuement sur les divers incidents de la pêche et je satisfis avec complaisance sa curiosité.

« Elle s'égayait de tout, contente et naïve, et je l'observais sans rien lui laisser voir de mes secrètes préoccupations.

« Au fond de moi, une inquiétude sans plausibles causes s'était éveillée et ne voulait plus dormir. Je brûlais de faire à Téhoura une question, une certaine question... et j'avais beau me dire : A quoi bon? je me répondais à moi-même : Qui sait?

« Vint l'heure du coucher, et, quand nous fûmes tous deux côte à côte, je dis tout à coup :

« — Tu as été bien sage?

« — Oui.

« — Et ton amant d'aujourd'hui était-il à ton goût?

« — Je n'ai pas eu d'amant.

« — Tu mens! Ce poisson a parlé.

« Téhoura se leva et me considéra fixement. Son visage était empreint d'un caractère inouï de mysticisme et de majesté, qui m'était inconnu et dont je n'aurais jamais cru susceptibles ses traits d'enfant.

« Une atmosphère nouvelle venait de se créer dans notre petite case. Je sentais que quelqu'un d'auguste s'élevait entre nous. Oui, malgré moi, je subissais l'ascendant de la Foi. J'attendais l'avertissement d'en-haut, et tout en faisant un rapide et pénible retour sur les petitesses de notre scepticisme comparé aux certitudes ardentes d'une croyance et, fût-ce d'une superstition quelconque, je ne doutais pas que l'avertissement ne dût venir.

« Téhoura, doucement, alla fermer la porte, et, revenue au milieu de la chambre, fit à haute voix cette prière...

« Ce soir-là, je priai presque.

« Sa prière finie, elle s'approcha de moi et me dit, les yeux pleins de larmes :

« — Il faut me battre, beaucoup me frapper.

« Et devant ce visage résigné, ce corps merveilleux, j'eus la vision d'une parfaite idole.

« Que mes mains soient à jamais maudites, si elles osaient se lever sur un chef-d'œuvre de la nature !

« Ainsi, nue, les yeux calmes dans les pleurs, elle me semblait revêtue du manteau de pureté jaune orangé, du manteau or de Bhixou, belle fleur dorée dont le *noa noa* tahitien embaumait, et qu'en moi l'homme adorait comme l'artiste.

« Elle répéta :

« — Il faut me battre, beaucoup me frapper, sinon tu seras courroucé longtemps et tu seras malade.

« Je l'embrassai, et mes yeux, qui maintenant l'admiraient sans défiance, disaient ces paroles de Bouddha : « Oui, c'est par la douceur qu'il faut « vaincre la violence; par le bien, le mal; par la « vérité, le mensonge. »

Le roman de Téhoura se termina, hélas! comme tous les romans tahitiens, comme s'était terminé, dix-neuf ans auparavant, le roman de Rarahu, qui, elle, savait écrire :

« O mon petit ami chéri, ô mon cher objet de ma peine, je te salue par le vrai Dieu.

« Je suis bien péniblement étonnée de ne pas recevoir de lettre de toi, parce que voilà cinq fois que je t'ai écrit, et jamais un mot de toi ne m'est encore parvenu... »

« Quand je quittai le port, dit Gauguin, au moment de prendre la mer, je regardai pour la dernière fois Téhoura.

« Elle avait pleuré plusieurs nuits durant. Lasse maintenant, et triste toujours, mais calme, elle s'était assise sur la pierre, les jambes pendantes, effleurant de ses deux pieds larges et solides l'eau salée.

« La fleur qu'elle portait, auparavant, à son oreille était tombée sur ses genoux, fanée.

« De distance en distance, d'autres, comme elle, regardaient, fatiguées, muettes, sans pensées, la lourde fumée du navire qui nous emportait tous, amants d'un jour.

« Et, de la passerelle du navire, avec la lorgnette, longtemps encore, tandis que nous nous éloignions, il nous sembla lire sur leurs lèvres ce vieux discours maori :

« Vous, légères brises du Sud et de l'Est,

« Qui vous joignez pour vous jouer et vous ca-« resser au-dessus de ma tête,

« Hâtez-vous de courir ensemble à l'autre Ile.

« Vous y trouverez celui qui m'a abandonnée, « assis à l'ombre de son arbre favori.

« Dites-lui que vous m'avez vue en pleurs!... »

Tel est le récit imagé que Gauguin, non sans l'embellir de quelques fictions, fit lui-même de son premier séjour à Tahiti.

Les lettres que, dans l'intervalle, il envoya en France à son ami de Monfreid, jettent sur ce séduisant tableau quelques ombres plutôt fâcheuses.

A propos des multiples embarras dont chacun est assailli, l'artiste fait cette philosophique remarque :

« A Tahiti, les hommes ont inventé un mot : *no atou*. C'est le : je m'en f... qui est ici d'un naturel et d'une tranquillité parfaits. Vous ne sauriez croire comme je m'habitue, moi, à ce mot-là! Je le dis maintenant souvent, et je le comprends *.

« Vous avez raison, mon cher, écrit-il le 11 mars 1892, je suis un homme fort, qui sais faire plier le sort à mes goûts... Je vais vous donner un peu mon secret. Il consiste en une grande logique, et j'agis avec beaucoup de méthode. Dès le début, je savais que ce serait une vie au jour le jour, alors, logiquement, j'ai habitué mon tempérament à cela. Au lieu de perdre mes forces en travaux et inquiétudes du lendemain, j'ai mis toutes mes forces dans la journée même. Tel le lutteur qui ne remue son corps qu'au moment de la lutte... Seulement où consiste la méthode, c'est s'arranger à ce que tout se suive, et ne pas faire, le 5, ce qui doit se faire le 20 du mois... Chaque jour, un maillon, voilà le grand point.

« J'ai été, en effet, assez gravement malade. Figurez-vous des crachements de sang, un quart de litre par jour... Le médecin de l'hôpital était assez inquiet et me croyait f... La poitrine était intacte, et même assez solide, dit-il. C'est le cœur qui me jouait des tours. Celui-là a tellement eu d'accrocs qu'il n'y a rien d'étonnant... Ma vie est maintenant celle d'un sauvage. Le corps nu, sauf l'essentiel, que les femmes n'aiment pas voir (disent-elles). Je travaille de plus en plus, mais jusqu'à présent des études seulement ou plutôt des documents qui s'accumulent. J'ai fait pourtant un tableau, une toile de 50 : un ange aux ailes jaunes indique à deux femmes tahitiennes Marie et Jésus, — tahitiens aussi. Du nu, vêtu du *paréo*, espèce de cotonnade à fleurs qui s'attache comme on veut à la ceinture. Fond de montagne très sombre et arbres à fleurs.

* 7 novembre 1891.

Chemin violet foncé, et premier plan vert émeraude. A gauche des bananes. J'en suis assez content *. »

Mai 1892. — « C'est extraordinaire comme je suis dans la mélasse chaque fois que je m'absente de Paris. Aussitôt que je reviens, je trouve des fonds. Mais, moi absent, rien. »

Cela, à cause d'un tableau déposé chez Tanguy, et qu'un amateur présumé ne paraissait plus disposé à prendre. Les intermédiaires avec lesquels le peintre se trouvait alors en relations étaient Joyant, Tanguy et Portier, qui vendaient très difficilement ses toiles. Le premier ne lui en avait acheté qu'une seule.

Gauguin avait puisé, sans compter, dans le portefeuille contenant les 9000 francs qu'il avait emportés à Tahiti. Le petit capital fut vite absorbé, tant par les frais de son installation et ceux de la vie quotidienne que par les dépenses somptuaires dans lesquelles l'entraînèrent successivement Titi et Téhoura.

L'artiste imprévoyant — il le fut toute sa vie — se berçait du fol espoir que les nombreux tableaux qu'il expédiait à Paris trouveraient amateur dès l'arrivée, et, sur cette rassurante perspective, vivait au jour le jour, sans la moindre inquiétude. La réalité se chargea de donner à ses pronostics optimistes un si cruel démenti qu'il dut brusquement songer au retour, — au retour immédiat.

« J'ai été, dit-il le 7 juin 1892, à la ville (Papeete), qui est à quarante kilomètres de mon coin, afin de voir le gouverneur et tâcher d'obtenir un passage pour la France. Il me restait en poche 45 francs... Je ra-

---

* Ce tableau fut intitulé par l'artiste : *Ia orana Maria*, Je vous salue, Marie, ou *L'Ave Maria*.

geais comme un fou furieux. Juste à la porte du
« gouvernement », je rencontre un capitaine au
long cours, qui, avec une goélette à lui, fait toutes
les îles et a la réputation d'un forban. J'avais fait
sa connaissance deux ans auparavant *.

« — Que diable allez-vous faire dans cette galère ?
me dit-il. — Ma foi, je vais faire la chose la plus
em...bêtante du monde. Je vais mendier mon voyage
au gouverneur. Mon navire dérive et je suis à la
cape sèche (toutes voiles serrées). — Alors le bougre
très chic me glisse dans la main 400 francs : « Vous
« me donnerez un tableau, et cela fera le compte ! »
Je ne suis pas entré chez le gouverneur, et me voilà
de nouveau à espérer de France des fonds.

« Je vais peut-être avoir à faire le portrait de
la femme du forban, et il me donnera 1300 francs
en plus, mais il faut, pour cela, de la diplomatie
auprès de la femme, qui n'est pas toujours commode,
dit-il. Alors je remettrai les perroquets dessus, et
filerai tranquillement dix mois de travail. Je viens
de terminer une tête de Canaque coupée, arrangée
sur un coussin blanc, dans un palais de mon invention, et gardée par des femmes, de mon invention
aussi **. Je crois que c'est un joli morceau de peinture. Il n'est pas tout à fait de moi, car je l'ai volé
dans une planche de sapin. Il ne faudra rien dire.
Mais, que voulez-vous ? quand les arbres et les
bois vous dessinent une tête, c'est joliment tentant
de voler ! »

Le 5 novembre 1892, Gauguin se plaint à la fois
de sa santé et de la gêne dans laquelle il se trouve :

« Ma santé ne va pas, non pas que je sois malade
(le climat est si merveilleux), mais tous ces soucis

---

* Sans doute en Bretagne.
** Cette toile fut acquise par le peintre Lerolle.

d'argent me font du mal et j'ai beaucoup vieilli, même d'une façon étonnante, tout d'un coup *. En outre, pour faire face à mes affaires et tenir bon quand même, je ne mange pas : un peu de pain et du thé, ce qui m'a fait beaucoup maigrir, perdre les forces et ruiner l'estomac. Si j'allais chercher du poisson, des *féii* ** dans la montagne, je ne travaillerais pas, et j'attraperais des coups de soleil. »

Le 8 décembre, Gauguin envoya, par un officier d'artillerie qui voulut bien s'en charger, un paquet de toiles destinées à l'Exposition danoise.

En voici la liste et les titres :

Paraouparaou. Conversation ou les potins.

Aha oé féii. Quoi! tu es jalouse?

Manao toupapaou. Pense au revenant ou l'Esprit des morts veille.

Parahi té maraé. Là réside le *maraé* (temple des prières et des sacrifices humains).

Faatourouma. Femme en chemise de couleur (Boudeuse).

Té rarahourahi. Paysage avec grand arbre.

Té faré maori. Maison près de laquelle est un cheval (La maison maorie).

I raro té oviri. Paysage avec deux femmes et un chien (Sous les pandanus).

« ... Si, par un hasard extraordinaire, on se précipitait pour acheter, *je ne veux pas* lâcher à moins de 600 francs. Selon l'importance de la toile, vous faites le prix : 600, 700, 800, etc. Quant à celui : *Manao toupapaou* ***, je désire le garder pour plus

---

* L'artiste avait alors quarante-quatre ans.
** Racines ou tubercules comestibles.
*** Cette toile a appartenu au comte de Kessler, à Weimar.

tard, ou bien 2000 francs. Quand je serai arrivé, je verrai. Du reste, j'écris à ma femme la même chose. Ce tableau est pour moi excellent.

« La genèse, la voici (pour vous seulement). Harmonie générale sombre, triste, violet, bleu triste et chrome 2. Les linges sont chrome 1, parce que cette couleur suggère la nuit, sans toutefois l'expliquer, et, de plus, sert de passage entre le jaune orangé et le vert, ce qui complète l'accord musical [*]. Ces fleurs sont en même temps comme des phosphorescences dans la nuit qu'ils (les habitants) voient, la nuit, et qui sont l'Esprit des morts.

« Et puis, — pour finir, — c'est un beau morceau de peinture, quoiqu'il ne soit pas fait d'après nature. »

« L'étude que je vous ai envoyée, — écrit-il le 31 mars 1893, — Dieu soit loué, vous l'avez reçue. Je craignais que le monsieur en question, gendarme du reste, ne me la filoute. Cette étude est un acheminement à d'autres travaux meilleurs. Vous l'avez trouvée superbe, tant mieux! Elle est de moi, pas de Bernard.

« En ce moment, je sculpte sur troncs d'arbres, genre bibelots sauvages. J'ai à rapporter un morceau de bois de fer, qui m'a usé les doigts, mais j'en suis content, et vous savez, ce n'est pas du Bernard. »

Le peintre dont le nom précède était de ceux qu'une certaine critique faisait volontiers passer pour initiateurs de Gauguin, ce qui n'avait pas manqué, à bon droit, d'agacer les nerfs de ce dernier.

« ... En Danemark, ajoute l'artiste, il y a une quantité d'imbéciles qui *croient* aux journaux.

---

[*] Les expressions : chrome 1, chrome 2, correspondent au jaune clair et au jaune orangé. Gauguin se servait de couleurs qui portaient ces numéros.

Alors ils trouvent maintenant que j'ai du talent. De ce coup-là, il y a un peintre danois qui s'est fendu de 900 francs, en se collant sur l'estomac une *Étude de femme nue*, que j'ai faite en 76 (dont parle Huysmans). »

« Je finis par perdre la tête, écrit-il de Papeete dans les derniers jours de décembre 1892, et cela n'arrange pas ma santé. Sans être précisément malade, je sens que toutes les cordes solides autrefois, à force d'être tendues, vont craquer. Et on ne rajeunit pas. Quand j'y réfléchis bien, il faudra à mon retour quitter la peinture, qui ne peut me faire vivre. Je suis parti de Paris après une victoire. En dix-huit mois, je n'ai pu voir un sou de ma peinture, c'est-à-dire que j'ai vendu moins qu'avant... En attendant, je suis dans la mélasse. C'est bien fait, fallait pas qu'y aille.

« Je viens de faire trois toiles, dont deux de 30 et une de 50. Je crois que ce sont mes meilleures, et comme, dans quelques jours, ce sera le 1er janvier, j'en ai daté une, la meilleure, 1893. Par extraordinaire, je lui ai mis un titre français : *Pastorales tahitiennes*, ne trouvant pas, en canaque, un titre correspondant.

« Je ne sais pas pourquoi, mais, tout en mettant du vert Véronèse pur et du vermillon *dito*, il me semble que c'est un vieux tableau hollandais, ou une vieille tapisserie. A quoi attribuer cela ? Du reste, toutes mes toiles me paraissent fades de couleur. Je crois que cela tient à ce que je n'ai plus la vue d'une de mes anciennes toiles ou d'un tableau de l'École des Beaux-Arts, comme point de repère, de comparaison. Quelle mémoire ! J'oublie tout. L'abus du tabac, je crois. »

Le 11 février 1893 un souvenir est adressé à la

mémoire d'Albert Aurier, mort prématurément :

« Ce pauvre Aurier est mort. Nous avons décidément de la déveine : Van Gogh *, puis Aurier, le seul critique qui nous comprenait bien et qui, un jour, nous aurait été très utile. »

Le 30 août suivant, Gauguin débarquait à Marseille.

Marseille, 30 août 1893. — « Je suis arrivé aujourd'hui mercredi, écrivait-il, avec 4 francs dans ma poche. Vous trouverez cela extraordinaire, étant donné que j'ai reçu, avant de partir, 1000 fr. Quelques dettes payées, il me restait 650 francs... Obligé de rester à Nouméa vingt-cinq jours. Tudieu ! quel sale voyage... Après un immense froid à Sidney, immense chaleur dans la mer Rouge. Tellement que nous avons jeté à la mer trois hommes, morts de chaleur. »

* Théodore Van Gogh, représentant de la maison Goupil.

VI

NOA NOA

Dᴀɴs les loisirs que lui laisseraient le temps défavorable, le manque de modèles et les longues soirées, Gauguin avait résolu d'écrire un livre, — livre qui traduirait l'impression de calme édénique qu'il ressentit à Tahiti, devant une nature neuve pour lui; qui serait l'écho de son amour inné et comme atavique de la vie sauvage; qui retracerait les phases romanesques de son aventureuse existence; qui redirait le charme étrange des vieilles légendes maories; qui servirait, en un mot, de commentaire à son œuvre de peintre, mais tout cela sous une forme personnelle et spontanée, ignorante ou insoucieuse des règles académiques de composition et de style.

Dans ce livre, plus tard, s'intercala par contraste, entre les chapitres du récit de Gauguin et alternant avec eux, une suite de pages lyriques et de strophes enflammées, écrites à la gloire des hommes et des choses de l'antique royaume de Taaroa par son ami d'alors, Charles Morice, lequel, sur les données de l'artiste, s'assimila si bien l'âme du vieux Tahiti qu'il semble avoir vécu en sa compagnie au pied de l'Aroraï, la montagne sacrée qui domine l'île.

Charles Morice a dit, il est vrai *, que l'idée première d'une composition sur les thèmes du peintre, à laquelle s'associerait celui-ci, lui fut suggérée par la visite d'une exposition d'œuvres de Gauguin en 1893, et que ce dernier accueillit avec enthousiasme cette proposition.

Il résulte de souvenirs très précis conservés par Daniel de Monfreid que, quand Gauguin, alors occupé à rédiger *Noa Noa*, en lut à celui-ci, dans son atelier de la rue Vercingétorix, certains chapitres qu'il venait de terminer, le peintre, momentanément écrivain, ne songeait nullement à s'adjoindre un collaborateur. Il paraît donc hors de doute, malgré ce qu'a écrit Charles Morice, que Gauguin eut d'abord l'idée très naturelle de prendre pour thème d'un récit strictement personnel ses propres impressions et souvenirs de voyage, et qu'ensuite Charles Morice, auquel il communiqua ce travail très original, mais fruste, songea, après l'avoir mis en harmonie avec son propre style, à y intercaler, comme un rehaut nécessaire, des pages de poésie et de pure littérature.

Le nom de *Noa Noa*, qui sert de titre au recueil, est un adjectif de la langue maorie signifiant : odorant. *Noa Noa*, l'île, la terre odorante, Tahiti.

Le plan général fut ainsi conçu :

Le chapitre I, *Songeries*, est une sorte d'introduction en prose lyrique avec cette épigraphe de Stéphane Mallarmé — écouté : « Il est extraordinaire qu'on puisse mettre tant de mystère dans tant d'éclat. » Épigraphe qui s'applique de la manière la plus adéquate à l'art personnel du peintre, aux splendeurs singulières et calmes, où rien de notre

---

* *Paul Gauguin*, par Charles Morice. Nouvelle édition. Paris, H. Floury, éditeur, 1920.

Occident ne persiste, et à ses toiles gonflées encore de souffles lointains.

Suit une esquisse aux chaudes couleurs des sites étranges dans lesquels va se dérouler l'idylle, — la côte, la forêt, la montagne :

« La vie s'éveille au matin, dans la belle humeur de la terre et du soleil, comme elle s'était endormie en riant. Le plaisir est la seule affaire, et le travail lui-même se fait plaisir d'exercer sa force, de montrer son adresse, d'obliger un ami. La sagesse aussi doit être un jeu, jeu de vieillards aux veillées, et, la fantaisie sans doute aussi d'avoir peur, de rien, jeu de femmes.

« Près de la case en bois de *bourao*, la forêt commence, la fraîcheur, — et des hommes et des femmes, *tanés*, *vahinés*, sont là, groupés épars, affairés, reposant déjà, buvant, bavardant. Et le rire voltige.

« Au loin la mer, égayée de frêles pirogues, indolemment vites, que des jeunes gens dirigent, tantôt à la pagaie, tantôt par de simples déplacements du corps, et leurs *paréos* bleus et blancs, et leurs poitrines cuivrées brillent dans la clarté de l'air, et leurs dents luisent dans l'éclat du rire. Sur le bord deux sœurs, qui viennent de se baigner, couchées en de voluptueuses attitudes de hasard, parlent d'amours d'hier et projets d'amour de demain. Un souvenir les divise : « Eh quoi! tu es jalouse? »

« A quelques pas, en suivant la rive, un jeune *tané*, admirable de force et de grâce, tranche à coups de hache un tronc d'arbre; sa *vahiné*, dans la barque, dispose les éléments d'une brève traversée. La femme est nue jusqu'aux hanches et, penchée, garde dans sa pose animale, quasi quadrupède, une étrange élégance.

« Là-bas, vers l'intérieur, dans une maison maorie

ouverte, l'après midi, une femme assise sur ses jambes, le coude au genou, les lèvres enflées de colère, boude, seule au moins depuis cinq minutes, au moins pour cinq minutes encore.

« L'heure de la sieste a passé, l'heure longue de morne incendie, où la vie vaincue déserte l'île enchantée. Avec le crépuscule qui tombe, de partout sourd une agitation d'immense volière dans les demi-ténèbres que la lune cisèle. On danse, on chante : les hommes accroupis au pied des arbres, les femmes dans l'espace libre, comme dévêtues de blanc, et les dernières clartés du jour les poursuivent, se jouant autour d'elles. Ils chantent, elles miment, selon le rythme des chants, au geste de leurs jambes, de leurs bras, l'amour qu'elles invitent et qui va venir avec la nuit...

...Avec la nuit lourde pourtant du vol des démons, des mauvais génies, des Esprits des morts, les *toupapaous*, qui tout à l'heure se dresseront, les lèvres blêmes et les yeux phosphorescents, près de la couche où les cauchemars ne laissent pas seules les fillettes tôt nubiles. »

Six chapitres sur onze sont consacrés au récit du séjour du peintre à Tahiti, le second, le quatrième, le sixième, le huitième, le dixième et le onzième.

Cette partie du travail, la seule qui se réfère à l'autobiographie de l'artiste, a servi de base à notre récit, dans une partie des pages qui précèdent, et, sous forme d'extraits, est déjà connue du lecteur.

Cinq chapitres, le premier, le troisième, le cinquième, le septième et le neuvième, furent réservés au collaborateur poète, c'est-à-dire à la partie purement littéraire. Celle-ci ne renferme aucun renseignement particulier pouvant être utile à l'histoire de Gauguin.

Le manuscrit de *Noa Noa*, laissé par le peintre, s'écarte très sensiblement, en tant que rédaction, du volume publié en 1901 sous ce titre dans les éditions de *La Plume*, par les soins de Charles Morice. On est fondé à admettre que ce dernier, qui, depuis l'année 1895 n'était plus en communication avec Gauguin que par de très rares correspondances, ne songea pas à soumettre à l'artiste le texte dont il se proposait de faire la publication. Ce texte ne satisfit nullement Gauguin, puisque, ainsi qu'on le verra plus loin, il écrivit à Daniel de Monfreid, en mai 1901, que le livre avait paru « hors de saison », c'est-à-dire, vraisemblablement, sans son assentiment et non pas tel qu'il l'avait conçu.

Le manuscrit de Gauguin, qui dut être mis au net pendant le deuxième et dernier séjour du peintre à Tahiti, est en lui-même une œuvre des plus remarquables. L'écriture, de grosseur moyenne, — une espèce de bâtarde, — couvre, à raison d'environ vingt-cinq lignes chacune, deux cent quatre pages de papier Ingres, plié en in-folio. Sur ces deux cent quatre pages, quarante sont occupées par des aquarelles gouachées ; par des gravures sur bois, exécutées par Gauguin et tirées par lui-même en noir et sépia au moyen de teintes superposées ; par des dessins géométriques coloriés rappelant le style des carrelages romans ; enfin par des photographies, soit de types tahitiens, parmi lesquels le portrait du roi Pomaré V, soit de tableaux de Gauguin.

Quelques pages sont, en outre, illustrées dans le texte de petites aquarelles et de dessins à la plume, à l'encre bleue.

A la suite du roman sont insérées : *Diverses*

Choses (1896-1897), recueil de notes et d'articles sur l'art, sur des particularités relatives à la vie de Gauguin, sur la morale, les religions, etc.

Cet appendice contient, outre le texte, deux pages de dessins originaux dus à des artistes japonais, une page d'estampes japonaises, une page de dessins à la plume par Gauguin, plus quelques illustrations ou gravures, découpées et collées, d'après Forain et Daumier.

On remarque, à la page 228, un sommaire croquis au trait, tracé au pinceau et à l'encre de Chine, et représentant le profil de Gauguin. Au bas est cette amusante légende : *Mon portrait par ma vahiné Pahura.*

Le manuscrit entier, avec ses annexes, contient 346 pages numérotées.

La couverture, en vieux cuir poncé, est ornée, en tête, d'une petite aquarelle gouachée, au-dessous de laquelle se lit, en grandes capitales : NOA NOA. Le sous-titre porte : *Voyage à Tahiti* *.

---

* Le texte exact du manuscrit de Gauguin vient d'être publié (1924), après entente avec les héritiers de Charles Morice, sous le titre de : NOA NOA. *Edition définitive. Bois dessinés et gravés d'après Paul Gauguin*, par *Daniel de Monfreid.* Paris. Les Editions G. Crès et Cⁱᵉ.

VII

1893-1895

G AUGUIN, à son retour à Paris, le 1ᵉʳ septembre 1893, se trouva dans une complète solitude. Tous ses amis étaient absents. Pas d'accueil sensationnel, pas de fêtes, pas même d'épanchements cordiaux autour d'une table amie. Et, par surcroît, l'éternel dénûment.

« J'ai loué, écrivait-il le 4 septembre à son ami Daniel de Monfreid, alors en déplacement dans sa propriété de Saint-Clément, un atelier, 8, rue de la Grande-Chaumière (j'ai même payé le terme d'avance avec argent prêté par la crémière d'en face)... J'ai cherché mes affaires dans votre atelier. J'ai besoin de chemises blanches, n'en ayant aucune dans ma malle. Je n'ai trouvé, dans la soupente d'en haut, que des toiles. Pouvez-vous me prêter, pour mettre dans mon atelier, votre chevalet et une chaise? »

Ce mobilier d'emprunt, dont l'artiste dut provisoirement se contenter, une chaise et un chevalet, fait un piquant contraste avec les étoffes d'Orient, les sièges de style et les mille bibelots qui décoraient alors le *hall* somptueux du moindre peintre à la mode. Et, comme complément à l'austérité du décor, le terme payé d'avance à un propriétaire soupçonneux, avec l'argent prêté par la crémière *! Celle-ci, du moins, eut confiance.

Gauguin avait un désir : organiser au plus vite une exposition générale des œuvres qu'il rapportait de Tahiti, et cela, dans un local digne de l'intérêt qu'elles présentaient. Durand-Ruel, avec lequel il entra en pourparlers, mit à sa disposition ses galeries.

Un élégant catalogue fut distribué. Il était orné d'un dessin de l'artiste : *Paraou Hina Téfatou* (Hina disait à Téfatou...) et précédé d'une préface de Charles Morice :

On s'étonnait un peu, il y a trois ans, quand Gauguin s'en alla de France et, — par une prédilection instinctive que je n'entends pas expliquer, — se choisit un bel exil à Tahiti, on s'étonnait qu'un peintre, surtout un créateur comme celui-ci, cherchât hors de notre coutumière nature les prétextes de sa création... Gauguin n'alla pas chercher là-bas un renouvellement de son esprit par des *sujets nouveaux*. Plus que tout autre, peut-être se contenterait-il à l'indéfini du même lieu ou du même visage dont il saurait faire, chaque fois, une transposition jamais encore vue. Mais, outre les qualités d'invention personnelle et spirituelle, d'intuition en profondeur, qui caractérisent son tempérament, il a des facultés d'expansion, d'ampleur, de pleine nature — que la vie étroite et le faste factice de nos civilisations occidentales mécontentent.

Il s'irrite de nos habitudes, de nos préjugés, de nos conventions en art et en tout, et de ces traditions d'imitation qui oppriment particulièrement la peinture... C'est ce qu'il est allé quérir si loin : l'oubli de nous et le seul souci de ses préférences d'art... Enfin n'oublions pas que marin long-

* Mme Caron. — Le petit restaurant qu'elle tenait avait pour principale clientèle les jeunes gens qui fréquentaient l'Académie Colarossi.

temps — jadis — il a gardé dans ses yeux indiens l'éblouissement du soleil impitoyable et de son reflet vivant, végétal, animal, humain. Les incendies de fleurs du tropique, avec de beaux animaux humains, dans la force, dans l'agilité, dans la naïveté de leur franchise physique, étendus sous les ramures opaques, lui ont laissé dans la mémoire l'enchantement d'un enthousiasme que nul autre luxe n'a pu éteindre. Peintre décoratif, il s'est ressouvenu de ce décor unique : il nous le rapporte.

Et, terminant cette préface par la description de la belle toile : *Ia orana Maria* * (Je vous salue, Marie), le critique écrivait ces lignes :

Deux jeunes femmes, deux Tahitiennes aux physionomies empreintes de naïve piété, contemplent, avec la sincérité d'une innocence que la vie elle-même n'effleurera, ne déflorera pas, cette apparition : une femme — une autre — de stature doucement surhumaine et portant à l'épaule un enfant, qui, d'un geste câlin, repose sa tête sur la tête de sa mère. Autour des deux têtes la divine auréole se laisse deviner. Derrière les spectatrices adorantes aux mains jointes se tient un ange parmi les fleurs, riche et calme, et fleur lui-même : *Ia orana Maria*, Ave Maria.

Et le soleil et la flore, tout autour, prient aussi, puissants, suaves, odorants *(noa noa)*, subtils, comme le sourire de la Vierge elle-même, un sourire où se mêlent la religion et le plaisir, le majestueux et le mutin de la déesse et de la femme, telles que ces âmes naturelles les peuvent concevoir.

Les tableaux exposés étaient les suivants :

1. *Ia orana Maria* (Ave Maria).
2. *Matamoé* (Mort).
3. *Pastorales tahitiennes.*

---

* Elle fut acquise par M. Manzi.

 4. *Papé moé* (Eau mystérieuse).
 5. *Hina Téfatou* (La Lune et la Terre).
 6. *Matamoua* (Autrefois).
 7. *Hina marourou* (Fête à Hina).
 8. *Aréaaréa* (Joyeusetés).
 9. *Manao toupapaou* (L'Esprit des morts veille).
10. *Paraou no varoua ino* (Paroles du Diable).
11. *Faire peur.*
12. *Arii matamoé* (La fin royale).
13. *Vaïraoumati téi oa* (Vaïraoumati elle se nom-
       mait).
14. *Aa no Aréoïs* (Le germe des Aréoïs).
15. *L'Homme à la hache.*
16. *Navénavé fénoua* (Terre délicieuse).
17. *Otahi* (Seule).
18. *Aha oé féii* (Eh quoi! tu es jalouse?).
19. *Naféa faïpoïpo ?* (Quand te maries-tu?).
20. *Parahi té maraé* (Là réside le temple).
21. *I raro té oviri* (Sous les pandanus).
22. *Té poïpoï* (Le matin).
23. *Maou taporo* (La cueillette des citrons).
24. *Fatata té miti* (Près de la mer).
25. *Noanoa* (Odorant).
26. *Fatata té moua* (Adossé à la montagne).
27. *Faatourouma* (Boudeuse).
28. *Mélancolique.*
29. *Piti téina* (Deux sœurs).
30. *Vahiné no té miti* (Femme de la mer).
31. *Vahiné no té tiaré* (Femme de la fleur).
32. *Vahiné no té vi* (Femme au mango *).
33. *Metoua rahi no Téhamana* (Les aïeux de
       Téhamana).
34. *Paysage.*

* Femme à la mangue. Gauguin emploie, pour désigner le fruit du
manguier, un mot qu'il a entendu à la Martinique.

35. *Paysage ; soir.*
36. *Petit paysage.*
37. *Té faré maori* (La maison màorie).
38. *Té faré* (La maison).
39. *Dans les marais.*
40. *A l'écart.*
41. *Bouquet de fleurs.*
42. *Bonjour, monsieur Gauguin (Bretagne).*
43. *Les batteuses (Bretagne).*
44. *Aux provisions (Bretagne).*

Sculptures :

45. *La femme noire.*
46. *Les Tiis.*

Cette exposition s'ouvrit en novembre 1893. Elle obtint un succès indéniable de curiosité, mais aboutit, commercialement, à un désastre. Le public fut dérouté, moins par l'étrangeté de la technique de l'artiste, à laquelle beaucoup commençaient à se faire, que par l'ignorance absolue où étaient les mieux documentés, de l'histoire, de la religion et des mœurs de cette *Noa Noa* inconnue, qui surgissait brusquement du sein des mers polynésiennes.

A l'agencement pictural d'œuvres en elles-mêmes déconcertantes s'ajoutaient des préoccupations non dissimulées d'ordres littéraire et paléoethnographique. L'introduction, dans la plupart des toiles, de ces éléments étrangers à la peinture suffisait à porter le trouble dans l'impression d'art pur qui eût dû, avant tout, s'en dégager, et qui, précisément, s'imposait dans les œuvres antérieures de Gauguin, notamment dans ses toiles bretonnes, où le sujet, quoi qu'il en ait dit, n'a le plus souvent qu'une importance secondaire. Le spectateur subit devant

celles-ci le charme preneur d'une ligne puissante et
grave, de plans colorés d'une sourde richesse,
d'une composition savamment et largement ordonnée.

Devant les toiles tahitiennes, il eût fallu, pour
éprouver dans sa plénitude l'émotion qui étreignait
Gauguin en les exécutant, se trouver avec son esprit
en communion intime et être familiarisé, comme lui,
avec les divinités, les traditions et les légendes des
peuples maoris.

Le public artiste, même le plus instruit, manquait
d'initiation. Il ne put que très difficilement admettre, par la suite, l'insistance du peintre à vouloir lui imposer, pendant dix ans, des conceptions
totalement étrangères à son éducation et en opposition presque constante avec ses affinités de race.

Sur les quarante-quatre tableaux exposés en 1893,
trente-trois ne trouvèrent pas d'acquéreur.

Gauguin reconnaît du reste lui-même que son
art exotique est peu accessible au public d'Europe.
Prêtant l'oreille aux propos de « Bourgeois de Paris » :

L'un d'eux s'écrie : Comprenez-vous le *symbolisme ?*
Moi je ne le comprends guère. Et l'autre, spirituel (mon
Dieu! que d'esprit à Paris), écrit :
« Pour amuser vos enfants, envoyez-les à l'Exposition de
Gauguin. Ils s'amuseront devant des images coloriées repré-
sentant des femelles de quadrumanes, étendues sur des
tapis de billard, le tout agrémenté de paroles du cru... »

Et le peintre ajouta :

Pour expliquer mon art tahitien, puisqu'il est réputé
incompréhensible :
Voulant suggérer une nature luxuriante et désordonnée,
un soleil de tropique, qui embrase tout autour de lui, il

me fallait bien donner à mes personnages un cadre en accord.

C'est bien la vie en plein air, mais cependant intime, dans les fourrés, les ruisseaux ombrés, ces femmes chuchotant dans un immense palais décoré par la Nature elle-même, avec toutes les richesses que Tahiti renferme.

De là toutes ces couleurs fabuleuses, cet air embrasé, mais tamisé, silencieux.

— Mais tout cela n'existe pas !

— Oui, cela existe, comme équivalent de cette grandeur, profondeur, de ce mystère de Tahiti, quand il faut l'exprimer dans une toile d'un mètre carré.

Elle est bien subtile, très savante dans sa naïveté, l'Ève tahitienne.

L'énigme réfugiée au fond de leurs yeux d'enfant me reste incommunicable.

Ce n'est plus là une petite Rarahou, jolie, écoutant une jolie romance de Pierre Loti, jouant de la guitare, de Pierre Loti, joli aussi. C'est l'Ève après le péché, pouvant encore marcher nue sans pudeur, conservant toute sa beauté animale comme au premier jour. La maternité ne saurait la déformer, tant ses flancs restent solides.

Les pieds du quadrumane, soit.

Comme l'Ève, le corps est resté animal. Mais la tête a progressé avec l'évolution, la pensée a développé la subtilité, l'amour a imprimé le sourire ironique sur les lèvres, et, naïvement, elle cherche dans sa mémoire le *pourquoi* des temps d'aujourd'hui. Énigmatiquement, elle vous regarde.

— C'est de l'intangible, a-t-on dit.

Soit, j'accepte *.

Le 12 septembre 1893, le peintre fut appelé à Orléans pour le règlement de la succession d'un frère de son père, Isidore Gauguin, qui était resté célibataire. Il recueillit, pour sa part, environ

---

* Appendice de *Noa Noa*, p. 256.

13000 francs. Ce n'était pas la fortune, mais ce fut le salut.

Grâce à cet appoint inattendu, l'artiste se vit en mesure d'avoir enfin à Paris un « chez soi ». Il trouva, rue Vercingétorix, 6, presque à l'angle de l'avenue, — alors chaussée du Maine, — un local peu coûteux qui lui parut réunir des conditions satisfaisantes de confortable et de commodité.

Derrière un grand mur de fouettis encadrant une porte d'abattoir s'étendait une grande cour carrée, maigrement ombragée d'un arbre souffreteux et encombrée de blocs de pierre et de marbre, déchets de laborieux praticiens. Au fond était un hangar vitré, comportant un rez-de-chaussée et deux étages. En haut de l'escalier, à la hauteur du second, un balcon desservait trois ateliers. Le troisième et dernier de ceux-ci, au bout du balcon, était celui de Gauguin.

Bien des écrivains, bien des peintres l'ont visité. Tous se rappellent la petite entrée, dont les vitres, décorées de peintures exécutées par le maître, offraient cette devise caractéristique : *Ici farûrù*, ici l'on aime. A gauche de l'entrée était une petite pièce renfermant une cheminée et un lit de fer, et qui servait de chambre à coucher. Au bout de l'antichambre se trouvait l'atelier, dont une portière de San-Germano masquait l'entrée.

Cette assez vaste pièce, éclairée à l'ouest par un jour latéral et entièrement peinte en jaune de chrome clair, — chrome n° 1, — donnait la sensation immédiate de l'étrange et de l'imprévu. Sur les murs, balafrés de toiles barbares, s'entre-croisaient des trophées d'accessoires guerriers : casse-têtes, boomerangs, haches, piques, lances, le tout en bois inconnus : rouges sombres, orangés, noirs.

On n'y voyait en fait de meubles, en dehors des
ustensiles professionnels, qu'un assez bon piano,
dont du reste le peintre ne savait pas se servir, et
un canapé fort usagé, ce dernier du plus pur style
Louis-Philippe. Dans un angle était un énorme
appareil photographique du format 18 × 24, monté
sur pied. Sur la cheminée inutilisée s'étalaient des
coquillages et des échantillons de minéralogie.

Au tintement frêle d'une primitive sonnette
s'avançait au-devant du visiteur une superbe mulâtresse aux yeux de braise, que Gauguin avait ren-
contrée à Paris et qui était originaire de Java. Un
singe frileux était blotti au milieu des chevalets,
et, dans ce décor exotique, qui rappelait le pied-à-
terre de l'officier de marine et le *home* intermittent
de l'explorateur, on se sentait loin, très loin de
Paris.

Amis et curieux affluèrent dans un va-et-vient
incessant. Gauguin, devenu talon rouge, eut son
jour, tout comme un aspirant à la médaille d'honneur. Il donna des soirées, offrit du thé, fit circuler
des gâteaux, que présentait avec une silencieuse
dignité l'affinée rivale de Téhoura. Parmi les habi-
tués se virent Julien Leclercq, alors épris de chiro-
mancie, Charles Morice, Paul Roinard, d'autres
gens de lettres plus ou moins familiers dans la maison,
Aristide Maillol, sous les doigts duquel, en ce temps,
se tissaient à l'aiguille d'originales tapisseries déco-
ratives, et un certain nombre de jeunes artistes
qu'impressionnait fortement la puissante originalité
de Gauguin.

Une grave Revue * a enregistré, au sujet de ces
réunions d'une intimité presque familiale, d'ab-

---

* *Revue Universelle*, numéro du 15 octobre 1903.

surdes racontars d'après lesquels, « rentré de Bretagne *(sic)* à Paris, il (Gauguin) s'y était confortablement installé dans un atelier où les fidèles étaient admis tous les soirs en échange de l'encens le plus grossier. Tandis que, sur un sopha juché sur une estrade, le demi-dieu tirait de longues bouffées de sa pipe, le poète Julien Leclercq, accroupi au bas de l'estrade, sur le sol, grattait de sa mandoline et, entre deux salams, avec une verve bouffonne, improvisait des couplets de circonstance. Répartie en des attitudes d'adoration muette, dans la salle, l'assistance, à travers laquelle les bouteilles et les grogs circulaient, humait silencieusement la fine, la verte ou le grog chaud, et, de temps à autre, sur un signe du thuriféraire aux cheveux crépus, acclamait de tous ses poumons le régénérateur de la peinture, qui, d'un geste et d'un sourire, les calmait ».

Il est inutile de redire, après Charles Morice, que l'auteur de ces contes invraisemblables ne fut jamais reçu chez Gauguin, dans l'atelier duquel n'existait aucune estrade et où ce qu'il plaît au chroniqueur d'appeler « la salle » ne retentit, parfois, que de discrets bravos adressés à quelque compositeur assis au piano et faisant preuve de bon vouloir. Quant au poète, depuis disparu, personne ne se rappelle l'avoir vu, dans l'atelier du peintre, se livrant à des pitreries ou faisant l'office de thuriféraire. De telles inexactitudes ne vaudraient pas la peine d'être relevées, si la plus large publicité n'avait été donnée à ces lignes malencontreuses.

L'atelier fut, certain jour, le théâtre d'un épisode tragicomique dont les héroïnes furent la décorative mulâtresse et Juliette, l'ancien modèle de la rue du Château. Cette dernière, étant allée faire visite à

Gauguin, jeta un coup d'œil oblique sur la nouvelle
venue. Supposant, devant son silence obstiné,
qu'elle ignorait le français, elle se hasarda à décocher
à Annah — c'est ainsi que se nommait celle-ci —
quelques malsonnantes épithètes. Gauguin pressen-
tit un sinistre. Et comme la bouillante couturière
continuait imperturbablement, la noire Javanaise
l'interrompit par ces simples mots : « Madame, au-
rez-vous bientôt fini? »

Juliette, aussi stupéfaite que furieuse, épuisa
d'une haleine son vocabulaire faubourien : « Ah!
disait-elle à bout de souffle, si seulement j'avais
mes ciseaux! »

En janvier 1894, le peintre fit en Belgique une
excursion de six jours :

« Voyage très chic, écrivait-il à Daniel de Monfreid. J'ai vu à Bruges des Memling. Quelles mer-
veilles, mon cher! Et puis après, quand on voit
Rubens, ça dégringole. »

Il se rendit également à Copenhague, où il eut
avec sa famille une assez longue et d'ailleurs paisible entrevue, qui fut la dernière. Aux moralistes
qui se croiraient en droit de faire grief à l'artiste
de l'évident mépris de certaines obligations so-
ciales, il n'est pas inutile de faire remarquer que,
si Gauguin fût immuablement resté bon époux,
bon père et bon employé, il eût à coup sûr passé
dans son entourage pour un citoyen modèle, mais
qu'il n'eût pas été Gauguin.

Le peintre, vers cette époque, inaugura pour les
visites que parfois il consentait à faire à Paris
un costume étrange qui est resté légendaire. Celui-ci
se composait d'une longue redingote à taille, de
couleur bleue, et à boutons de nacre. Par-dessous
était un gilet bleu se boutonnant sur le côté et ayant

un entourage de col brodé jaune et vert. Le pantalon était de ton mastic. L'artiste était coiffé d'un chapeau de feutre gris à ruban bleu de ciel, et ses mains, moins élégantes que robustes, disparaissaient sous des gants d'une blancheur immaculée. Il portait, en guise de canne, un bâton décoré par lui-même de sculptures barbares et dans le bois duquel une perle fine était incrustée.

Gauguin, sous ce costume somptueux, avait, à vrai dire, non la majesté d'un Magyar ou d'un Rembrandt, mais plutôt la tournure d'un compère de revue. Ce fut dans cette tenue d'apparat qu'il fut présenté, en 1894, au sous-secrétaire d'État des Colonies, lorsqu'il sollicita, infructueusement d'ailleurs, un poste de résident en Océanie. On juge de la stupeur des huissiers à l'apparition de cet extraordinaire visiteur.

Ce fut aussi à ce moment que Gauguin fit au ministère de l'Instruction publique une démarche ayant pour objet de rappeler la promesse d'achat de quelques tableaux qui lui avait été faite lorsqu'il fut investi officieusement d'une mission artistique à Tahiti. Roujon, homme de lettres récemment promu aux fonctions de directeur des Beaux-Arts et pour lequel les œuvres de Bouguereau et consorts étaient la suprême expression de l'idéal, déclara nettement au peintre ne pas vouloir provoquer de « scandale » en donnant un encouragement, de la part de l'État, à un art aussi révolutionnaire que le sien. Et, comme Gauguin arguait de la présence d'Ary Renan, lors de l'engagement, Roujon, négociant expérimenté, demanda : « Y a-t-il un écrit? »

Gauguin n'avait plus qu'à se retirer, ce qu'il fit avec dignité. Cela n'empêcha pas certaines âmes bien intentionnées de faire circuler le bruit que le peintre s'était rendu au ministère — avec deux amis eux-mêmes décorés — pour solliciter la croix. Cette stupidité, suivant l'usage, ne manqua pas d'être accueillie avec faveur.

Le peintre travailla peu dans son atelier de la rue Vercingétorix. La vie de Paris lui était à charge. Aussi profita-t-il du retour des belles journées pour gagner la Bretagne, où il s'installa de nouveau à Pont-Aven. Il y retrouva plusieurs artistes sympathiques à son talent et à sa personne, parmi lesquels Armand Séguin et O'Connor.

Gauguin avait emmené avec lui l'énigmatique Annah. Ce fut, hélas! pour son malheur.

Un jour que, à Concarneau, il se promenait avec elle, des matelots en bordée se permirent sur le compte de la mulâtresse quelques grossières plaisanteries. Gauguin voulut leur imposer silence, et, comme ceux-ci répondaient par des menaces, une lutte violente s'engagea. Gauguin était seul contre une douzaine, peut-être, d'adversaires, mais, très expert à tous les exercices physiques, il triomphait déjà de cette légion de brutes, lorsque l'un des bretons, se glissant derrière le peintre, lui décocha traîtreusement un coup de sabot qui lui rompit la cheville.

Un des camarades de l'artiste, qui accourait à son aide, ne put que le relever. Et tandis qu'on l'étendait sur un brancard improvisé, le pied pendant à l'extrémité de la jambe brisée, Gauguin, sans une plainte, tira son tabac de sa poche et roula stoïquement une cigarette. Chose étrange! aucune enquête ne fut faite sur cette sauvage agression et aucune poursuite ne fut ordonnée. Le peintre souffrit, le reste de sa vie, des suites de cette blessure.

La belle Annah opposa au triste sort de son chevaleresque défenseur la plus parfaite indifférence. Profitant de ce que celui-ci était immobilisé sur son lit pour plusieurs semaines, elle partit, sous un prétexte quelconque, pour Paris, passa à l'atelier de la rue Vercingétorix, choisit dans le mobilier qui le garnissait les divers objets qui étaient à sa convenance et disparut sans retour en les emportant.

Gauguin ne s'affecta pas moins de ce dédaigneux abandon que de la fracture qui le clouait sur son lit de souffrance.

Dans les représailles qu'il croyait avoir à exercer contre l'humanité, il faisait entrer en ligne de compte cette cuisante piqûre d'amour-propre. Il avait cependant alors quarante-six ans et, après les nombreuses épreuves qu'il avait traversées, eût pu se faire de la vie une idée moins romanesque.

Ce dénouement imprévu d'une excursion qu'il se promettait agréable ne contribua pas peu à augmenter l'antipathie qu'il professait pour l'Europe. Déjà il songeait à repartir à Tahiti, et cela, définitivement.

Il écrivait de Pont-Aven à son ami de Monfreid, le 20 septembre 1894 :

« Mon cher Daniel,

« Oui, je ne donne pas beaucoup de mes nouvelles et tout le monde s'en plaint. C'est que, voyez-vous, j'ai perdu tout courage à force de souffrir, surtout la nuit, que je passe souvent sans aucun sommeil. Et avec cela, naturellement, je n'ai encore rien fait, le mois de fichu, avec beaucoup de dépenses. Du reste, j'ai pris une résolution fixe, celle de m'en aller vivre pour toujours en Océanie. Je rentrerai à Paris en décembre pour m'occuper exclusivement de vendre tout mon bazar à n'importe quel prix. Si je réussis, je pars aussitôt, en février. Je pourrai alors finir mes jours sans le souci du lendemain et sans l'éternelle lutte contre les imbéciles... Adieu, peinture, si ce n'est comme distraction. Ma maison sera en bois sculpté. »

Le plus important, cette résolution étant prise, était de liquider les nombreuses toiles qui encombraient l'atelier de la rue Vercingétorix. Le peintre résolut, dans ce but, d'organiser, comme en 1891, une vente à l'hôtel Drouot et songea, cette fois, pour la rédaction de la préface du catalogue, au poète August Strindberg, qui était venu plusieurs fois lui faire visite et qu'il appréciait à la fois comme écrivain et comme homme.

Le poète répondit à l'offre du peintre par la lettre suivante, qui est un document d'histoire littéraire et artistique :

Vous tenez absolument à avoir la préface de votre catalogue écrite par moi en souvenir de l'hiver 1894-1895 que nous vivons ici, derrière l'Institut, pas loin du Panthéon, surtout près du cimetière Montparnasse.

Je vous aurais volontiers donné ce souvenir à emporter sur cette île d'Océanie, où vous allez chercher un décor en harmonie avec votre stature puissante, et de l'espace, mais je me sens dans une situation équivoque dès le commencement, et je réponds tout de suite à votre requête par un « je ne peux pas » ou plus brutalement par un « je ne veux pas ».

Du même coup, je vous dois une explication à mon refus, qui ne vient pas d'un manque de complaisance, d'une paresse de la plume, quoiqu'il m'eût été facile d'en rejeter la faute sur la maladie déjà célèbre de mes mains, laquelle d'ailleurs n'a pas encore laissé au poil le temps de pousser dans la paume.

Voici : je ne peux pas saisir votre art et je ne peux pas

l'aimer. (Je n'ai aucune prise sur votre art, cette fois exclusivement tahitien.) Mais je sais que cet aveu ne vous étonnera ni ne vous blessera, car vous me semblez surtout fortifié par la haine des autres; votre personnalité se complaît dans l'antipathie qu'elle suscite, soucieuse de rester intacte. Et avec raison peut-être, car dé l'instant où, approuvé et admiré, vous auriez des partisans, où on vous rangerait, où on vous classerait, on donnerait à votre art un nom dont les jeunes avant cinq ans se serviraient comme d'un sobriquet désignant un art suranné, qu'ils feraient tout pour vieillir davantage.

J'ai tenté moi-même de sérieux efforts pour vous classer, pour vous introduire comme un chaînon dans la chaîne, pour m'amener à la connaissance de l'histoire de votre développement — mais en vain.

Je me souviens de mon premier séjour à Paris en 1876. La ville était triste, car la nation portait le deuil des événements accomplis et avait l'inquiétude de l'avenir, quelque chose fermentait. Dans les cercles suédois d'artistes, on n'avait pas encore entendu le nom de Zola, car l'*Assommoir* n'était pas publié; j'assistai à la représentation au Théâtre-Français de *Rome vaincue* où Mme Bernhardt, la nouvelle étoile, était couronnée une seconde Rachel; et mes jeunes artistes m'avaient entraîné chez Durand-Ruel voir quelque chose de tout à fait neuf en peinture. Un jeune peintre, alors connu, me conduisait et nous vîmes des toiles très merveilleuses, signées principalement Manet et Monet. Mais comme j'avais autre chose à faire à Paris que regarder des tableaux, — je devais, en qualité de secrétaire de la Bibliothèque de Stockholm, rechercher un vieux missel suédois à la Bibliothèque Sainte-Geneviève, — je regardais cette nouvelle peinture avec une indifférence calme. Mais le lendemain je revins, sans trop savoir comment, et je découvris « quelque chose » dans ces bizarres manifestations. Je vis le grouillement de la foule sur un embarcadère, mais je ne vis pas la foule même, je vis la course d'un train rapide dans un paysage normand, le mouvement des roues dans la rue, d'affreux portraits de personnes, toutes laides, qui n'avaient

pas pu poser tranquillement. Saisi par ces toiles extraordinaires, j'envoyai à un journal de mon pays une correspondance dans laquelle j'avais essayé de traduire les sensations
que je voyais que les impressionnistes avaient voulu rendre,
et mon article eut un certain succès comme une chose incompréhensible.

Lorsque, en 1883, je revins pour la deuxième fois à Paris,
Manet était mort, — mais son esprit vivait dans toute une
école qui luttait pour l'hégémonie avec Bastien-Lepage *.
A mon troisième séjour à Paris, en 1885, je vis l'Exposition de Manet. Ce mouvement s'était alors imposé, il avait
produit son effet et maintenant il était classé. A l'Exposition
triennale, même année, anarchie complète. Tous les styles,
toutes les couleurs, tous les sujets : historiques, mythologiques et naturalistes. On ne voulait plus entendre parler
d'écoles, ni de tendances. Liberté était maintenant le mot
de ralliement. Taine avait dit que le Beau n'était pas le
Joli, et Zola que l'Art était une parcelle de nature vue à
travers un tempérament.

Cependant, au milieu des derniers spasmes du naturalisme,
un nom était prononcé par tous avec admiration : celui
de Puvis de Chavannes. Il était là tout seul comme une
contradiction, peignant d'une âme croyante, tout en tenant
légèrement compte du goût de ses contemporains pour
l'allusion (on ne possédait pas encore le terme de symbolisme,
une appellation bien malheureuse pour une chose si vieille,
l'allégorie).

C'est vers Puvis de Chavannes qu'allaient hier soir mes
pensées, aux sons méridionaux de la mandoline et de la
guitare : je vis sur les murs de votre atelier ce tohu-bohu
de tableaux ensoleillés, qui m'ont poursuivi cette nuit
dans mon sommeil. J'ai vu des arbres que ne retrouverait aucun botaniste, des animaux que Cuvier n'a jamais

* On s'étonne de voir citer ici parmi les novateurs, à côté de Manet et
de Monet, le peintre Bastien-Lepage, dont le talent se borna à appliquer à
l'exacte représentation de choses et d'êtres de son temps un art jusqu'à
un certain point photographique, duquel toute tendance interprétative est
exclue.

soupçonnés et des hommes que vous seul avez pu créer.

Une mer qui coulerait d'un volcan, un ciel dans lequel ne peut habiter nul Dieu. — Monsieur, disais-je dans mon rêve, vous avez créé une nouvelle terre et un nouveau ciel, mais je ne me plais au milieu de votre création. Elle est trop ensoleillée pour moi, qui aime le clair-obscur. Et dans votre paradis habite une Ève qui n'est pas mon idéal, car j'ai vraiment moi aussi un idéal de femme ou deux!

Ce matin, je suis allé visiter le musée du Luxembourg pour jeter un regard sur Chavannes, qui me revenait toujours à l'esprit. J'ai contemplé avec une sympathie profonde le *Pauvre pêcheur*, si attentivement occupé à guetter la proie qui lui vaudra l'amour fidèle de son épouse cueillant des fleurs et de son enfant paresseux. Cela est beau! Mais voilà que je me heurte à la couronne d'épines du pêcheur *. Or je hais le Christ et les couronnes d'épines. Monsieur, je les hais, entendez-vous bien. Je ne veux point de ce Dieu pitoyable qui accepte les coups. Mon Dieu, plutôt alors Vitsliputsli, qui au soleil mange le cœur des hommes.

Non, Gauguin n'est pas formé de la côte de Chavannes, non plus de celle de Manet ni de Bastien-Lepage.

Qu'est-il donc? Il est Gauguin, le sauvage qui hait une civilisation gênante, quelque chose du Titan qui, jaloux du Créateur, à ses moments perdus fait sa propre petite créature, l'enfant qui démonte ses joujoux pour en refaire d'autres, celui qui renie et qui brave, préférant voir rouge le ciel que bleu avec la foule.

Il semble, ma foi, que depuis que je me suis échauffé en écrivant, je commence à avoir une certaine compréhension de l'art de Gauguin.

On a reproché à un auteur moderne de ne pas peindre des êtres réels, mais de construire *tout simplement* lui-même ses personnages. *Tout simplement!*

Bon voyage, Maître; seulement, revenez me trouver. J'aurai peut-être alors appris à mieux comprendre votre

---

* Ce passage doit être entendu au figuré, car le *Pauvre pêcheur* ne porte pas de couronne d'épines. Quelques touffes de cheveux rebelles pourraient à peine, de loin, en donner l'illusion.

Art, ce qui me permettra de faire une vraie préface pour
un nouveau catalogue dans un nouvel hôtel Drouot, car
je commence aussi à sentir un besoin immense de devenir
sauvage et de créer un monde nouveau.

Paris, le 1ᵉʳ février 1895.

AUGUST STRINDBERG.

Gauguin adressa au poète la réponse qu'on va
lire :

CHER STRINDBERG,

Je reçois aujourd'hui votre lettre; votre lettre qui est
une préface pour mon catalogue. J'eus l'idée de vous demander cette préface, lorsque je vous vis l'autre jour dans
mon atelier jouer de la guitare et chanter; votre œil bleu
du Nord regardait attentivement les tableaux pendus aux
murs. J'eus comme le pressentiment d'une révolte : tout un
choc entre votre civilisation et ma barbarie.
Civilisation dont vous souffrez. Barbarie qui est pour
moi un rajeunissement.
Devant l'Ève de mon choix, que j'ai peinte en formes
et en harmonies d'un autre monde, vos souvenirs d'élection ont évoqué peut-être un passé douloureux. L'Ève
de votre conception civilisée vous rend et nous rend presque
toujours misogynes; l'Ève ancienne, qui dans mon atelier
vous fait peur, pourrait bien un jour vous sourire moins
amèrement. Ce monde, que ne saurait peut-être retrouver
ni un Cuvier, ni un botaniste, serait un Paradis que j'aurais
ébauché seulement. Et de l'ébauche à la réalisation du rêve
il y a loin. Qu'importe! Entrevoir un bonheur, n'est-ce pas
un avant-goût du *nirvana ?*
L'Ève que j'ai peinte (elle seule), logiquement, peut rester
nue devant nos yeux. La vôtre en ce simple état ne saurait
marcher sans impudeur, et, trop belle (peut-être) serait
l'évocation d'un mal et d'une douleur.
Pour vous faire bien comprendre ma pensée, je compa-

rerai, non plus ces deux femmes directement, mais la langue maorie ou touranienne, que parle mon Ève, et la langue que parle votre femme choisie entre toutes, langue à flexions, langue européenne.

Dans les langues de l'Océanie, à éléments essentiels, conservés dans leur rudesse, isolés ou soudés sans nul souci du poli, tout est nu, éclatant et primordial.

Tandis que, dans les langues à flexions, les racines par lesquelles, comme toutes les langues, elles ont commencé, disparaissent dans le commerce journalier qui a usé leur relief et leurs contours. C'est une mosaïque perfectionnée où l'on cesse de voir la jointure des pierres, plus ou moins grossièrement rapprochées, pour ne plus admirer qu'une belle peinture lapidaire. Un œil exercé peut seul surprendre le procédé de la construction.

Excusez cette longue digression de philologie; je la crois nécessaire pour expliquer le dessin sauvage que j'ai dû employer pour décorer un pays et un peuple touranien.

Il me reste, cher Strindberg, à vous remercier.

Quand nous reverrons-nous?

Ce jour-là, comme aujourd'hui, avec vous de tout cœur,

PAUL GAUGUIN.

Ces deux lettres, aux lieu et place de l'habituelle préface, figurèrent en tête du catalogue. Si la première, en toute sincérité, avouait le choc violent produit dans les idées pondérées d'un homme du Nord par des tableaux, au premier aspect, barbares et subversifs, la seconde, où l'on s'étonne de ne pas reconnaître le style clair, fruste et incisif familier à Gauguin, ne déchirait nullement, devant les yeux du public, le voile qui enveloppait la pensée de l'artiste. Des lignes de pure littérature, n'ayant rien d'un exposé de principes picturaux, furent pour lui sans portée. Aussi, à l'exclusion de figures nouvelles, ne se présenta-t-il comme enchérisseurs que des peintres amis, quelques marchands et des amateurs dont la conversion déjà datait.

La vente annoncée eut lieu le 18 février 1895, par le ministère de Me Sarrus, commissaire-priseur. Elle comprenait quarante-neuf articles, dont plus des deux tiers avaient vainement figuré, en 1893, à l'Exposition ouverte chez Durand-Ruel. En regard des toiles seront mentionnés les prix auxquels elles furent adjugées. Quand cela a été possible, on y a joint le nom des acquéreurs :

1. *Té faré maori* (La maison maorie).
2. *Vahiné no té vi* (Femme au mango). – 480. Degas.
3. *Manao toupapaou* (L'Esprit des morts veille). – 900.
4. *Matamoé* (Mort). – 480. Seguin.
5. *Pastorales tahitiennes.* – 480.
6. *Matamoua* (Autrefois).
7. *Hina marourou* (Fête à Hina).
8. *Aréaaréa* (Joyeusetés). – 420.
9. *Papé moé* (La source mystérieuse). – 500.
10. *Paraou no varoua ino* (Paroles du Diable). – 500.
11. *Té poïpoï* (Le matin). – 320.
12. *I raro té oviri* (Sous les pandanus).
13. *L'homme à la hache.* – 500.
14. *Piti téïna* (Deux sœurs). – 430. Slewinski.
15. *Vaïraoumati téi oa* (Vaïraoumati elle se nommait). – 320.
16. *Aa no Aréoïs* (Le germe des Aréoïs). – 380.
17. *Otahi* (Seule). – 400.
18. *Navénavé fénoua* (Terre délicieuse). – 500. O'Connor.
19. *Aha oé féii* (Eh quoi! tu es jalouse?). – 500. Leclanché.

20. *Naféa faaïpoïpo ?* (Quand te maries-tu?). —
       500.
21. *Maou taporo* (La cueillette des citrons). — 360.
22. *Arou matamoé.* — 400.
23. *Navénavé moé* (Eau délicieuse). — 430. Schuf-
       fenecker.
24. *Tiaré forani.* — 340.
25. *Vahiné no té miti* (Femme de la mer). — 400.
26. *Parahi té marai* (Là réside le temple). — 360.
       Schuffenecker.
27. *Fatata té miti* (Près de la mer). — 380.
28. *Noanoa* (Odorant). — 360. Séguin.
29. *Fatata té moua* (Adossé à la montagne). — 320.
30. *Faatourouma* (Boudeuse). — 400.
31. *Tiaré forani.*
32. *Metoua rahi no Téhamana* (Les aïeux de Té-
       hamana). — 300.
33. *Dans les marais.* — 460.
34. *Petit paysage.* — 120.
35. *Petit paysage.* — 80.
36. *Feux de joie.* — 110. Maufra.
37. *Dans les ruisseaux.* — 210.
38. *Té faré* (La maison). — 180.
39. *Paraouparaou* (Conversation ou les potins).
       — 130.
40. *Bonjour, monsieur Gauguin* (Bretagne). —
       410. Schuffenecker.
41. *Jeune paysan.* — 320. Thomas.
42. *Nu .*
43. *Coteau des Aven.* — 160.
44. *Paysage.* — 120.
45. *Ce qu'on dit.* — 120.
46. *Jeune chrétienne.* — 110. Schuffenecker.
47. *Paysage breton.* — 75.
48. *Les batteuses.* — 100. Schuffenecker.

49. *Copie de l'Olympia*. 230. – Degas.
Dessins.
Gravures.

Gauguin, après avoir réparti entre plusieurs amis divers bibelots qu'il ne voulut pas vendre et qu'il leur laissa comme souvenirs, régla ses derniers comptes et, après avoir chargé le dévoué Daniel de Monfreid de le représenter en toutes circonstances, partit un soir pour ne plus revenir.

VIII

1895-1901

GAUGUIN, après une heureuse traversée, retrouva à Tahiti les sites familiers et ses amis maoris.

Il s'installa, cette fois, sur la côte occidentale, dans le district de Pounaaouïa, région accidentée, coupée par la belle vallée de Pounarouou, qui s'étend des bords de la mer au *Maïao* ou Diadème, point central de l'île.

Une route, qui fait le tour de la côte, relie Pounoaouïa à Papeete. De nombreux sentiers s'en détachent, ombragés d'orangers, de bananiers, de cocotiers, de goyaviers, et se dirigent en désordre vers la montagne.

Malgré la sérénité du climat, Gauguin, qui, quelques jours avant son départ de Paris avait été victime d'une folle imprudence, était très éprouvé par la maladie. Il avait pris le parti, pour éviter l'onéreux loyer d'une maison, de prendre à bail un terrain non bâti et d'y faire construire une case.

« Il m'a fallu, fait-il savoir à Daniel de Monfreid en novembre 1895, rester à Papeete en camp volant, prendre une décision, finalement me faire construire une grande case tahitienne dans la campagne. Par exemple, c'est superbe comme exposition, à l'ombre, sur le bord de la route, et derrière moi une vue de la montagne épastrouillante. Figurez-vous une grande cage à moineaux grillée de bambous, avec toit de chaume en cocotier, divisée en deux parties par les rideaux de mon ancien atelier. Une des deux parties forme chambre à coucher avec très peu de lumière, pour avoir de la fraîcheur. L'autre partie a une grande fenêtre en haut pour former atelier. Par terre, des nattes et mon ancien tapis persan : le tout décoré avec étoffes, bibelots, dessins. Vous voyez que je ne suis pas trop à plaindre pour le moment. »

Par manque de prévoyance, l'artiste fut entraîné à des dépenses beaucoup plus considérables qu'il n'avait supposé. Il connut de nouveau la gêne, qu'escorta le souci.

« Depuis mon arrivée, écrivait-il à Daniel de Monfreid le 7 avril 1896, ma santé se délabre chaque jour. Mon pied cassé me fait extrêmement souffrir. J'ai deux plaies que le médecin n'arrive pas à fermer, et, dans les pays chauds, c'est difficile. Quand la nuit arrive, ce sont des tiraillements extrêmes qui me conduisent jusqu'à minuit sans sommeil. Avouez que ma vie est bien cruelle.

« J'avais fait à mon premier séjour à Tahiti des efforts inouïs, dont vous avez vu les résultats rue Laffitte. A quoi suis-je arrivé? A une défaite complète. Des ennemis, et c'est tout. La guigne me poursuivra sans trêve toute mon existence. Plus je vais, plus je descends. Peut-être que je n'ai pas de talent, mais (toute vanité mise de côté) je crois cependant qu'on ne fait pas un mouvement artistique, si petit qu'il soit, sans en avoir, ou alors il y a bien des fous.

« Bref, après l'effort que j'avais fait, je n'en ai

plus à faire suivre sans fruit. Je viens de faire une toile de 1 m. 30 sur 1 mètre que je crois encore meilleure que tout auparavant : une reine nue, couchée sur un tapis vert; une servante cueille des fruits; deux vieillards près de gros arbres discutent sur l'arbre de la Science; fond de rivage.

« Ce léger croquis trembloté * ne vous donnera qu'une vague idée. Je crois qu'en couleur, je n'ai jamais fait une chose d'une aussi grande sonorité grave. Les arbres sont en fleurs, le chien garde, les deux colombes à droite roucoulent **.

« A quoi bon envoyer cette toile, s'il y en a tant d'autres qui ne se vendent pas et font hurler. Celle-là fera hurler encore plus. Je suis condamné à mourir de bonne volonté pour ne pas mourir de faim.

« ... Actuellement, je viens d'emprunter 500 francs pour manger quelques mois. Avec 500 francs que je dois pour ma maison, cela fait 1000 francs de dettes.

« Et je ne suis pas déraisonnable. Je vis avec 100 francs par mois, moi et ma *vahiné*, une jeune fille de treize ans et demi. Vous voyez que ce n'est pas beaucoup. Là-dessus j'ai mon tabac et le savon, et une robe pour la petite : 10 francs de toilette par mois.

« Et si vous voyiez mon installation : une maison de chaume avec fenêtre d'atelier, deux troncs de cocotiers sculptés en forme de dieux canaques, des arbustes à fleurs; petit hangar pour ma voiture et mon cheval. Oui, j'ai fait des dépenses d'installation pour ne plus avoir de loyer et être sûr de dormir chez moi. »

---

* C'est un joli dessin à la plume rehaussé d'aquarelle vigoureuse.

** Cette toile, qui porte le titre de *Té arii vahiné*, fut acquise par M. G. Fayet.

L'artiste, résolu de sortir de ces terribles embarras d'argent, imagina, en juin 1896, une combinaison qui, croyait-il, devait le sauver, du moins d'une manière momentanée. Elle consistait à grouper quinze personnes aimant ou comprenant sa peinture et « voulant gagner ».

« Tous les ans j'enverrai — et d'avance — quinze bonnes toiles comme celles faites précédemment, plusieurs dessins à mon gré. Contre cette « mar-«chandise» ces quinze personnes m'enverront 2400 fr. par an, ce qui fait 160 francs pour chacun. Pour le partage on tirera au sort pour savoir qui choisira le premier, le second, etc. Il est certain qu'à ce prix mes toiles ne sont pas chères et qu'en un temps donné, assez court, les acquéreurs n'y perdront pas. »

Suivait une liste de dix amateurs présumés, parmi lesquels figuraient les marchands de tableaux Portier et Thomas, le peintre Lerolle, l'ingénieur Rouart, Jean Dolent et le comte Antoine de la Rochefoucauld...

« Tout cela, ajoutait Gauguin, n'a rien que de très honorable pour chacun. C'est une façon d'aider un artiste en qui on a confiance, sans lui faire la charité.

« ... En tout cas, répondez-moi par le courrier ce que vous entrevoyez de la combinaison. Que diable ! je ne suis pas gourmand. Gagner deux cents francs par mois (moins qu'un ouvrier), à cinquante ans bientôt, avec une assez bonne réputation !... »

Ce projet n'eut pas de suite, car le destinataire de la lettre était absent de Paris lorsque celle-ci lui parvint. Il eût, du reste, été facile au peintre, avec un peu plus de clairvoyance, de conclure trois ans plus tôt un traité analogue avec un marchand de

tableaux très connu, qui lui en fit la proposition,
et cela dans des conditions qui eussent été beaucoup
plus avantageuses pour lui. Mais les circonstances
avaient changé, et l'occasion perdue ne devait plus
se représenter.

Le 10 juillet 1896, Charles Morice, sachant Gauguin dans une situation presque désespérée, prit
sur lui de se rendre au ministère de l'Instruction
publique et d'insister près du directeur des Beaux-
Arts sur la promesse d'achat de quelques toiles
faites au peintre lors de son premier départ pour
Tahiti. Roujon, de nouveau, bondit : « Jamais,
Monsieur, tant que je serai ici, jamais M. Gauguin
n'aura une commande de l'État. » Un peu plus calme,
il ajouta : « Mais je ferai quelque chose pour lui, je
vous le promets. »

Le directeur, fidèle à sa parole, envoya en effet
au peintre stupéfait une somme de 200 francs —
à titre d'encouragement! Gauguin, par le courrier
suivant, s'empressa d'en faire retour à l'expédi-
teur *.

Il n'était peut-être pas à la portée de ce dernier
de faire une distinction entre une aumône et un
encouragement. Le seul moyen d'encourager un
artiste est d'acheter ses œuvres. Si le représentant
des Beaux-Arts, faisant preuve d'un peu moins
d'étroitesse d'esprit, eût acquis quelques toiles de
Gauguin, l'État se trouverait aujourd'hui, au
simple regard de la valeur vénale, avoir fait une
affaire d'or.

Mais il est de tradition constante, dans « les bureaux », d'attendre qu'un artiste soit mort pour
reconnaître son talent. L'État, qui, du vivant de

---

* *Paul Gauguin*, par CHARLES MORICE.

celui-ci, eût pu faire un choix éclairé aux prix les plus modiques, laisse l'artiste mourir de faim et épuise plus tard ses crédits, d'un cœur léger, au profit de spéculateurs et de mercantis.

« Oui, écrivait Gauguin le 11 novembre 1896, je commence à guérir, et j'en ai profité pour abattre beaucoup de besogne. De la sculpture, j'en mets partout dans le gazon : de la terre recouverte de cire. C'est d'abord un nu de femme, puis un lion, superbe de fantaisie, jouant avec son petit. Les indigènes, qui ne connaissent pas les bêtes féroces, sont tout épatés. Par exemple, le curé a fait tout son possible pour me faire retirer la femme nue, qui n'a pas de vêtements. La justice lui a ri au nez, et, quant à moi, je l'ai envoyé... *paître* proprement. »

Le 15 janvier 1897, l'artiste, dont la provision de couleurs tirait à sa fin, pria son officieux correspondant de faire en son nom une importante commande. Le détail en est instructif pour les peintres, car il sert à éclairer un point intéressant de la technique de Gauguin.

Celui-ci demandait une cinquantaine de brosses plates assorties, la plus petite, de 7 millimètres de largeur, une douzaine de pinceaux en méloncillo, et, en tubes nº 10 pour la décoration :

10 tubes outremer, 5 cobalt, 20 blanc d'argent, 10 ocre jaune, 5 ocre de ru, 3 cadmium citron, 2 cadmium nº 2, 3 vermillon clair, 5 garance ordinaire, 5 laque carminée, 5 vert émeraude.

Il réclamait, en outre, des cordes de guitare et de mandoline, au mètre, ainsi que quelques paquets de poudre à dorer, rouge et jaune.

« J'ai beaucoup d'ennemis, disait Gauguin le 14 février 1897, et je suis destiné à en avoir toujours beaucoup, même de plus en plus. Or, chaque fois que j'expose, on les réveille, et eux tous d'aboyer, et de dégoûter l'amateur, qu'on fatigue. Le meilleur moyen de vendre, c'est encore le silence, tout en travaillant le marchand de tableaux. Vous allez recevoir prochainement quelques toiles. Avec mes souffrances physiques et morales, je ne suis pas à même de les juger. Vous verrez cela plus sainement que moi :

Navé navé méhana (Jours délicieux).
Bouquet de fleurs.
Noté aha oé riri? (Pourquoi es-tu fâchée?).
Poèmes barbares.
Nature morte.
Étude d'après moi, histoire de peindre *.

« Je vous l'offre comme un bien faible témoignage d'amitié, en retour de tout votre dévouement. Je tâche de finir une toile pour l'envoyer avec les autres, mais aurai-je le temps?... J'ai voulu, avec un simple nu, suggérer un certain luxe barbare d'autrefois. Le tout est noyé dans des couleurs volontairement sombres et tristes. Ce n'est ni la soie, ni le velours, ni la batiste, ni l'or qui forment ce luxe, mais purement la matière devenue riche par la main de l'artiste... L'imagination de l'homme, seule, a enrichi de sa fantaisie l'habitation. Pour titre : *Nevermore*, non point le corbeau d'Edgar Poe, mais l'oiseau du diable qui est aux aguets. C'est mal peint (je suis si nerveux et je travaille par saccades), n'importe, je crois que c'est une bonne toile **. »

Gauguin reçut, peu après, la triste nouvelle de

---

* C'est un portrait de profil, la tête inclinée dans un mouvement douloureux.

** Celle-ci fut acquise par M. Fritz Delius.

la mort de sa fille Aline, enlevée brutalement par une fièvre pernicieuse.

« Chaque jour, écrit-il, réflexions arrivant, la blessure s'ouvre plus profonde, et je suis en ce moment tout à fait découragé. J'ai décidément là-haut, quelque part, un ennemi qui ne me laisse pas une minute de repos...

« La personne qui m'avait loué un petit bout de terrain pour y établir ma case vient de mourir, laissant des affaires très embarrassées, et par suite son terrain vendu. Me voilà donc à la recherche d'un bout de terrain, et il me faudra reconstruire.

« J'ai reçu (envoi de Schuffenecker) les *Hommes du Jour*, mon portrait absurde par lui-même... Une croix, des flammes! Vlan! Ça y est : le *Symbolisme !* »

Au dos de la lettre, datée du 12 avril 1897, était une rudimentaire gravure sur bois, ainsi commentée :

« Histoire de s'amuser. Avec n'importe quel bois, sans presse, essais de gravure. »

La situation financière de l'artiste se compliquait de plus en plus.

« J'ai emprunté à la *Caisse agricole* * 1000 francs pour un an. Avec cela j'ai acheté un terrain 700 fr., trop grand pour moi, mais le seul à vendre et à proximité (une centaine de mètres d'où je suis). Avec les 300 francs restant, je reconstruirai et m'installerai de nouveau... Plus tard, je retrouverai le prix de mon acquisition, attendu qu'il y a sur ce terrain cent cocotiers qui peuvent rapporter cinq cents francs par an... Si ma santé me le permet et si j'ai encore quelques sous de trop à dépenser, je compte

* Banque de Tahiti.

y planter de la vanille, ce qui est d'un bon rapport, sans trop de travail. »

Il ajoutait, le 11 juin suivant :

« Comme je vous l'ai écrit précédemment, j'ai emprunté pour m'installer, et je suis en pleine installation, ce qui n'est pas commode, car j'ai tous les malheurs. J'ai en ce moment une conjonctivite double, et voilà deux fois qu'on me brûle au sulfate de cuivre les granulations... Je ne sais que devenir, ayant épuisé tout crédit ; et il faudra dans un an payer à la *Caisse agricole* les mille francs que j'ai empruntés ; sinon, saisi et sans ressources. »

Le 12 juillet, en réponse à quelques réflexions que son correspondant lui avait transmises au sujet d'une toile précédemment envoyée par lui :

« Vous trouvez que c'est romantique. Pourquoi pas !... Puis, vous savez que, si les autres m'ont gratifié d'un système, moi, je n'en ai pas et je ne veux pas être condamné à cela.

« Peindre à ma guise, clair aujourd'hui, foncé demain, etc. Du reste l'artiste doit être libre, ou il n'est pas artiste. »

Le mois suivant, la crise pécuniaire empira. Le peintre, à bout de courage, écrivait le 10 septembre :

« Je vous réponds je ne sais comme, la tête vide comme l'estomac, sans rien de clair devant moi, et sans plus d'espoir... Je ne vois rien sinon la Mort, qui délivre de tout.

« Je suis débiteur, à ce mois, de 1800 francs, et plus de crédit. Folle, mais triste et méchante aventure que mon voyage à Tahiti ! »

« Depuis trois mois, ajoute-t-il en octobre, je n'ai pas touché un pinceau, les couleurs que vous m'avez envoyées seront désormais inutiles et personne ne les changerait ici pour un morceau de pain...

Je désire qu'en France le *silence* se fasse... Et puisque mes tableaux sont invendables, qu'ils restent désormais invendables. Et il arrivera un moment où on croira que je suis un mythe, ou plutôt une invention de la presse. On dira : Où sont ces tableaux? Le fait est qu'il n'y en a pas cinquante en France.

« Je vois que vous êtes en veine de production : de la sculpture! Avouez que c'est bien amusant, et très facile, ou très difficile : très facile quand on regarde la nature, très difficile quand on veut s'exprimer un peu mystérieusement en paraboles, *trouver des formes*, ce que votre ami le petit sculpteur du Midi * appelle *déformer*. Ayez toujours devant vous les Persans, les Cambodgiens et un peu l'Égyptien. La grosse erreur, c'est le Grec, si beau soit-il.

« Je vais vous donner un petit conseil matériel. Vous en ferez ce que vous voudrez. Mélangez avec votre terre beaucoup de sable fin. Cela vous donnera des difficultés utiles, puis vous empêchera de voir la surface, de tomber dans ces mièvreries de l'École des Beaux-Arts. Un joli coup de pouce, qui modèle grassement la rencontre de la narine avec la joue, voilà leur idéal! »

Gauguin reçut à cette époque, de Charles Morice, au sujet de *Noa Noa* encore inédit, la curieuse note qui suit :

Bruxelles-lez-Forest, 30 septembre 1897.

... J'ai en tête une sorte de pantomime lyrique, de « ballet doré », tiré de *Noa Noa*. Cela pourrait très bien être joué chez Antoine, qui vient de rouvrir un théâtre et avec qui j'ai d'excellentes relations. Molard serait le musicien indiqué. Le sujet : Couronnement du dernier vrai roi maorie ; cérémonies antiques, altérées déjà d'im-

---

* Élève de Mercié et de Thomas.

portations européennes. Une jeune Tahitienne, instruite
par les Aréoïs, s'efforcerait — autre Salomé — en séduisant par sa beauté le nouveau roi, d'obtenir de lui la mort
des étrangers. Mais le roi les redoute et refuse, et c'est
elle qui est sacrifiée. C'est Tahiti qui meurt en elle. Un
texte, vers, serait dit par un récitant. Il me faudrait une
indication de toi pour les décors, les costumes. Quant
aux personnages, il y a là une difficulté, non pas insurmontable. Avec tes conseils, nous parviendrions à une
approximation acceptable...

Ch. Morice.

Nous ignorons quelle fut la réponse de Gauguin.
Quelle qu'elle ait été, le projet n'eut pas de suite,
et *Noa Noa* resta, — faut-il s'en plaindre? —
l'œuvre purement littéraire et narrative conçue à
l'origine par les deux collaborateurs.

« J'allais oublier de vous parler de votre ami
le littérateur. Je crois qu'il doit avoir beaucoup
de talent, mais je crois qu'il a été dit sur mon
compte tout ce qu'on devait dire et tout ce qu'on
ne devait pas dire. Je désire uniquement le *silence*,
le *silence* et encore le *silence*. Qu'on me laisse mourir
tranquille, oublié, et, si je dois vivre, qu'on me laisse
encore plus tranquille et oublié.

« Qu'importe que je sois élève de Bernard ou de
Séruzier! Si j'ai fait de belles choses, rien ne les
ternira; et si j'ai fait de l'ordure, pourquoi aller
la dorer, tromper les gens sur la qualité de la marchandise ?

« En tout cas, la société ne pourra me reprocher
de lui avoir pris beaucoup d'argent dans sa poche
au moyen de mensonges. Si je faisais le compte des
toiles placées, le nombre des toiles données est plus
grand que celui des toiles vendues. Non pas que je
le regrette, au contraire! »

« Vous me dites de tenir la cape, ajoutait-il le 9 décembre 1897, mais, comme vous le savez, étant un peu marin vous-même, on ne tient la cape, même la cape sèche, que moyennant un aperçu de trinquette et un morceau de brigantine. J'ai beau chercher dans mes soutes ces bouts de toile, je ne les trouve pas.

« Ma santé est de plus en plus déplorable, et, pour réparer les forces perdues, à défaut d'un peu de tranquillité, je n'ai même plus un morceau de pain. Je vis avec un peu d'eau et quelques goyaves et mangos, qui poussent en ce moment, puis quelquefois quelques crevettes d'eau douce, quand ma *vahiné* réussit à en prendre. »

Le 11 février 1898, l'artiste adressa à son ami une lettre désespérée :

« J'ai voulu me tuer. Je suis parti me cacher dans la montagne, où mon cadavre aurait été dévoré par les fourmis. Je n'avais pas de revolver, mais j'avais de l'arsenic que j'avais thésaurisé durant ma maladie d'eczéma. Est-ce la dose qui était trop forte, ou bien le fait des vomissements, qui ont annulé l'action du poison en le rejetant, je ne sais. Enfin, après une nuit de terribles souffrances, je suis rentré au logis. Durant tout ce mois, j'ai été tracassé par des pressions aux tempes, puis des étourdissements, des nausées à mes repas minimes...

« J'avais voulu, avant de mourir, peindre une grande toile, que j'avais en tête, et durant tout le mois, j'ai travaillé jour et nuit dans une fièvre inouïe. Dame, ce n'est pas une toile faite comme un Puvis de Chavannes : études d'après nature, puis carton préparatoire, etc. Tout cela est fait de chic au bout de la brosse, sur une toile à sac pleine de nœuds et de rugosités. Aussi l'aspect en est terri-

blement fruste... On dira que c'est lâché, pas fini...
J'y ai mis toute mon énergie, une telle passion
douloureuse, dans des circonstances terribles, et
une vision tellement nette, sans corrections, que
le hâtif disparaît et que la vie en surgit...

« C'est une toile de 4 m. 50 sur 1 m. 70 de haut.
Les deux coins du tableau sont jaune de chrome,
avec l'inscription à gauche et ma signature à droite,
telle une fresque abîmée aux coins et appliquée
sur un mur or *. A droite, en bas, un bébé endormi,
puis trois femmes accroupies. Deux figures, habillées
de pourpre, se confient leurs réflexions. Une figure,
énorme, — volontairement et malgré la perspective,
— accroupie, lève le bras et regarde, étonnée, ces
deux personnages, qui osent penser à leur destinée.
Une figure du milieu cueille un fruit. Deux chats,
près d'un enfant. Une chèvre blanche. L'idole,
les deux bras levés mystérieusement et avec
rythme, semble indiquer l'au-delà. Une figure accroupie semble écouter l'idole. Puis, enfin, une vieille,
près de la mort, semble se résigner à ce qu'elle pense
et termine la légende. A ses pieds un étrange oiseau
blanc, tenant en sa patte un lézard, représente
l'inutilité des vaines paroles.

« Tout se passe au bord d'un ruisseau, sous bois.
Dans le fond, la mer, puis les montagnes de l'île
voisine. Malgré les passages de ton, l'aspect du paysage est, constamment et d'un bout à l'autre,
bleu et vert Véronèse. Là-dessus toutes les figures
nues se détachent en hardi orangé **.

« Je vous envoie une photographie mal venue de
ma case double, celle de gauche me servant exclu-

---

* L'inscription placée dans l'angle supérieur gauche était ainsi conçue :
D'où venons-nous ? Que sommes-nous ? Où allons-nous ?
** Cette toile fut acquise par M. Frizot, de Bordeaux.

sivement d'atelier; j'en ai fait quelque chose de
très séduisant avec décorations sculptées. Cela fait
vingt mètres de long sur huit mètres de large, avec le
petit jardin que j'ai planté. Quand on devra vendre,
je ne veux pas assister à la destruction de mon écha-
faudage. »

Le 15 avril 1898, la situation ne s'était pas amé-
liorée :

« Le mois prochain arrive le terme de 1200 francs,
et je tremble comme une feuille... J'ai pris mon
courage à deux mains et j'ai été m'aplatir devant
le gouverneur. J'ai obtenu un travail d'écriture
(aux Travaux publics) et de dessins linéaires pour
la somme journalière de six francs... Qu'importe?
Je vais boire ma honte, et Dieu sait comme je ferai
l'ouvrage qui me sera commandé par un garde d'artillerie. Voilà où m'ont mené Bauchy, Maufra et
consorts *. Que ne suis-je mort l'autre mois! On ne
pourra dire que je n'ai pas fait mon devoir et tout
ce qu'il était possible pour tenir la cape. »

Le malheureux artiste finit par obtenir de la
Caisse agricole un sursis de six mois au paiement de
la dette qu'il avait contractée, moyennant un ver-
sement immédiat de 400 francs, à compte sur le
capital, et celui de 60 francs sur les intérêts — au
taux de 10 0/0. Il était entré, depuis sa visite au
gouverneur, dans les bureaux des Travaux publics
et du Cadastre, où, à l'âge de cinquante ans, il dut considérer comme une faveur d'être admis comme expé-
ditionnaire. Il est lamentable de constater que,
moins de vingt ans plus tard, nombre d'œuvres
du peintre, soigneusement amassées par certains
dans un but de spéculation, se sont vendues, par

---

* Débiteurs envers Gauguin de certaines sommes, sur le paiement desquels il était en droit de compter.

unité, à un prix qui pour lui eût été la fortune.

« Je suis bien heureux, écrit-il le 15 août 1898, que vous ayez fait la connaissance de Degas, et qu'en voulant m'être utile vous y ayez gagné de votre côté quelques bonnes relations. Ah! oui, Degas passe pour être *rosse* et mordant — moi aussi, dit Schuffenecker. Et cela n'est pas pour ceux que Degas juge dignes de son attention et de son estime. Il a l'instinct du cœur et de l'intelligence... Degas est, comme talent et comme conduite, un exemple rare de ce que l'artiste doit être, lui qui a eu pour collègues et admirateurs tous ceux qui sont au pouvoir : Bonnat, Puvis, Antonin Proust, etc., et qui n'a jamais rien voulu avoir. De lui on n'a jamais entendu, vu une saleté, une indélicatesse, quoi que ce soit de vilain. Art et dignité. »

Papeete, 8 octobre 1898. « Je ne suis plus du tout au courant du goût parisien. Peut-être est-ce un bien, je ne sais. Les anciens, certains, du moins, ont peint un peu comme moi dans la solitude, sans souci de ce qui se passait autour d'eux. Oui, mais, par contre, ils n'ont pas eu comme moi les terribles exemples que nous avons eus tous sous les yeux au début et dont nous avons tant de peine à nous débarrasser plus tard, sans compter les fameux critiques d'art, qui nous déroutent.

« Je voudrais que vous m'envoyiez quelques tubercules et graines de fleurs : dahlias simples, capucines, soleils variés, les fleurs qui supportent les pays chauds, à votre idée. Je voudrais embellir ma petite plantation et, comme vous savez, j'adore les fleurs. Ce qu'il y a ici, ce sont plutôt des arbustes, mais pas de plantes annuelles, quelques rosiers, qui ne viennent pas, en général, très bien. »

12 décembre 1898. « J'ai lu dans le *Mercure* la

mort de Stéphane Mallarmé. Encore un qui est mort martyr de l'Art. Sa vie est au moins aussi belle et aussi digne que son œuvre. Aussi les Fouquier et Cie s'en paient sur sa tombe, comme autrefois sur celle de Manet. Cette société est incorrigible. On dirait qu'elle fait exprès de se tromper sur la valeur des gens, de leur vivant, ayant pour mot d'ordre : génie et probité, voilà l'ennemi! »

Le 9 décembre, avait été fait au marchand de tableaux Vollard l'envoi de neuf toiles, dont le nom ou la désignation suit :

1. Femme noire couchée, vue de dos.
2. *Ravé té hiti aamou.*
3. Deux petites baigneuses, sur un fond d'arbres jaunes.
4. *Vaïraou mati* (Femme au pélican, tenant un lézard).
5. Homme levant les bras et cueillant des fruits; femme assise, vue de dos; personnages passant au fond du tableau.
6. *Tarahi marourou.*
7. Homme cueillant des fruits dans un paysage jaune, où sont deux chèvres blanches.
8. *Té bourao.*
9. Paysage près de la mer, au soleil couchant, avec un pêcheur buvant près de sa barque.

L'artiste reçut, le 12 janvier 1899, outre le prix des tableaux ci-dessus, l'argent de quelques toiles vendues directement par son obligeant correspondant :

« Je ne saurais trop vous remercier de l'envoi que vous venez de me faire. Cet argent arrive à temps pour me permettre de rentrer dans mon domicile. Depuis un mois, je ne parvenais pas à gagner plus de quinze journées par mois, tellement mon pied me fait souffrir. Quand guérirai-je?...

« Je crois que ma situation s'éclaircit. Je n'ai plus de dettes, un peu d'avance, quelques espérances. Aussitôt que mon pied me laissera un peu tranquille, je me remettrai au travail. D'ici là, inutile de toucher un pinceau, je ne ferais rien de bon, sans esprit de suite et [avec] grandes interruptions.

« Du reste, quand je suis dans les conditions ordinaires et que j'ai de l'entraînement, j'abats très vite de la besogne. Puis, en ce moment, étendu sur le lit, je travaille en pensée et, arrivé à un certain moment propice, tout cela se concentre et l'exécution est rapide... Paris n'est pas nécessaire à l'art, autant que la jeunesse semble le supposer : « Se tenir au « courant, dit Pissarro, bien dangereux pour les « demi-personnalités. »

Gauguin, à peu près remis à flot, quitta sans regret le modeste abri qu'il avait été obligé de louer à Papeete pour pouvoir vaquer quotidiennement à ses occupations du Cadastre, et reprit, à demi-éclopé, le chemin de sa case.

« Le temps, que j'ai été obligé de travailler aux Travaux publics, écrit-il le 22 février, m'a fait perdre énormément. J'ai retrouvé ma case dans un état déplorable. Les rats ont détruit la toiture, et, par suite, la pluie m'a abîmé beaucoup de choses.

« Toute une série de dessins, de documents très utiles, détruits par les cancrelats; une grande toile inachevée, complètement détruite aussi par ces sales insectes... J'ai été un peu vite de l'avant, trop vite (je le vois aujourd'hui), mais il fallait bien ne pas tout perdre, réparer les désastres, refaire la toiture et remonter un peu ma garde-robe, linge. Je n'avais plus rien. »

Malheureusement sa jambe le faisait constamment souffrir :

« Excusez l'incohérence de ma lettre, j'ai une agitation énorme... Je ne puis dormir. Un nouveau médecin, arrivé à l'hôpital, s'est pris, je ne sais pourquoi, d'amitié pour moi et a entrepris de me guérir, mais il dit que ce sera long, car la maladie est compliquée et très invétérée. L'eczéma est compliqué d'érysipèle et de rupture de petites varices.

« Que ne suis-je pas mort l'année dernière! Je vais avoir cinquante et un ans. Usé, fatigué de toutes parts, ma vie devient plus mauvaise chaque jour. Par suite, l'énergie nécessaire à cette lutte incessante vient à manquer. »

12 mars 1899. « En ce moment où je vous écris, ma *vahiné*, qui, malgré mes misères, était venue reprendre la vie commune, est dans les douleurs de l'enfantement. Pour ne pas manquer le courrier, je vous écris au milieu de tout le brouhaha qu'occasionne cet événement...

« C'est peut-être pour moi une chose heureuse, en ce sens que l'enfant va peut-être me rattacher à la vie; cette vie qui me pèse tellement en ce moment. »

13 avril 1899. « Pour le moment, j'ai un peu de plaisir, à défaut d'espérances, avec les graines que vous m'avez envoyées. La plupart ont levé. Iront-elles à maturité complète? Les iris, les dahlias, les glaïeuls viennent vite et à merveille. En revanche les anémones ont disparu de terre au bout de trois jours. Impossible d'en retrouver la trace! Tout cela *,

---

* L'envoi comprenait 16 variétés de fleurs : dahlias simples, iris germanica, chrysantèmes, dianthus, gaillardes, giroflées, godétias, pétunias, phlox, pavots, reines marguerites, salpiglossis, thlaspis, glaïeuls, anémones et soleils.

joint à beaucoup d'arbustes à fleurs de Tahiti,
va faire autour de ma case un véritable Eden;
puis, quand je vais pouvoir repeindre, si je n'ai plus
d'imagination, je ferai quelques études de fleurs.
Bref, c'est pour moi un grand plaisir, et j'en ai besoin. Ma vie est si triste avec cette maladie qui
annule toutes mes forces. »

9 mai 1899. « Qui aurait pu prévoir toute la série
de malheurs et de lâchages? Sans cet animal de
Lévy, qui m'assurait pouvoir vendre mes toiles,
je ne serais pas parti... Au lieu de l'établissement
que je voulais faire, c'est-à-dire une ferme, où la
vie matérielle se trouve presque assurée, je n'ai
eu que des dettes, dans un pays où il n'y a pas de
ressources... Ainsi, j'avais voulu faire installer (car,
moi malade, je ne peux pas faire moi-même) un
petit jardinet pour avoir des légumes, mais il fallait faire creuser un puits. Le trou est à peu près
fait, mais, faute d'argent, tout reste en plan.

« Je voudrais que vous puissiez venir un jour,
sur un char de fées, voir ce que j'ai fait, et vous
verriez combien j'ai été sage et adroit. Si, dès le
début, j'avais eu le nécessaire que j'avais prévu,
j'aurais aujourd'hui une petite plantation qui me
donnerait quinze cents francs par an — de quoi vivre
— vanille, café, légumes, volailles. Au lieu de cela,
j'ai à peu près une valeur de 3500 francs, maison
et terrain, plus cent cinquante francs de rente de
cocos. C'est donc encore, malgré tout, un vrai
tour de force d'en être là.

« Pour finir, vous me parlez enfin de ma peinture
et vous me donnez franchement votre avis, que je
demandais. Je suis et ne suis pas de votre avis. Je
n'y ai inscrit que des intentions et des promesses...
En quoi voulez-vous que le fait d'en ciseler toutes

les parties vienne faire exister ces intentions, ou
même les souligner, surtout dans une grande toile
décorative ?

« Est-ce bien le vrai but d'une grande toile ? Il
y a justement à notre époque ce grand défaut de
traiter toutes les toiles comme des toiles de chevalet ; puis, chez d'autres, comme Gustave Moreau,
de réparer le manque d'imagination, — conception,
si vous voulez, — par de la ciselure, la perfection
de métier ; ne plus promettre alors, par excès de
soulignement. La promesse n'évoque-t-elle pas le
mystère, notre nature ne comportant pas l'absolu ?...

« Les Salons ont amené les tableaux finis et, par
opposition, on est quelquefois heureux de trouver
dans un musée une toile de maître inachevée, comme
les Corot — les Corot surtout esquissés avec tant de
charme.

« Le principal qui m'occupe toujours, c'est de
savoir si je suis dans la bonne voie, en progrès, si
je fais des fautes d'art, car les questions de matière,
de soin, d'exécution et même de préparation de
toiles arrivent tout à fait au dernier plan. On peut
toujours y remédier, n'est-ce pas *? Tandis que
l'Art, c'est bien délicat et bien terrible à appro-
fondir.

« Pendant le peu de temps où je corrigeais à
l'atelier Montparnasse, je disais aux élèves : Ne vous
attendez pas à ce que je vous corrige directement,
si votre buste est trop long ou trop court (qui le
sait, du reste ?), mais des fautes d'art, de mauvais
goût, etc. Vous serez toujours à même d'arriver à
la précision, si vous y tenez. Le métier vient tout
seul, malgré soi, avec l'exercice, et d'autant plus

---

* Erreur dont Gauguin, dans plusieurs de ses œuvres, et non des
moindres, fut la première victime.

facilement qu'on pense à autre chose que le métier. »

L'atelier Montparnasse, auquel l'artiste fait allusion, était l'Académie Vitti, dont le directeur l'avait prié de vouloir bien donner ses conseils aux élèves. Ces derniers avaient alternativement pour maîtres le peintre farouche de la *Lutte de Jacob avec l'Ange* et un disciple timoré de Cabanel, que ses mièvres frottis décolorés avaient fait appeler « le Bouguereau du plein air ». On juge du désarroi jeté dans ces jeunes intelligences par le heurt inattendu de ces enseignements contradictoires. Cette situation anormale prit fin, au bout de quelques semaines, par le départ volontaire de Gauguin.

Celui-ci avait du reste, dès 1888, commencé à enseigner dans un atelier libre, ouvert impasse du Maine par un brasseur d'affaires londonien nommé Rawlins. Gauguin en partageait la direction, — c'était fatal, — avec le peintre François Flameng, mais n'alla visiter les élèves que deux ou trois fois, l'atelier ayant été fermé pour cause de non-paiement du loyer.

10 juin 1899. « Ce courrier, de Chaudet rien, encore rien. Ce qui fait que, dès ce mois, je vais prendre à crédit mon pain chez le Chinois. Plus un rotin à la maison...

« De Maurice Denis une lettre pour me demander d'exposer en 1900 avec les symbolistes, pointillistes et Rose-Croix. Je lui réponds que non, lui donnant pour raison que je ne peux exposer sans danger avec les nombreux maîtres que j'ai indignement copiés.

« Vous écrirai-je le mois prochain? Figurez-vous que mes anciennes connaissances, me voyant tomber de jour en jour, surtout lorsque j'ai dû travailler comme surveillant des routes (oh! les fonctionnaires, dans les colonies!), je n'avais qu'avec mépris leur tourner le dos, ce que j'ai fait.

« Mais voilà. Il y a un petit procureur qui me joue des tours épouvantables, qui fait exprès de ne jamais poursuivre les gens qui me volent, etc. J'ai donc mis dans ma tête de faire cesser cet état de choses et enlever aux autres, dans l'avenir, l'idée de m'embêter, car j'ai écrit au procureur une lettre très violente par voie du journal, le mettant dans l'obligation de se battre en duel avec moi ou de me poursuivre. Ce numéro paraîtra le lendemain du départ du courrier, je ne puis donc pas vous en dire le résultat.

« Si ce mufle-là ne se bat pas, il est probable qu'il me traînera en cour d'assises et j'en serai quitte pour quelques jours de prison, ce qui m'est égal, mais l'amende me portera un terrible coup. Voilà, mon cher Daniel, où on en arrive dans les colonies quand on n'a pas le sou. »

11 juillet 1899. « Ci-inclus un morceau du journal, qui vous mettra au courant de mon échauffourée du mois dernier... Résultat : rien contre moi. Ni duel, ni poursuites. Quelle pourriture dans nos colonies! D'ailleurs il était temps d'agir ainsi, car tout le monde était disposé à me marcher sur les pieds, étant donné que je suis un homme sans le sou. Aujourd'hui on commence à avoir, sinon de la considération, du moins une crainte salutaire.

« Je suis un peu furieux après vous. Pourquoi, à l'Exposition de Durand-Ruel, n'avez-vous pas exposé votre bas-relief *? Il ne s'en suit pas, de ce que beaucoup de fumistes exagèrent dans le sens d'exposer tous leurs navets avec force réclame, que

---

* Une admirable tête de Christ en croix, destinée à un calvaire.

d'autres artistes consciencieux, de talent, exagèrent la modestie, parce qu'ainsi c'est la marée
puante qui monte toujours.

« Sans cependant ajouter foi aux critiques, je vois
que Bernard et Filiger, malgré leur grande confiance
dans leur génie et personnalité, ne surprennent pas
extraordinairement en cette Exposition, eux, mes
maîtres, dont j'ai pris si bien toutes les recettes.
Maints écrits l'affirment. Je suis né de Cézanne,
de Van Gogh, de Bernard. Quel adroit pasticheur
je fais! »

Voici l'extrait textuel du journal dont Gauguin
envoyait un exemplaire :

JOURNAL " LES GUÊPES "

TRIBUNE LIBRE

L'Administration du Journal rejette toute responsabilité pour
les articles publiés sous ce titre.

Papeete, juin 1899.

MONSIEUR CHARLIER,

Je ne sais si nos gouvernants ont créé, organisé nos colonies pour être colonisées ; je sais bien cependant — malgré
mon ignorance de bien des choses — que quelques hommes
sont assez courageux pour devenir des colons. A ce titre,
je paie annuellement à Tahiti pas mal de deniers : à ce titre
aussi je désire, je veux vivre dans ma propriété à l'abri des
méchants, m'étant mis sous la férule mais aussi sous la protection des lois.

Il se peut que les ressources de la colonie soient insuffisantes pour empêcher la fraude et le vol, les découvrir au
besoin, mais ce que tous les colons de Tahiti seront étonnés

d'apprendre, c'est votre refus de poursuivre les voleurs, quand c'est nous qui les prenons en flagrant délit. Ce système organisé par vous est peut-être un trait de génie, mais cependant de conséquences bien préjudiciables à nos intérêts. Grâce à votre protection, l'indigène nous vole, et cela impunément. Hier, c'était le Chinois de Punaruu qui, voulant sortir de sa case pour venir au secours de sa volaille, faillit recevoir un énorme caillou lancé sans doute à titre d'avertissement, et comme il s'écriait éploré de ne pas prendre tout, les voleurs lui crièrent en langue tahitienne : *pugnotera*. Puis le Chinois boulanger dont on détruit la vanillère. Les autorités indigènes très au courant en rient les premiers avec les coupables.

Aujourd'hui, c'est moi dont on se moque.

Précédemment, c'était mon voisin dont on détruisait la récolte de maïs.

Vous aimez l'indigène, c'est incontestable (question de femmes, probablement), ne vous en défendez pas. Il n'y a pas déjà si longtemps que vous avez été forcé de poursuivre un haut personnage tahitien, votre parent, disait-il, par suite inviolable, mais le plaignant, qui était assez indépendant et assez influent, n'aurait pas entendu de cette oreille-là.

Je pourrais bien taire ces petites malpropretés, mais c'est que j'ai à me plaindre de vous, c'est qu'il s'agit de ma liberté, de mon existence à Tahiti. Il est notoire dans le district qu'on peut me voler, me courir sus, et chaque jour on use de cette protection; demain les autorités me battront et c'est moi qui paierai l'amende.

Je viens donc ouvrir un débat en ce journal, confiant dans la force du bon sens public, car je veux que les lois me protègent, me punissent au besoin le jour où j'aurai cessé d'être un honnête homme. Sachant tenir une plume et une épée, j'entends me faire respecter même par un procureur. Je veux que tous ceux qui me pillent et m'ont pillé soient légalement poursuivis et qu'on me laisse en repos à l'avenir. Il y a quelques mois, le hazard *(sic)* aidant, je fus assez heureux pour surprendre la nuit un indigène dans ma propriété fermée de toutes parts par fil de fer, en train de balayer dans les fourrés avec un balai d'appartement.

« Ce n'est pas une violation de domicile », avez-vous dit.
Et comme je cherchais à vous démontrer que le Code si
insuffisant qu'il soit avait prévu le cas, vous vous êtes fâché
et rageusement vous m'avez affirmé ne devoir poursuivre
que si bon vous semblerait. Vous avez tenu parole, Monsieur,
et cette *(sic)* indigène, indemne de toute punition, possédait quelques jours après les clefs pour prendre les lettres
au passage du courrier *. Vous avez là, Monsieur, commis
une sottise et usé d'un pouvoir que vous n'aviez pas. Un
de vos confrères de la magistrature assise aurait trouvé
l'article du Code concernant cette affaire et, qui sait? établi
la tentative de vol.

Plus récemment, ayant eu à me plaindre de deux détournements commis à mon préjudice avec abus de confiance,
j'allais m'informer à Papeete si le *mutoï* ** avait fait sa
déclaration; après votre réponse négative et selon votre
demande, je vous ai écrit une lettre très circonstanciée vous
signalant qu'à deux reprises différentes ce *mutoï* avait passé
sous silence les déclarations que je lui avais faites, vous
expliquant d'autre part son insolence et sa paresse en service, bref je demandais la destitution de ce haut personnage, que vous avez d'ailleurs mis à pied.

Mon étonnement fut grand, lorsque le surlendemain je
reçus la visite du chef tenant à la main un papier émanant
du parquet, signé de votre nom, le priant de s'informer
ce qu'était *(sic)* devenues mes deux plaintes, j'ai cru deviner plutôt aux gestes qu'à son jargon qu'il désirait savoir
ce que ce papier écrit en français voulait dire, et comme il
me disait *fouchtra*, moi qui ne comprends pas l'auvergnat,
j'ai répondu *catharina*.

Ainsi donc voilà toute mon affaire entre les mains d'un
chef, mon chef même, qui ne comprend pas le français et
qui est très intéressé à ne pas comprendre — dire surtout la

---

* Un courrier fait le service des dépêches entre Papeete et la côte. La
case de Gauguin se trouvait sur son passage.
** Garde indigène.

vérité. Quel a été son rapport et quel contrôle? Je ne sais, mais le résultat est que tout est rentré dans le silence, d'après vos ordres, selon votre fantaisie.

Quelle sera désormais la sécurité des colons dans les districts livrés au jugement partial sans aucun doute des chefs indigènes, à votre jugement arbitraire et unique!

Vous n'avez pas de pouvoirs, Monsieur, vous n'avez que des devoirs.

Or je suis très tenace lorsqu'il s'agit de mon droit, puis aussi de ma dignité. Je viens donc vous prier de m'informer si vous agissez ainsi à mon égard pour satisfaire un fol désir de marcher sur les pieds que j'ai fort malades, en un mot vous moquer de moi. J'aurais alors l'honneur de vous envoyer mes témoins.

Ou bien, ce qui est plus probable, vous avouerez que vous n'avez pas la force suffisante pour conduire un parquet, ni même le cirer, que vous agissez toujours avec vanité, stupidité, pour croire un instant un personnage, avec l'assurance que vos protecteurs sauront toujours vous tirer du mauvais pas où vous vous serez mis par vos bévues.

Auquel cas je demanderais au Gouvernement de vous renvoyer en France pour vous faire recommencer vos études de droit, ainsi que le B, A, BA, de votre métier.

Mes salutations.

Paul Gauguin,
Punuaauia.

Il résulte de l'impartiale lecture de ce document que l'artiste se plaignait, en somme, de ce qu'une indigène était venue la nuit balayer dans les fourrés de son jardin avec un balai d'appartement, et de ce qu'une personne à son service — la même — lui avait enlevé quelques objets de peu de valeur. Ces prétendus délits n'avaient pas paru au procureur suffisamment caractérisés pour justifier des poursuites à sa requête, mais il restait au plaignant la faculté de recourir à l'action civile.

Et pour cette histoire de balayage nocturne et de détournement hypothétique commis par une compagne tahitienne, une ancienne *vahiné*, Gauguin se proposait de passer au fil de l'épée un fonctionnaire avec lequel il avait eu jusque-là les rapports les plus courtois et, au cas où celui-ci se fût soustrait à sa vengeance, de demander aux pouvoirs de le renvoyer purement et simplement en France.

Le personnage visé eut assez de bon sens pour jeter cette lettre au panier et l'affaire, heureusement, en resta là, sinon en ce qui touche la ci-devant *vahiné*, qui eut quelque peine à sortir d'embarras, du moins en ce qui concerne l'artiste [*].

Le peintre avait, à cette époque, l'esprit tellement exalté qu'il rédigea par anticipation le texte de sa défense devant la cour d'assises :

« Messieurs les juges, messieurs les jurés... »

Et qu'il se décide, lui, Gauguin, à fonder un journal.

Ce journal s'appela *Le Sourire*. Il devait paraître

---

[*] Dans un article paru le 1ᵉʳ octobre 1903 dans la *Dépêche de Toulouse*, sous la signature de Marius-Ary Leblond, se lisent les lignes suivantes, qui paraissent se rapporter à cet incident : « Il (Gauguin) avait pris comme vahiné une jeune fille tahitienne, Paura a Taï, aux lignes délicatement massives, dont il reproduit la forme en ses sculptures et dont il a un enfant. Mais les goûts communistes que développent de plus en plus son inimitié et son dédain pour la vie européenne la lui font répudier ; et au retour d'un des petits voyages qu'il fait à Papeete pour se procurer quelque argent et d'où il revient toujours plus aigri par l'accueil des fonctionnaires qui affectent de le traiter en fou, il veut se débarrasser de sa vahiné... il porte plainte contre elle et la fait condamner à 15 francs d'amende et six jours de prison, comme lui ayant volé, pendant son absence, sa bague, un moulin à café et un sac de coprah. La vahiné en appelle. Elle déclare trouver tout naturel d'avoir porté pendant quelques jours, comme épouse, la bague de son mari et s'être servi à son gré, comme servante, du moulin à café. Elle est acquittée. »

Le coprah ou copre est l'amande séche du cocotier.

une fois par mois. Son premier numéro (non daté)
semble remonter au mois d'août 1899.

Ce périodique improvisé, tiré sur de beau papier
dont la teinte se rapprochait de celui du Japon,
était, non seulement rédigé, mais autographié et
tiré par Gauguin au moyen d'un appareil à perfo-
ration, le « mimeograph Edison ». Le format en
était de 0 m. 32 sur 0 m. 25.

Une collection de huit numéros choisis parmi les
plus typiques fut réunie par l'artiste sous une couverture souple recouverte de cotonnade bleue à
fleurs jaunes et envoyée par lui comme souvenir à
son ami de Monfreid. Des gravures sur bois exécutées par Gauguin et renouvelées à chaque numéro
ornent la première des quatre pages dont se composait ordinairement la publication.

Une des plus jolies représente plusieurs indigènes,
assis ou couchés dans des attitudes chères au peintre.
Sur des banderoles se lisent ces mots :

LE SOURIRE, GÉRANT, PAUL GAUGUIN.

Dans un angle de la planche, près de deux pièces
de monnaie, est indiqué le prix du numéro : 3 *raïra*.

Un autre dessin représente deux bons bourgeois
d'Europe, mari et femme, le mari tenant une chandelle et coiffé d'un bonnet de coton, la femme en
camisole et en bonnet de nuit. Au-dessous est cette
légende :

ELLE. — *Mais tu n'y songes pas, mon cher Gaspard!*
LUI. — *Que veux-tu, moumoute, il faut cependant bien
songer à notre dynastie!*

Voici le sommaire du premier numéro du journal :

LE SOURIRE

Journal sérieux.

> Hommes graves, souriez,
> le titre vous y invite.

Tant de délassement personnel, tant de classement d'idées aimées, quoique folles peut-être, je rédige *Le Sourire*.

Informes à l'œil proche, ces écrits, au recul et à l'examen, deviendront précis si vous le voulez. Je ne dirai pas la Vérité ; tout le monde se vante de la dire ; la Fable seule indiquera ma pensée, si toutefois Rêver est Penser. Mainte fois aussi un dessin, quelques traits seulement.

Le premier article est intitulé *Farine de Coco*. C'est un récit humoristique de l'inauguration du chemin de fer de Papeete à Mataéïa, créé par un homme bienfaisant :

Seuls les gens de la haute inaugureront. N'importe ! je vais réclamer ma carte de *reporter*, et, chose extraordinaire, je l'obtiens.

Gauguin entend appeler chaque station *Farine de Coco*, suivi d'un numéro d'ordre : Farine de Coco n° 1, Farine de Coco n° 2, et ainsi de suite jusqu'au n° 5.

Ça devient inquiétant pour mon pauvre intellect, et, pour changer le cours de mes idées, je me mets à examiner, cheminant, une superbe propriété, d'un richard sans doute. Au détour du chemin, quelques boîtes à sardines étagées par un charpentier simulent un château.

Tout comme à Versailles les statues civilisent le jardin ; des grilles aussi, puis, sur des colonnes, d'admirables vases en faux métal donnent l'hospitalité à de maigres aloès en zinc. Regardant par la portière, j'ai cru voir au fond de tout cela des mains s'agiter sur une guitare; j'ai cru aussi entendre un doux refrain : *I love this money.*

Intérieurement, j'y répondis par ce couplet de Jean Rictus :

> L'en faut des pauv's, c'est nécessaire
> Afin qu'tout un chacun s'exerce.
> Car si gn'avait pas tant d'misère,
> Ça pourrait bien ruiner l'commerce.

Ceci à l'adresse de M. le conseiller général.

Dans le numéro du 19 septembre 1899, cet entrefilet charmant :

Au café, au grand 9, sur le boulevard, je vais : tout le monde y va, la belle race aryenne circule. Au café, au grand 9, sur le boulevard, je regarde, j'écoute sans attrait. Au café les tables de marbre invitent le crayon; les glaces agrandissent la foule; le monde est là sans choix. Sans choix aussi je dessine. Tout est beau, tout est laid. — Tiens, voilà une tête que je connais; où diable l'ai-je vue? Le profil est anguleux et je cherche qui cela peut être. Ah! j'y suis, c'est moi. Je me résigne sans tristesse. Je me croyais mieux. La vérité!

Dans le numéro du 13 octobre :

LE GOUVERNEUR AUTOMATE DE VAUCANSON

> Et la Fable seule indiquera ma pensée,
> si toutefois Rêver est Penser.

Le *Petit Journal* tire à un million d'exemplaires, et *Le Sourire* à vingt et un. Ajoutez quatre numéros gratis au dépôt légal. Injustice des temps! car le *Petit Journal* ne dit que des vérités de La Palisse, tandis que *Le Sourire...*

Merveille de l'Exposition des Colonies en 1900 (Exposition universelle). Le Syndicat de la Chambre de Commerce, toujours soucieux du bien des gens, a eu la bonne idée de commander au sieur Vaucanson, ingénieur mécanicien, un gouverneur automate. Ne dites pas non ! je l'ai vu et entendu. Moyennant une belle pièce de 5 francs, je lui ai parlé.

Dans un grand fauteuil, en grande tenue, un bel homme sourit au public. La tête, je ne sais si copiée d'après nature, est tout à fait abrutie. Il répond à mon salut d'un air tout à fait protecteur et je lui dis : « Monsieur le Gouverneur, que pensez-vous de Tahiti ? — R. Oh ! Tahiti, dit-il d'une voix nasillarde (système Édison), était autrefois une bien agréable colonie, et tout à fait prospère. Bien abîmée, aujourd'hui. Elle est malheureusement habitée par des colons, mais grâce au génie de l'Administration, qui a mis ces colons sous la férule des autorités indigènes, on espère bientôt s'en débarrasser. Les écoles, à grands frais d'inspecteurs intelligents, ont obtenu de merveilleux résultats, et les affaires sont toutes traitées au moyen d'interprètes. Malgré la férocité de quelques conseillers généraux (pas tous, car quelques-uns font tout ce que nous leur disons), les gouverneurs, ainsi que leurs fidèles employés, s'en vont avec de très fortes économies. »

Et l'automate de me saluer à nouveau, en ayant l'air de me dire que j'en avais pour mon argent.

Dans le numéro de décembre, M. le conseiller général, susvisé, est de nouveau placé sur la sellette :

Les conseillers d'autrefois étaient, comme on sait, peu savants en parlementarisme et verts comme un bocal de pharmacien, tandis que maintenant ceux que la voix du peuple maori a nommés sont des hommes mûrs comme des poires blettes, et les travaux du Conseil vont amener la prospérité du pays, l'or dans les caisses.

Voyez plutôt sur le bord de la mer la vaste plantation de bananes que M. Goupil, l'inventeur des aloès en zinc, a organisée avec ce coup d'œil d'aigle qui caractérisait Napoléon 1er. A cette vue j'ai été, comme Zola, tenté de m'écrier : « Un immense rut sillonnait la vallée ! » Un coup de sifflet

de la locomotive et, le temps d'allumer une sèche, voilà
toutes ces bananes qui arrivent sur le quai; deux ou trois
navires de 6000 tonnes prêtent leurs flancs généreux à ces
fruits. Et, en route pour Paris!

Ce qu'on va en manger des bananes aux bouillons Duval!!!

A la fin du même numéro, le pamphlétaire improvisé, — Tit-Oïl, rédacteur au journal *Le Sourire*,
— propose à « M. Rothschild » une petite combinaison :

Vous avez de la galette, c'est certain, ne dites pas non,
mais peut-être pas de bonnes idées. J'ai pas de galette, c'est
encore tout à fait certain, mais en revanche j'ai de bonnes
idées. Association de la fortune et de l'idée, voilà de quoi
remuer cent fois Tahiti, car souvent, ici, les deux manquent
à la fois...

Dans un numéro, en tête duquel est gravé sur
bois un dindon superbe, faisant la roue, se lit la
note suivante :

Avis. — L'Administration, toujours bienveillante, consi-
dère probablement ses bureaux comme un cabinet de lecture,
puisque nos journaux du dépôt légal circulent de main
en main. Parfait! Parfait! Nous sommes sûrs enfin que
nous sommes lus, et nous n'écrivons que pour cela.

Dans le cabinet du procureur un immense panier. Comme
le panier des Danaïdes, on n'arrive pas à le remplir. Prenez
garde!! Tant va la justice au panier, qu'elle se casse.

Qui veut s'instruire, qu'il lise *Les Guêpes*.

Qui veut s'amuser, qu'il lise *Le Sourire*.

Qui veut apprendre le dessin, qu'il aille chez Coulon voir
la collection de dessins du caricaturiste P. Gauguin.

Le numéro de mars 1900, qui a pour en-tête
« *Le Sourire*, gratis aux bureaux de l'Administration

et pour le gouverneur; 1,50 chiliens pour le *populo*. En vente chez M. Coulon », contient, sous la rubrique : *Choses sérieuses*, la véhémente protestation qui suit :

Contrairement à notre habitude, notre règle même, de traiter en ce journal toutes les questions sous forme fabuleuse et humoristique; contrairement à cette habitude, nous allons parler cette fois de l'incident D. tel qu'il est, dans sa vilaine nudité, son écœurante conclusion.

D. a été, comme on sait, non seulement un simple fonctionnaire, mais encore à un certain moment résident à Manga Reva, gouvernant et exerçant la justice à sa guise, sans contrôle. Pour un motif inconnu, par haine sans doute, il condamna un couple coupable d'adultère. Pour motiver la condamnation, il fit dresser bien longtemps après un acte de mariage. Le fait a été reconnu exact par M. le Président du Tribunal d'Appel, qui l'a apprécié en termes sévères.

Malgré l'accusation formelle écrite par M. Brunswick, lue en séance du Conseil général, le sieur D. fit prudemment le silence. Le parquet ne crut pas devoir ordonner des poursuites. Devant cette attitude, le public décontenancé mit avec mépris le scandale de côté. Mais il est une fois dit que la sottise ne dit jamais son dernier mot. Et le journal *Les Guêpes* fut appelé à comparaître devant le tribunal de première instance à seule fin d'avoir à payer au dit D. 5000 fr. de dommages-intérêts. Une fable, racontée par le journal, où il était question d'un faussaire désigné seulement par sa face stupide, attendu que, disait D., face stupide suffit à indiquer que c'est moi qu'on désigne. Le Tribunal s'est naturellement déclaré incompétent puisqu'il s'agissait d'un fonctionnaire, et, au Tribunal supérieur, le diffamateur — si toutefois il y a diffamation — est autorisé à faire la preuve. Naturellement notre gros fonctionnaire, qui sentait que son crime allait être étalé aux yeux de tout le monde, a préféré demander un congé pour aller visiter l'Exposition universelle, et cela aux frais de la Princesse, bien choyé dans des compartiments luxueux. Cette fois, je proteste.

Je n'approuve pas, mais j'excuse de pauvres cerveaux

faibles, qui, trompés par de nobles indignations, se lancent à fond de train dans des théories socialistes, utopie antisociale.

Je ne veux en pareil cas discuter les pouvoirs d'un procureur. Le ministre, *informé*, ainsi que la nouvelle commission instituée à cet effet, jugera où s'arrêtent les pouvoirs d'un procureur en ce qui concerne le Code criminel.

Mais mon droit — ici je veux l'affirmer — est de désirer la justice pour tout le monde, est de mépriser les criminels, surtout quand ces criminels n'ont pour excuse une extrême misère.

Qu'il aille se pendre ailleurs! dira-t-on. Formule grotesque et immorale. Encouragé par la faveur, le criminel peut demain m'assassiner, contrefaire ma signature pour me dépouiller; où serait donc alors ma sécurité au sein de cette société si cruelle pour les uns, si favorable aux autres.

Au nom de la Colonie, je proteste.

PAUL GAUGUIN.

Sur la couverture qui protège les numéros offerts par l'artiste à son ami de Monfreid, se lisent, au verso intérieur, ces lignes écrites de sa main :

Comme on le voit, c'est *Le Sourire*, sourire méchant qui fit pâlir bien des gens, méchantes gens : quelques numéros seulement.

A mon très cher ami Daniel je les envoie en souvenir d'agréables moments. Trivial parfois, mais mordant. Ce fut nécessaire.

Et ce fut la Victoire.

PAUL GAUGUIN.

Tahiti, 1901.

« Comme vous avez pu le voir, écrivait l'artiste, le 20 décembre 1899, j'ai commencé à redresser la tête à Tahiti et bien m'en a pris, car alors on a commencé à me craindre et me respecter, puis, pris dans l'engrenage, je me suis mis journaliste et, ma foi! je ne me croyais pas autant d'imagination. Je deviens assez fort. Je vous enverrai un de ces jours toute la série *.

« J'ai créé en outre un journal, *Le Sourire*, autographié système Edison, qui fait fureur. Malheureusement on se le repasse de main en main et je n'en vends que très peu.

« Malgré cela, depuis quelque temps, je suis arrivé à gagner une cinquantaine de francs par mois, ce qui m'a aidé à tenir la cape tous ces temps-ci et ne pas m'endetter. Puis, si je me suis fait des ennemis, ce qui vaut mieux que des indifférents, je me suis fait des amis intéressés (politiquement) et j'ai augmenté mon crédit.

« Je vous envoie une petite série de gravures sur bois... Faites sur des planches quelconques, et avec des yeux de plus en plus mauvais, ces gravures sortent forcément du sale métier ordinaire et sont très imparfaites, mais elles sont, je crois, intéressantes comme Art. »

27 janvier 1900. « Je voudrais bien que vous m'envoyiez une petite pharmacie homéopathique avec un *Guide* très simple. D'ailleurs, là-dessus, vous êtes très ferré. Je ne sais si, en globules ou en liquides, c'est préférable dans nos pays chauds, vous verrez. Non seulement ce sera utile pour moi, mais aussi pour les indigènes qui se soignent malheureusement trop au hasard avec leurs herbes, très bonnes quelques-unes, mais dangereuses, quand c'est au hasard. En ce pays, les maladies en général sont maladies de peau, prurigo tenace, syphilis, furoncle, asthme (aconit, noix vomique, surtout).

« Autre chose. Dans ces derniers temps, où je

---

* L'artiste n'envoya en réalité que le numéro du journal *Les Guêpes* contenant sa lettre agressive au procureur de la République.

me suis livré à pas mal de recherches d'impression, j'ai fait une découverte qui, dans un temps donné, sera tout un chambardement dans l'imprimerie, surtout l'édition, avec une économie immense et beauté d'impression.

« Il me fallait un chimiste pour le perfectionnement de l'idée première, et il y a ici un ancien capitaine d'artillerie, ayant quitté l'armée pour un tas de motifs, mais excessivement capable et avec lequel je me suis mis vite d'accord. (Malheureusement je n'ai pris aucune garantie vis-à-vis de lui, et il se pourrait bien que mon gaillard tire parti du brevet, dont il s'occupe en ce moment, pour lui seul.) Ma foi, dans l'état où je suis, je laisse courir les choses avec beaucoup de mollesse et je ne compte sur rien. D'ailleurs ce ne sera pas la seule fois que j'aurai travaillé pour les autres, n'est-ce pas? »

La découverte de Gauguin ne paraît avoir eu aucune suite, car celui-ci n'en reparla plus dans ses lettres subséquentes à Daniel de Monfreid. Voici, à titre de document, ce qu'il écrivit plus tard de la Dominique, en mars 1902, à M. Fayet, concernant un mode d'exécution de dessins au moyen de l'encre d'imprimerie :

« ... Je me permets de vous envoyer deux croquis sans valeur; ce n'est point un cadeau, tout au plus une attention, mais je crois qu'ils peuvent vous intéresser, vous, peintre, en tant que procédé d'une exécution enfantine.

« On enduit une feuille de papier quelconque d'encre d'impression avec un rouleau. Puis, sur une autre feuille appliquée dessus, vous dessinez ce que bon vous semble. Plus votre crayon est dur et mince, ainsi que votre papier, plus le trait sera fin, cela va de soi.

« Enduisant la feuille de papier d'encre lithographique, ne pourrait-on pas en tirer parti pour faire de la lithographie? C'est à voir.

« J'oubliais de vous dire que, si les taches déposées sur le papier vous gênent, vous n'avez qu'à surveiller que la surface de votre encre soit sèche, sans l'être totalement. Tout cela au gré du tempérament de chacun.

« Excusez-moi, c'est probablement un secret de Polichinelle. Cependant je ne l'ai pas encore vu imprimer. »

6 octobre 1900. « J'ai lu un article du *Mercure*, de Fontainas, qui semble dire qu'on a exposé (Exposition universelle), soit à la Centennale, soit à la Décennale, un tableau de moi. Voilà une drôle de façon de procéder à l'insu des peintres! Ainsi donc on va me juger, sur quoi? je me le demande : un tableau ancien, choisi par un Roger Marx quelconque, bien anodin et par conséquent peu significatif. Enfin il faut se résigner, d'autant plus qu'il y a des imbéciles qui se figurent que c'est un honneur qu'on vous fait. »

Une toile de Gauguin figura, en effet, à l'Exposition de 1900, où elle passa fort inaperçue. Elle fut inscrite au livret sous cette rubrique :

GAUGUIN (Paul), né à Paris.

307. *Paysage de Bretagne* (à Mme Aron).

Une lettre du 19 décembre de la même année se termine par ce laconique et éloquent *post-scriptum* :

« Je vais à l'hôpital : 12 francs par jour. »

Le mois suivant, l'artiste n'en était pas encore sorti :

« Je reçois votre lettre à l'hôpital où je suis à

souffrir de mon eczéma aux pieds, de l'influenza, et finalement dépenser les 300 francs que m'envoie Vollard, — quand il les envoie.

« Quant à la statue céramique *, il vaudrait mieux en effet la vendre que de l'envoyer. Le prix de 2000 francs n'a rien d'excessif. Du reste M. Fayet est, je crois, connaisseur dans la céramique. Cet atroce Delaherche... vend ses vases gréco-japonais autrement cher, et certes, sans compter l'œuvre sculpturale, la céramique Chaplet vaut mieux que Delaherche. »

25 février 1901. « Sorti ce mois de l'hôpital, sinon guéri, un peu soulagé, je me suis occupé de chercher du bois pour sculpter, et ce n'est pas chose facile à Tahiti, car, s'ils poussent facilement, les arbres ne sont pas, comme chez nous, mis en exploitation.

« Enfin, j'ai trouvé un panneau en deux morceaux, de un mètre le tout et quatre centimètres d'épaisseur, ce qui m'oblige à peu de relief, par conséquent à faire des figures un peu petites. N'importe, j'espère faire quelque chose qui plaira à M. Fayet, si toutefois il n'est pas effrayé de mes bizarreries. Vous pouvez donc lui annoncer d'ores et déjà que je travaille pour lui, afin qu'il ne soit pas trop surpris, sans toutefois que cela constitue un engagement de ma part **.

« Je voudrais avoir une mandoline espagnole, c'est-à-dire dont la colle résiste à la chaleur humide, avec une bonne fourniture de cordes, puis, l'essentiel, l'accord que je ne connais pas et qui est diffé-

---

* Statue en grès polychrome, sur le socle de laquelle était inscrit le mot : *Oviri* (sauvage). Elle avait été exposée à Béziers et il avait été question, au cas où elle n'eût pas trouvé amateur, de l'expédier à Gauguin. Cette œuvre avait été exécutée à Paris.

** Ce bas-relief, qui fait partie de la collection G. Fayet, porte le titre de : *La Guerre et la Paix.*

rent de celui de la mandoline italienne. L'ami
Maillol vous renseignera là-dessus, si toutefois vous
ne le savez pas, ce qui m'étonnerait, car vous savez
tous ces trucs-là, et puis encore bien des choses... »

Il ne faudrait pas croire, d'après le goût très vif
manifesté par Gauguin pour la mandoline, que le
peintre sût manier cet instrument avec une certaine
maîtrise. Exécutant des plus médiocres, il ne s'en
servait, en réalité, que comme délassement.

Absorbé tout entier par la peinture, concentrant
sur celle-ci toutes ses forces et toute son énergie,
il n'avait pas, — et ce fut peut-être heureux pour
l'unité de son labeur artistique, — la passion de la
musique. Il n'en subissait, à ne pouvoir s'en défendre, ni le charme insinuant, ni la puissance dominatrice. C'était pour lui la distraction d'un moment,
le simple et paisible passe-temps que procure à
l'amateur un art d'agrément.

« La littérature et la musique, a-t-il écrit inexac-
tement en ce qui touche celle-ci, demandent un
effort de mémoire pour apprécier l'ensemble. *Ce
dernier art est le plus incomplet et le moins puissant.* »

Aphorisme contre lequel ne peut manquer de
s'insurger toute personne douée du sens musical.
Il n'y a pas de hiérarchie à établir dans les arts.
Tous, par des moyens différents, concourent au
même but. Leur puissance d'action est en raison
directe, non d'une prééminence arbitraire, mais de
l'organisation et des capacités réceptives des indi-
vidus.

6 avril 1901. « Je vous écris en ce moment bien
incommodé par l'influenza, épidémie qui sévit à
Tahiti depuis plusieurs mois et fait beaucoup de
ravages parmi nous. Quand donc pourrai-je me
mettre au travail sérieusement?

« Autre chose, et encore plus terrible. La peste
bubonique, signalée souvent à San-Francisco, nous
oblige à mettre les navires en quarantaine, et les
marchandises ont presque triplé, ce qui rend la vie
plus chère ici qu'à Paris. Il est à prévoir que cela
ira ainsi en augmentant. Pour parer le coup, je ra-
masse tout ce que j'ai d'énergie et, malgré tout
l'amour que j'ai pour mon installation, je vais
chercher à liquider, bazarder tout sans trop de perte.

« J'irai alors m'installer dans une île des Marquises, où la vie est très facile et très bon marché.
Ce sera une perte de temps, mais au fond ce sera très
sage. »

Le 10 mai 1901, le peintre envoya une lettre
laconique qui se terminait par ces lignes :

« Voici, à partir de maintenant, ma nouvelle
adresse :

« *Gauguin, à la Dominique, Groupe des Marquises,
Établissements de l'Océanie.*

« Pour les colis postaux :

« *Société commerciale Tahiti, pour faire parvenir
à M. Gauguin.* Le courrier repart. »

Papeete, 13 juin 1901. « Le courrier dernier partant d'une façon inattendue, je n'ai eu que quelques
minutes pour vous écrire quelques mots inintelli-
gibles, et j'avais cependant beaucoup de choses
importantes à vous dire. Je pars le mois prochain
pour m'installer aux Marquises, avec de grandes
difficultés. Qu'importe? Je pars quand même.

« J'avais vendu ma propriété 5000 francs. Avec
cela, je payais la *Caisse agricole* pour l'hypothèque
(800 francs), et j'avais des économies pour m'installer là-bas. Mais voilà une chose à laquelle je
n'avais pas pensé. La loi stupide ne permet pas de
disposer des biens de la communauté sans le con-

sentement de la femme. Vous comprenez ma fureur.
Obligé d'emprunter!... Si encore (c'est la guigne)
M. Fayet avait acheté la statue! Veuillez donc, aussitôt cette lettre, demander à Schuffenecker l'adresse
de ma femme et vous lui écrirez une lettre dans le
genre de celle ci-inclus... Je suis marié sous le régime
de la communauté pure et simple, sans contrat.

... « Je crois qu'aux Marquises, avec la facilité
qu'on a pour avoir des modèles (chose qui devient
de plus en plus difficile à Tahiti) et avec des paysages
alors à découvert, bref, des éléments tout à fait
nouveaux et plus sauvages, je vais faire de belles
choses. Ici mon imagination commençait à se re-
froidir, puis aussi le public à trop s'habituer à Tahiti.

« Le monde est si bête que, lorsqu'on lui fera voir
des toiles contenant des éléments nouveaux et terribles, Tahiti deviendra compréhensible et charmant. Mes toiles de Bretagne sont devenues de l'eau
de rose à cause de Tahiti. Tahiti deviendra de l'eau
de Cologne à cause des Marquises.

« Il y a des peintres qui ne vivent que de la province, et je crois que pour moi cela vaut mieux que
toutes ces expositions à l'étranger, Bruxelles, Norvège, où je sers de tête de turc à la critique, puis
alors un tas de peintres étrangers s'en servent pour
se créer une originalité. Ils font du Gauguin, mais
mieux.

« La critique passe, l'œuvre bonne reste. Tout est
là. Malheureusement de l'œuvre bonne nous n'avons
que le pressentiment, c'est le temps qui l'affirme
et remet tout en place.

« ... Je serais très heureux si, par vos lettres, je
savais qu'enfin vous avez pris en ce monde la place
que vous méritez par vous-même et non par ces
basses intrigues mises en usage par les peintres mo-

dernes. A l'occasion, en échange de mes sculptures en bois, que je tiens à savoir chez vous, si vous pouviez m'envoyer une petite toile de vous, comme votre portrait, par exemple, je serais bien heureux de l'installer dans ma petite chambre aux Marquises. Vous me l'enverriez par la poste, roulée simplement, je lui ferais un joli petit cadre sculpté. »

Daniel de Monfreid avait produit dans le silence nombre d'œuvres très étudiées comme couleur, et dont plusieurs resteront.

De lui un beau *Portrait du poète Gustave Le Rouge*; un *Portrait de Mme Fayet*, assise de profil et vêtue d'un corsage de soie chatoyante; un *Torse de femme couchée*, au musée de Béziers; et une suite de paysages ensoleillés, peints, pour la plupart, dans le Roussillon et la Cerdagne; une *Vue de Prats-de-Valaguer* (musée de Béziers); le *Village de Fetges*, près Montlouis, dégringolade de petites maisons à toits bleus sur le penchant d'une montagne, avec, au fond, la chaîne de Carlit; la *Vallée de Saint-Thomas*, dominée par les ruines informes de la tour de Prats-de-Valaguer. De lui encore : la *Vallée de Molières*, en Lozère, avec un bois de pins, une prairie et un ruisseau, d'autres paysages, et surtout, comme sculpture, un très beau *Calvaire* dans le style du Moyen Age, formé de trois figures grandeur de nature, le Christ et deux saintes femmes. Ce groupe colossal, qui devait être recouvert d'émail, ne put être terminé par suite de la difficulté que présentait sa cuisson.

En août 1901, Gauguin date, pour la dernière fois, sa correspondance de Papeete :

« Déjà d'avance j'écris cette lettre, car, aussitôt le courrier arrivé, je pars pour les Marquises, enfin! et cela n'a pas été sans peine. »

Il ajoute, au sujet de très originales gravures sur bois qu'il avait sans succès déposées chez son marchand de tableaux :

« Un de ces jours, à la première vente que vous ferez, vous prendrez 150 à 200 francs pour faire encadrer convenablement quelques spécimens des gravures sur bois que vous retirerez de chez Vollard. Alors ces quelques spécimens encadrés, soit seuls, soit deux par deux, vous les mettrez tranquillement chez vous en vue et quelques-uns chez votre ami à Béziers. Ceux-là vous appartiennent et, quand quelqu'un en désire, vous avez le lot pour en vendre. Chaque planche a été tirée à 30 exemplaires seulement et le tirage est numéroté. C'est justement parce que cette gravure retourne aux temps primitifs de la gravure qu'elle est intéressante, la gravure sur bois comme l'illustration étant de plus en plus, comme la photogravure, écœurante. Un dessin de Degas, à côté d'un modèle de dessin par hachures ! Je suis sûr que, dans un temps donné, mes gravures sur bois si différentes de tout ce qui se fait en gravure auront de la valeur. »

Ces compositions intentionnellement frustes, dont quelques-unes avaient été publiées dans *Le Sourire*, se rapportent à des motifs suggérés par les légendes et la mythologie maories. Incisées au couteau sur bois de fil et traitées très sobrement en blancs et noirs avec quelques larges hachures, ainsi qu'il fut pratiqué aux tout premiers temps des incunables, elles empruntent, tant à la puissance de l'invention qu'à la barbarie du procédé, un aspect insolite de sauvage énergie.

Et, parlant d'Odilon Redon, chez lequel des amis communs avaient cru discerner quelques traces de fatigue, le peintre fait cette importante remarque,

qui, dans sa brièveté, est un véritable exposé de
principes :

« N'y aurait-il pas aussi un grand épuisement
de l'imagination, lancée à fond de train dans une
note unique? J'ai toujours dit, — sinon dit, pensé,
— que la poésie littéraire du peintre était spéciale,
et non l'illustration ou la traduction, par des formes,
des écrits. Il y en a somme, en peinture, plus à chercher la suggestion que la description, comme le fait
d'ailleurs la musique. On me reproche quelquefois
d'être incompréhensible, parce que, justement, on
cherche dans mes tableaux un côté explicatif,
tandis qu'il n'y en a pas. A ce sujet on pourrait
bavarder longuement sans arriver à rien de positif.
Ma foi, tant mieux, la critique dit des bêtises, et
nous nous réjouissons, si nous avons le sentiment
légitime de notre supériorité. Tas d'imbéciles, qui
veulent analyser nos jouissances! »

IX

1901-1903

Hiva Hoa, la Dominique, est la plus peuplée
des îles de l'archipel des Marquises. Son
climat, tout en restant supportable pour les
Européens, est cependant un peu plus chaud que
celui de Tahiti, dont elle est distante d'environ
250 lieues marines, dans la direction du nord-est.

Cette terre volcanique, bossuée de falaises noires
et escarpées, renferme de profondes vallées ou
plutôt d'étroites gorges, hérissées d'une végétation
inextricable. Les indigènes — car il s'y trouve un
grand nombre de métis — sont, comme à Tahiti,
des *maoris*, mais ici à la peau d'un jaune doré,
maculée de tatouages.

Rétablissons, dit Gauguin, la désignation de cette race,
et nommons-la la race maorie, quitte à un autre, plus tard,
plus ou moins photographe, à la décrire et la peindre avec
un art plus civilisé et plus vrai.

Je dis bien : toute élégante. Toute femme fait sa robe,
tresse son chapeau et lui met des rubans à en remontrer
à n'importe quelle modiste de Paris, arrange des bouquets
avec autant de goût que sur le boulevard de la Madeleine.
Leur joli corps sans contrainte, sous la chemise de den-

telles et la mousseline, ondule gracieusement. Des man-
ches sortent des mains essentiellement aristocratiques. En
revanche les pieds larges et solides, et sans bottines, nous
offusquent quelque temps seulement, car plus tard ce serait
la bottine qui nous offusquerait. Autre chose aussi aux
Marquises, qui révolte quelques bégueules, c'est que toutes
ces jeunes filles fument la pipe — sans doute le *calumet*,
pour ceux qui voient dans tout la sauvagerie. Quoi qu'il
en soit, envers et contre tout, le voulant même, la femme
maorie ne saurait être fagotée et ridicule. C'est qu'il y a
en elle ce sens du beau décoratif que j'admire dans l'art
marquisien après l'avoir étudié. Puis, ne serait-ce que cela?
n'est-ce donc rien qu'une jolie bouche qui, au sourire, laisse
voir d'aussi belles dents. Cela, des négresses? Allons donc!

Et ce joli sein au bouton rosé, si rebelle au corset! Ce
qui distingue la femme maorie d'entre toutes les femmes
et qui souvent la fait confondre avec l'homme, ce sont les
proportions du corps. Une *Diane chasseresse* qui aurait les
épaules larges et le bassin étroit.

Si maigre que soit le bras d'une femme, il est toujours
d'une ossature peu visible, souple et joli de lignes. Avez-vous
remarqué dans un bal les jeunes filles de l'Occident gantées
jusqu'au coude? Bras maigres, coudés, archicoudés, vilains
en somme, ayant l'avant-bras plus fort que l'arrière-bras.

Avez-vous remarqué aussi, au théâtre, les jambes des
figurantes? Ces cuisses énormes (les cuisses seulement),
le genou énorme et en dedans? Cela tient probablement
à un écartement exagéré de l'emmanchement du fémur.
Tandis que, chez la femme d'Orient, et surtout chez la maorie,
la jambe, depuis la hanche jusqu'au pied, donne une jolie
ligne droite. La cuisse est très forte, mais non dans la largeur, ce qui la rend très ronde et évite cet écart qui a fait
donner pour quelques-uns, dans nos pays, la comparaison
avec une paire de pincettes.

Leur peau est d'un jaune doré, c'est entendu, et c'est
vilain pour quelques-uns, mais tout le reste, surtout quand
il est nu, est-ce donc si vilain que cela?

Revenons à l'art marquisien. Cet art a disparu, grâce aux

missionnaires. Les missionnaires ont considéré que sculpter, décorer, c'était le fétichisme. C'était offenser le Dieu des chrétiens. Tout est là. Et les malheureux se sont soumis.

Si une jeune fille ayant cueilli des fleurs fait artistement une jolie couronne et la met sur sa tête, *Monseigneur* se fâche ! Bientôt le Marquisien sera incapable de monter à un cocotier, incapable d'aller dans la montagne chercher les bananes sauvages qui peuvent le nourrir. L'enfant, retenu à l'école, privé d'exercices corporels, le corps — histoire de décence — toujours vêtu, devient délicat, incapable de supporter la nuit dans la montagne. Ils commencent à porter tous des souliers, et leurs pieds, désormais fragiles, ne pourront courir dans les rudes sentiers, traverser les torrents sur des cailloux.

Aussi nous assistons à ce triste spectacle, qui est l'extinction de la race, en grande partie poitrinaire, les reins inféconds et les ovaires détruits par le mercure.

Voyant cela, je suis amené à penser, rêver plutôt, à ce moment où tout était absorbé, endormi, anéanti dans le sommeil du premier âge, en germe *.

L'île de la Dominique, qui ne comporte pas plus d'un millier d'habitants, est administrée par un résident, lequel relève du gouverneur des Possessions françaises de l'Océanie, à Papeete.

Gauguin écrivait d'Atouana, le 17 novembre 1901 :

« Si je ne vous ai pas écrit le mois dernier, c'est que tout d'abord je n'avais aucune nouvelle de vous et j'en ai profité pour ne pas écrire, ce qui m'était assez difficile, étant en plein travail de construction et d'aménagement. Tout l'argent de mon ancienne propriété y a passé, mais aussi j'ai tout ce qu'un artiste modeste peut rêver **. Un vaste atelier, avec un petit coin pour coucher. Tout sous la main, rangé

* *Avant et Après*, manuscrit p. 51.
** Ici un petit croquis à la plume.

sur des étagères. Le tout, surélevé de deux mètres, où l'on mange, fait de la menuiserie et de la cuisine. Un hamac pour faire la sieste à l'abri du soleil et rafraîchi par la brise de mer, qui arrive de 300 mètres plus loin, tamisée par les cocotiers. C'est cher, mais il n'y avait que cela, et ici la Mission possède tout.

« A part cet inconvénient des prêtres, je suis en plein centre du village, et cependant on ne devinerait pas ma maison, tellement elle est bien entourée d'arbres. Ne vous effrayez pas quant aux provisions. J'ai pour voisin un Américain, charmant garçon, qui a un magasin très bien fourni, et je peux avoir tout ce qui m'est nécessaire.

« Je suis de plus en plus heureux de ma détermination, et, au point de vue de la peinture, c'est admirable. Des modèles!! une merveille, et j'ai déjà commencé à travailler, mais je n'ai plus de toiles et j'attends avec impatience les fournitures que Vollard m'a promises *depuis un an*.

« Comme vous avez raison de considérer cette gloriole tirée de la presse! La conscience d'abord et l'estime de quelques-uns, les aristocrates, qui comprennent. Après cela, il n'y a rien.

« Vous connaissez mes idées sur toutes ces fausses idées de littérature symboliste ou autre en peinture. Inutile donc de les répéter. D'ailleurs nous sommes d'accord sur ce sujet, la postérité aussi, puisque les œuvres saines restent quand même et que toutes les élucubrations critico-littéraires n'ont rien pu y changer. Peut-être trop orgueilleusement je me loue de ne pas être tombé dans tous ces travers où la presse louangeuse m'aurait entraîné comme tant d'autres, Denis, par exemple, Redon aussi peut-être. Et je souriais, quoique ennuyé, quand je lisais tant de critiques qui ne m'avaient pas compris.

« Du reste, dans mon isolement ici, on a de quoi se retremper. Ici la poésie se dégage toute seule, et il suffit de se laisser aller au rêve en peignant pour la suggérer.

« Je demande seulement deux années de santé et pas trop de tracas d'argent, qui ont maintenant une prise excessive sur mon tempérament nerveux, pour arriver à une certaine maturité dans mon art. Je sens qu'en art j'ai raison, mais aurai-je la force de l'exprimer d'une façon affirmative ? En tout cas, j'aurai fait mon devoir, et si mes œuvres ne restent pas, il restera toujours le souvenir d'un artiste qui a libéré la peinture de beaucoup de ces travers académiques d'autrefois et de travers symbolistes (autre genre de sentimentalisme). »

La case de Gauguin, dont la lettre qui précède fait entrevoir la pittoresque situation, était une légère construction rectangulaire couverte d'une toiture de feuilles de pandanus et dont le parquet reposait sur des pièces de charpente placées à deux mètres du sol. Un petit escalier conduisait à la porte d'entrée, que surmontait cette suggestive inscription : *Maison du Jouir*. A droite et à gauche de l'entrée étaient appliqués contre le mur deux panneaux sculptés, offrant en lettres dorées ces légendes familières : *Soyez amoureuses et vous serez heureuses. — Soyez mystérieuses et vous serez heureuses*, et aussi deux frustes figures de femmes, taillées dans un style intentionnellement barbare. L'intervalle compris entre ce décoratif ensemble et les angles de la case était orné de deux grandes toiles peintes, représentant des pastorales tahitiennes ou plutôt maories.

Dans une première pièce, toute petite, se trouvaient à gauche le lit du peintre et à droite des étagères.

Au milieu de la seconde pièce, décorée d'engins
guerriers, se voyaient, parmi des chevalets et des
sièges épars, une petite table et un antique harmo-
nium. Une grande table était appuyée à la paroi du
fond, dont elle occupait toute la largeur. Au-dessus
était une baie vitrée qui éclairait l'atelier.

Dans le jardin, en avant de l'entrée, une statuette
de terre glaise s'abritait sous un naïf édicule. C'était
une sorte de divinité bouddhique née au pays maori.
Œuvre de Gauguin, elle portait sur son socle ce nom
té atua, le Dieu, et ces vers de Charles Morice :

Les Dieux sont morts et Atuana * meurt de leur mort.
Le soleil, autrefois qui l'enflammait, l'endort
D'un sommeil triste, avec de brefs réveils de rêve :
L'arbre alors du regret point dans les yeux de l'Ève
Qui, pensive, sourit en regardant son sein,
Or stérile scellé par les divins desseins **...

L'artiste écrivait à son correspondant de Paris,
le 13 février 1902 : « J'ai commencé à me remettre
au travail assez sérieusement, quoique toujours
malade. On n'a pas idée de la tranquillité avec laquelle je vis ici dans ma solitude, tout à fait seul,
entouré de feuillages. C'est le repos, et j'en avais
besoin, loin de tous ces fonctionnaires qui étaient
à Tahiti. Je me félicite tous les jours de ma résolution; puis la vie est moins chère ici. Je paie un poulet
ordinaire soixante centimes, et, de temps en temps,
un cochon de vingt kilos six à sept francs. N'est
vraiment un peu cher que le vin. »

Autour de Gauguin, dit Victor Segalen, s'agitaient
(mollement) ses comparses indigènes, les pâles Mar-

---

* Charles Morice avait écrit : Tahiti.
** Victor Segalen, Gauguin dans son dernier décor (*Mercure de France*,
juin 1904).

quisiens élancés au visage barré de stries bleuâtres
qui reculent les yeux, démesurent la bouche; à la
peau claire habillée de signes incrustés de *tatou*, dont
chaque ornement (jadis) signifiait un exploit. Gauguin coryphée entonnait une complainte et récri-
minait, et les choristes dociles achevaient l'anti-
strophe... D'autres l'excitaient par de faux avis;
et d'autres encore lui furent, parmi ces indigènes,
fidèles et bons, vraiment.

« J'ai pour voisin de brousse, écrivait l'artiste *,
un vieux que la mort semble dédaigner. Son tatouage
le rend effrayant, ainsi que sa maigreur. Il fut condamné autrefois pour anthropophagie, puis on le
fit revenir avant l'expiration de sa peine **.
Un farceur de capitaine italien me voulant du bien
lui raconta que c'était moi, autrefois tout-puissant,
qui avais intercédé en sa faveur. Je ne démentis pas
le mensonge, et cela me fut très utile. Car le vieux,
qu'on n'a jamais pu baptiser chrétien, reste pour
tous un sorcier, et il a mis sur ma personne et ma
maison le *tabou*, c'est-à-dire que je suis sacré.

« Quoique ayant appris des missionnaires toutes
les superstitions que ces religieux leur apprennent,
ils conservent encore leurs anciennes traditions.

« Ce vieux et moi nous sommes des amis et je
lui donne du tabac, sans que pour cela il s'en étonne.
Je lui demande quelquefois si la chair humaine est
bonne à manger. C'est alors que sa figure s'illumine
d'une infinie douceur (douceur toute particulière
aux sauvages), et il me montre son formidable râte-
lier. J'eus la curiosité un jour de lui donner une

---

* *Racontars d'un Rapin* (septembre 1902).
** Le Marquisien a été anthropophage, remarquait Gauguin, et il l'est
encore, mais sans férocité. Il aime la chair humaine comme le Russe aime
le caviar, comme le Cosaque aime la chandelle.

boîte de sardines. Ce ne fut pas long. Avec ses dents il ouvrit, sans se faire mal, la boîte et mangea le tout, rubis sur l'ongle.

« Comme on le voit, plus je vieillis, moins je me civilise. Encore une histoire, ajoute le peintre, ce sera la dernière.

« Dès les premiers temps de mon arrivée, à Fatuiva * : ma simple case en bambou, un léger débroussage, un sentier. Déjà le soleil venait de disparaître, laissant ses reflets rouges border la montagne. Assis sur un caillou, je fumais une cigarette, pensant à je ne sais quoi, ou plutôt ne pensant à rien, comme les gens qui sont fatigués. Devant moi la brousse venait de s'entr'ouvrir laissant passer un être informe, que précédait un bâton interrogateur. Marchant lentement, le cul rasant le sol, il se dirigea vers moi.

« Était-ce la peur, ou je ne sais quoi qui me glaçait, mais sans parler je retins en quelque sorte ma respiration. Ces quelques minutes me parurent un quart d'heure. Je saisis le bâton explorateur et je prononçais un *hou !* significatif, comme une légère plainte.

« Je pus enfin distinguer un corps complètement nu, maigriot, desséché, tout à fait tatoué, ce qui lui donnait l'aspect d'un crapaud.

« Alors, sans proférer une parole, elle *(sic)* m'examina de la main. Je sentis d'abord sur mon visage, puis sur le corps (j'étais nu aussi avec un paréo à la ceinture) une main poussiéreuse, froide, de ce froid particulier aux reptiles. Sensation terrifiante de dégoût ! — *Poupa* (Européen), s'écria-t-elle comme un grognement, puis elle s'en alla, toujours dans la

---

* L'île de Fatou-Hiva, ou la Madeleine. Il semble résulter, du récit qui suit, que Gauguin y fit un court séjour avant de se fixer à Atouana.

même position, vers la brousse, en sens opposé...

« Dès le lendemain je m'informai et on m'apprit que depuis fort longtemps cette folle aveugle vivait ainsi dans la brousse, mangeant les restes des pourceaux. Dieu, dans son infinie bonté, la laissait vivre. Elle était d'ailleurs au courant des heures du jour et de la nuit, ne voulant supporter sur elle aucun vêtement, sinon un collier de fleurs, qu'elle savait très bien faire elle-même. Toute autre chose, elle le mettait en pièces. Ce fut pour moi, pendant deux mois, une obsédante vision, et tout mon travail devant mon chevalet en était imprégné malgré moi. Tout, autour de moi, prenait un aspect barbare, sauvage, féroce : *art grossier de Papou.*

« Ce que je voudrais dire : que chez celui qui fait un tableau, il y a des émotions qui ne peuvent se concréter aux yeux du public. Tout au plus le pâle reflet d'un mystère! »

Le 17 avril 1902, le peintre, déjà malade, adressait à son correspondant ces mots fébrilement tracés :

« Deux mots à la hâte. Voilà quatre courriers que je ne reçois pas un mot de vous. Je crains un malheur. Toujours votre dévoué, PAUL GAUGUIN. »

Le 23 mai, quelques lignes émues envoyées au même :

« Avec quel plaisir j'ai reconnu votre écriture, avec quelle avidité je l'ai lue... Moi qui, depuis deux mois, vis dans une mortelle inquiétude! C'est que je ne suis plus le Gauguin d'autrefois. Ces dernières années terribles et ma santé qui ne se remet pas vite m'ont rendu impressionnable à l'extrême, et dans cet état je suis sans énergie.

« Personne d'ailleurs pour me réconforter, pour me consoler, — l'isolement complet. »

Et, au sujet de *Noa Noa*, dont, en novembre 1901, il a appris l'impression :

« Ce que vous me dites de la collaboration de Morice pour *Noa Noa* ne me déplaît pas.

« Cette collaboration a eu de ma part deux buts : elle n'est pas [comme], en général, les autres collaborations, c'est-à-dire deux auteurs travaillant en commun. J'avais eu l'idée, parlant des non-civilisés, de faire ressortir leur caractère à côté du nôtre et j'avais trouvé assez original d'écrire, moi, tout simplement en sauvage et, à côté, le style d'un civilisé qui est Morice. J'avais donc imaginé et ordonné cette collaboration dans ce sens; puis aussi, n'étant pas, comme on dit, du métier, savoir un peu lequel de nous deux valait le mieux, du sauvage naïf et brutal ou du civilisé pourri.

« Morice a voulu, quand même, faire paraître le livre hors de saison. Ce n'est pas, après tout, déshonorant pour moi. »

25 août 1902. « A propos, M. Fayet m'écrit qu'il espère, l'année prochaine, faire une exposition très importante de moi. Parfait! Je ne tiens pas à énormément de toiles, mais je tiendrai surtout à la qualité... Si possible, la grande toile qui est à Bordeaux. De chez Schuffenecker, je ne vois que le bois sculpté. Si possible, le tableau *Nevermore*, chez Delius. Rien de Bretagne. La Bretagne est digérée, tandis que Tahiti est à avaler et à vendre.

« Vous connaissez le public, il dira tout de suite : Quel dommage qu'il ne soit pas resté Breton! Vous me comprenez. D'ailleurs, qui sait si je ne serai pas là à cette époque... Car, s'il me faut rester inguérissable avec cet eczéma chronique aux deux pieds, qui me fait tant souffrir, il vaudra mieux que je rentre pour changer d'air.

« J'irai alors m'établir de votre côté, dans le Midi. Quitte à aller en Espagne chercher quelques éléments nouveaux.

« Les taureaux, les Espagnols aux cheveux plaqués de saindoux. Ç'a été fait, archifait. C'est drôle cependant que je me les figure autrement.

« Quel dommage pourtant de quitter ce pays si beau des Marquises !

« Continuez, en attendant, à jouir paisiblement de la vie. L'animalité qui est en nous n'est pas tant à mépriser qu'on veut bien le dire. Ces satanés Grecs ont tout compris, ont imaginé Anthée, qui reprenait ses forces en touchant la terre. La terre, c'est notre animalité. »

31 octobre 1902. « Quand vous recevrez cette lettre, vous aurez déjà probablement lu, si toutefois le *Mercure* l'a publié, l'article de contre-critique que j'ai envoyé. Je pense que cela ne vous aura pas déplu, car je me suis efforcé de prouver que les peintres en aucun cas n'ont besoin de l'appui et de l'instruction des hommes de lettres.

« Je me suis efforcé aussi de lutter contre tous les partis s'établissant à chaque époque en dogmes et qui déroutent non seulement les peintres, mais encore le public d'amateurs. Quand donc les hommes comprendront-ils le sens du mot : Liberté ?

« Vous connaissez depuis longtemps ce que j'ai voulu établir, le droit de tout oser. Mes capacités (les difficultés pécuniaires pour vivre étant trop grandes pour une pareille tâche) n'ont pas donné un grand résultat, mais cependant la machine est lancée. Le public ne me doit rien, puisque mon œuvre picturale n'est que relativement bonne, mais les peintres qui aujourd'hui profitent de cette liberté me doivent quelque chose.

« Il est vrai que beaucoup s'imaginent que cela s'est fait tout seul. D'ailleurs je ne leur demande rien, et ma conscience suffit à me récompenser.

« C'est ce que ce charmant bourgeois de Schuffenecker appelle ma *rosserie.*

« Travailler pour les autres, c'est être *rosse.* »

Un article de Gauguin avait, en effet, été présenté de sa part au Comité de lecture du *Mercure de France*, par les soins d'André Fontainas. Cet écrit avait pour titre : *Racontars d'un rapin* et, outre une critique de « la Critique », renfermait de très personnels aperçus sur le dessin, sur la couleur et sur l'histoire de l'art au XIXe siècle. Le Comité n'ayant pas jugé à propos d'insérer, A. Fontainas transmit au peintre les explications qui suivent :

Paris, 19 décembre 1902.

CHER MONSIEUR GAUGUIN,

J'ai lu et remis aussitôt votre manuscrit entre les mains de Valette au *Mercure*. Il l'a soumis au Comité de lecture (dont je ne fais pas partie), où il a été discuté et finalement écarté comme contenant trop de considérations dépourvues d'actualité. Je vous avoue que c'est là ce qui, à mes yeux, lui donnait un charme particulier que j'ai essayé en vain de faire valoir. Savoir quelles sont les préoccupations d'un homme désormais éloigné de toutes côteries, là-bas, au fond des solitudes, lorsqu'il songe à nos pauvres agitations d'ici, où il n'est plus revenu depuis des années, quoi de plus curieux en vérité? Ils ne l'ont pas compris, au du moins ils ont redouté que le lecteur de la Revue ne parvînt pas à le comprendre.

Notez que je partage sur la critique la plupart de vos idées. Seulement je trouve bon que des littérateurs consciencieux et sincères ne craignent pas étaler aux yeux de tous même

leur insuffisance. Leur métier étant d'énoncer ce qu'ils ont
senti, c'est à eux d'appeler l'attention des indifférents sur
ce qui peut éveiller une flamme d'enthousiasme. Il ne s'agit
pas de dicter une opinion, mais d'exciter les gens à s'ouvrir
à l'impression. Si j'ai réussi à faire regarder un tableau par
quelqu'un qui ne l'aurait pas regardé, quitte à être traité
d'imbécile par lui s'il sent autrement que moi, mon temps
et ma peine n'ont pas été perdus...

Croyez-moi sincèrement votre reconnaissant et dévoué,

ANDRÉ FONTAINAS *.

Par le courrier de février 1903, Gauguin écrivait
à Daniel de Monfreid :

« Je reçois deux lettres de vous très en retard
par suite d'un cyclone comme on n'en a jamais vu,
étant donné qu'il vient du nord. C'est, croyons-
nous, un soulèvement sous-marin. Toutes les îles
basses, juste en pleine saison de la plonge, ont été
envahies par un raz de marée épouvantable et
presque toute la population a péri. Nous autres,
nous avons été moins éprouvés. Pendant quarante-
huit heures la pluie, le tonnerre nous ont assourdis,
lorsqu'un soir le cyclone devint terrible. Malgré
que je sois très abrité par des arbres, je m'attendais,
à chaque moment, à voir ma case emportée ou
démolie par le vent. A dix heures, j'entendis un bruit
sourd et continu très anormal. C'était la rivière qui
avait démoli tout sur son passage, cherchant de
nouvelles issues. Je sortis de ma chambre pour me
rendre compte, et, à mon grand étonnement, j'entrai
dans l'eau jusqu'à mi-corps. Impossible de voir

---

* Le lecteur trouvera dans un paragraphe subséquent la reproduction
textuelle et presque intégrale du manuscrit qui a pour titre : *Racontars
d'un rapin*. Il en a déjà été détaché deux extraits épisodiques relatifs au
vieil anthropophage et à la folle de Fatou-Hiva.

quoi que ce soit. Inutile de songer un seul instant à fuir.

« Je remontai dans ma chambre et passai ainsi la nuit, redoutant que les eaux viennent à bout de ma pauvre case, que j'avais construite surélevée de deux mètres avec deux fois plus de jambes de force qu'il n'en fallait. Au matin, je fus voir la situation horrible d'Atuana. Plus de ponts, plus de chemins. De toutes parts des arbres énormes renversés, ces arbres du Tropique qui ont si peu de racines, maisons renversées, etc.

« Enfin tout est bien qui finit bien, et j'en suis quitte pour une centaine de francs de dépenses pour réparations.

« Je ne suis pas tout à fait de votre avis en tant qu'importance de mon retour en France, en ce sens que je ne ferai que passer à Paris, puis aller en Espagne travailler quelques années. A part les amis, on n'en saurait rien.

« Mais ce n'est pas le mal du pays, mais cet état de souffrances de mon eczéma qui m'empêche de travailler sainement. Depuis près de trois mois je n'ai pas touché un pinceau. Ma vue me donne de sérieuses inquiétudes et je me dis alors : que deviendrai-je, si Vollard venait à flancher? Un homme comme moi, toujours en lutte, même sans le vouloir, rien que par son art, est entouré de gens qui seraient heureux de piétiner dessus, tandis qu'en France on peut cacher sa misère, trouver aussi de la pitié. Il me faudrait pour parer à cela avoir toujours devant moi quatre ou cinq mille francs, qui me permettraient, en cas d'accident, de revenir.

« Autrement, je suis bien ici dans ma solitude.

« J'ai reçu une lettre de Fontainas qui me dit que le *Mercure* n'a pas voulu insérer mon écrit. J'en

avais le pressentiment. Tous les mêmes ! Ils veulent
bien critiquer les peintres, mais ils n'aiment pas que
les peintres viennent démontrer leur imbécillité.
Il n'y a pas de mal, et voici pourquoi. Tous ces
derniers temps, pendant mes longues nuits d'in-
somnie, je me suis mis à écrire un recueil de ce que
j'ai vu, entendu et pensé durant mon existence.
Il y a là des choses terribles pour quelques-uns...
Si donc l'article n'a pas paru, il sera introduit dans
mon livre et n'en fera que mieux... Je lui envoie (à
André Fontainas) mon livre avec prière de le faire
imprimer à tout prix et je lui dis qu'il s'entende
avec vous... Je tiens à cette publication, car c'est,
en même temps qu'une vengeance, un moyen de me
faire connaître et comprendre. »

Le second manuscrit de Gauguin, qui portait ce
titre : *Avant et Après*, eut le même sort que le premier.

Ce recueil, illustré de 29 croquis ou reproductions
autographiques de croquis de l'artiste, exécutées
par lui-même, comprenait plusieurs articles de
quelque importance, déjà insérés, pour la plupart,
à la suite du manuscrit de *Noa Noa* : les *Crevettes
roses*, la *Parabole de Zunbul-Zadi*, les *Vases cloisonnés du Japon*... que le lecteur trouvera dans le
présent volume ; — bon nombre d'entrefilets humo-
ristiques ayant paru dans *Le Sourire*, sous la signature de Tit-Oïl ; — et enfin une suite de réflexions
ou de notes, transcrites au hasard de la plume,
sur des questions d'art, sur la vie privée de Gauguin,
sur ses relations, sur ses lectures. On y perçoit une
agitation fébrile, une visible nervosité, se trahissant
par l'incohérence de la narration et la forme brutale
ou agressive d'affirmations parfois contestables.
Rien donc d'étonnant à ce que la publication inté-

grale de ce recueil eût été indéfiniment ajournée.

Ce récit est daté de janvier et février 1903 [1].

Avril 1903. « Mon cher Daniel. Je vous envoie trois tableaux que vous recevrez probablement après cette lettre. Voulez-vous dire à M. Fayet qu'il s'agit de me sauver.

« Si les tableaux ne lui conviennent pas, qu'il en prenne d'autres chez vous ou qu'il me prête 1500 fr. avec toutes les garanties qu'il voudra.

« Voici pourquoi. Je viens d'être victime d'un traquenard épouvantable. Après des faits, aux Marquises, scandaleux, j'avais écrit à l'Administration pour lui demander de faire une enquête à ce sujet. Je n'avais pas pensé que les gendarmes sont tous de connivence, que l'administrateur est du parti du gouverneur, etc. Toujours est-il que le lieutenant a demandé les poursuites et qu'un juge bandit, aux ordres du gouverneur et du petit procureur que j'avais malmené, m'a condamné (loi de juillet 1881 sur la presse), pour une lettre particulière, à trois mois de prison et mille francs d'amende. Il me faut aller en appel à Tahiti. Voyage, séjour et frais d'avocat, combien cela va-t-il me coûter ? C'est ma ruine et la destruction complète de ma santé.

« Il sera dit, toute ma vie, que je suis condamné à tomber, me relever, retomber, etc.

« Toute mon ancienne énergie s'en va chaque jour.

« Faites donc au plus vite, et dites bien à M. Fayet que je lui aurai une reconnaissance éternelle. Toujours tout à vous de cœur.

« PAUL GAUGUIN. »

---

1. Cf. *Lettres de Gauguin à André Fontainas*, Plaquette, Paris, Librairie de France, 1921.

« Voilà le courrier : rien de vous encore. Vollard, depuis trois courriers, ne m'écrit pas et ne m'envoie aucun argent. Actuellement, il est mon débiteur de 1500 francs, plus un solde pour les tableaux que je lui ai envoyés. Par ce fait, je suis débiteur de 1400 francs à la Société commerciale, juste au moment où j'ai encore à lui demander argent pour aller à Papeete, etc. J'ai bien peur que la Société me refuse, et alors je serai terriblement dans le lac. S'il est mort ou a fait faillite, j'ai espoir que vous en auriez été informé. Toutes ces préoccupations *me tuent*.

« Paul Gauguin. »

La très fâcheuse affaire qui assombrit les derniers jours du peintre avait été le résultat de son état maladif et de son extrême nervosité. A Tahiti, il s'était attaqué, presque sans motif, au procureur de la République. A Atouana, il s'en prit, par amour désintéressé de la lutte, à l'omnipotence du gendarme.

« Vous allez dire, lecteur parisien, que je vous monte un bateau avec les gendarmes. Venez aux colonies, et surtout aux Marquises, et vous verrez si c'est un bateau. Vous ferez mieux, si vous êtes influent, d'en dire quelques mots au ministre. »

La campagne qu'il entreprit contre la maréchaussée avait commencé dès les premiers temps de son arrivée à la Dominique.

Le gendarme d'Anaïapa ayant voulu empêcher un groupe d'indigènes protestants de chanter leurs *iménés* aux jour et heure autorisés, sous le prétexte spécieux que c'était à lui, gendarme, et non au pasteur qu'ils devaient obéissance. Gauguin, bien qu'étranger à cette affaire, appuya énergiquement la protestation des indigènes, lesquels, poursuivis, furent acquittés.

Une autre fois — du moins selon le récit du peintre — le même gendarme fit insidieusement inviter, par son ami le chef indigène, une vingtaine de maoris à prendre part à une orgie clandestine de jus de coco fermenté, ce qui est formellement interdit par les règlements en vigueur dans la colonie. Pendant que la petite fête battait son plein, le machiavélique représentant de l'autorité n'eut que la peine d'apparaître pour dresser procès-verbal et s'abstint, naturellement, de comprendre parmi les délinquants le chef indigène, plus ivre que les autres. Le tribunal, ayant reconnu que ce dernier avait illégalement festoyé avec ses administrés, lui infligea, ainsi qu'à ces derniers, une amende de 100 francs.

A dater de ce jour, la guerre fut virtuellement déclarée entre le ci-devant directeur du *Sourire*, qui révéla les dessous de l'affaire, et les gardiens sévères de l'ordre public. Ceux-ci n'attendaient qu'une occasion pour prendre leur revanche — occasion qui ne tarda pas à se présenter.

Deux navires baleiniers de nationalité américaine, non commerçants et non patentés, avaient abordé l'île de Taouata avec des marchandises frappées de droits de douane. Le gendarme de Vaïtahou, faisant fonctions de douanier, toléra, paraît-il, qu'une certaine quantité de produits : savons, coutellerie, montres en faux or, habillements complets en laine, caleçons d'indienne et de cotonnade, fussent débarqués sans payer la taxe et fussent vendus aux indigènes.

Des femmes de Taouata, et aussi de la Dominique, — ces dernières ayant traversé le chenal en pirogues,

— montèrent sur les navires et reçurent des marchandises en échange de leurs faveurs.

Le gendarme, disait Gauguin, n'exerçait sa surveillance que le jour, alors que celle-ci était inutile, et, la nuit, se faisait remplacer par un *moutoï* (garde indigène), lequel laissait tout faire et prenait sa part de la fête.

Et l'artiste posait cette précise question :

Le gendarme a-t-il visité consciencieusement les navires et mis sous scellés tout ce qui pouvait être considéré comme *pacotille* ? « Non, répondait-il. Non seulement le douanier n'a rien visité, non seulement il n'a pas empêché de vendre, mieux encore, il a acheté lui-même. Il s'est procuré de la sorte un fusil de chasse et des munitions. — Pourquoi n'achèteriez-vous pas, disait le capitaine du baleinier aux indigènes, puisque le gendarme lui-même achète? »

Une lettre de Gauguin ayant révélé les faits dont la relation précède, la réponse ne se fit pas attendre et lui parvint sous la forme suivante :

L'an mil neuf cent trois, le vingt-sept mars,

A la requête de M. l'officier du Ministère public près le Tribunal de Justice de Paix à compétence étendue des Marquises, séant à Atuana, qui fait élection de domicile en son parquet à la Résidence,

J'ai, Pambrun Eugène, gendarme faisant fonctions d'huissier près dudit Tribunal, demeurant à Atuana, soussigné,

Donné assignation à M. Paul Gauguin, artiste peintre, demeurant à Atuana, en son domicile où étant et parlant à sa personne,

A comparaître en personne le mardi trente et un mars courant, à huit heures et demie du matin, à l'audience du Tribunal de Justice de Paix à compétence étendue, jugeant en police correctionnelle, séant à la Résidence,

Pour répondre et procéder sur et aux fins d'une procédure
de laquelle il résulte qu'il est prévenu d'avoir, par une lettre
non datée, au commencement de février dernier, accusé
le gendarme Guichenay, du port de Vaïtahu, île Tauata,
d'avoir débarqué d'accord avec les capitaines de deux ba-
teaux américains (c'est-à-dire en fraude) des marchandises
diverses, ce qui constitue le délit de diffamation, prévu
par les articles 29, 30 et 31 de la loi du 29 juillet 1881; et
en outre de répondre aux conclusions qui seront prises contre
lui par M. l'officier du Ministère public, d'après l'instruction
à l'audience.

Et j'ai au susnommé Gauguin,

Laissé copie du présent, dont le coût est de quatre francs
soixante-treize centimes.

L'huissier, (*Signé*) PAMBRUN.

Gauguin — on l'a vu ci-dessus — fut condamné à
trois mois d'emprisonnement et à 1000 francs
d'amende. Il était en instance d'appel, lorsque la
mort le surprit. Il ne paraît pas douteux qu'il n'eût
fini par obtenir gain de cause, car il résulta d'une
enquête sérieuse que les faits signalés par lui étaient
en partie exacts. Sur les instances de l'administrateur intérimaire des Marquises, qui fit preuve à
son égard d'une grande équité, le peintre s'était
désisté de sa demande de poursuites contre le gendarme Guichenay.

En outre, le tribunal qui avait prononcé la sentence correctionnelle était, semble-t-il, irrégulière-
ment constitué, car, en dépit du décret réglementant
la matière, le juge de paix s'était adjoint un ministère
public et un greffier.

Ce serait, on le voit, une erreur de considérer
l'artiste comme un révolté, pour le seul fait d'avoir
protesté contre la conduite suspecte d'un gendarme.

S'il refusa parfois de payer ses impôts, c'est parce qu'il se considérait comme injustement taxé. Et s'il empêcha à diverses reprises les habitants de Taouata d'envoyer leurs enfants à l'école libre de la Mission, c'était non par hostilité vis-à-vis de telle ou telle confession religieuse, mais parce que les parents se trouvaient, à leur très grande incommodité, dans la nécessité de porter à ceux-ci, par mer, la nourriture quotidienne.

Le dernier envoi que fit l'artiste se composait des toiles suivantes, adressées à Vollard, son marchand de tableaux :

1. Petit paysage en hauteur. Au premier plan, gros arbre et cheval. Au second plan, case dans les arbres.

2. Nature morte. Panier carré, gros fruits avec feuilles, chapelet de fruits rouges.

3. Nature morte. Buire, théière, fruits dans un plat creux.

4. Paysage de Bretagne, sous la neige.

5. Paysage. A gauche, cheval puissant et personnage en robe rouge. Au second plan, case entourée de palissades. Fond de verdure.

6. *Té tiaï na oé i té rata.* Paysage avec figures debout; mer et navire, au fond.

7. Figures. Jeune femme assise sur un fauteuil en rotin; jeune homme derrière. Fond jaune soufre.

8. Trois figures. Au premier plan, femme accroupie allaitant un enfant. A droite, petit chien noir. A gauche, femme debout, en robe rouge, avec une corbeille. Derrière, femme en robe verte tenant des fleurs. Fond de lagunes bleues sur sable rouge orangé.

9. *Té avaé no Maria.* Femme tenant des fleurs,

en robe blanchâtre, sur fond jaune d'or. A gauche, arbre à fruits et plante exotique.

10. Trois femmes debout, sur fond jaune d'or marbré de vert.

Le 23 août 1903, le dévoué Daniel de Monfreid eut la douloureuse surprise de recevoir un pli officiel, qui contenait ces quelques lignes :

Établissements Français   République Française
       de l'Océanie.   liberté — égalité — fraternité

                                        Taïohaé, le 18 juin 1903.

F. V. Picquenot, Administrateur p. i. des Marquises, officier de l'Instruction publique, à Monsieur Geo. Daniel de Monfreid, Domaine Saint-Clément, par Corneilla-de-Conflent (Pyrénées-Orientales).

Monsieur,

Remplissant, entre autres fonctions ici, celle de curateur aux successions vacantes, je crois de mon devoir, en raison de vos relations avec Paul Gauguin, de vous faire connaître la mort de cet artiste survenue subitement le 9 mai dernier.

Veuillez agréer, Monsieur, l'assurance de ma considération la plus distinguée.

                                        Picquenot.

Six mois seulement après la réception de cette laconique dépêche, la lumière commença à se faire sur les incidents qui avaient accompagné la mort du malheureux artiste. Cédant à de pressantes sollicitations, une des personnes pleines d'humanité qui avaient assisté Gauguin dans ses derniers instants, voulut bien adresser à son fidèle représentant le récit circonstancié de sa fin lamentable.

8 mars 1904.

MONSIEUR,

J'ai bien reçu votre lettre en son temps, mais un deuil de famille m'a empêché d'y répondre plus tôt.

Je veux bien vous donner quelques détails sur les derniers temps de la vie et sur la fin de M. Paul Gauguin, d'autant plus que je l'ai soigné jusqu'au matin de sa mort, survenue le 8 mai 1903, un vendredi, vers les onze heures du matin. Et si je n'ai pas été son ami, — le connaissant en somme si peu, car Gauguin était un sauvage, — j'ai été du moins son voisin et par conséquent assez au courant de sa vie. Plusieurs fois il m'est venu voir, et par trois fois il m'a fait appeler chez lui en consultation, étant moi-même quelque peu médecin.

J'ai toujours connu M. Paul Gauguin malade et presque impotent. Sortant rarement de chez lui, et quand, par extraordinaire, on le rencontrait dans la vallée d'Atuana, il vous faisait un effet plutôt pénible, se traînant difficilement, les jambes entourées de bandelettes, dans l'accoutrement très original, du reste, du parfait Maori : le pagne de couleur autour des reins et le torse couvert de la chemisette tahitienne, pieds nus, presque toujours, sur la tête un béret d'escholier en drap vert avec une boucle d'argent sur le côté. Un homme très aimable, parfait de douceur et de simplicité avec le Marquisien. Celui-ci le lui rendait bien. Et quand votre ami est mort, j'ai pu recueillir de la bouche de plusieurs indigènes un cri de regret comme celui-ci : « Gauguin est mort, nous sommes perdus ! — *Ua maté Gauguin, ua pété énatal* » faisant ainsi allusion aux services que Gauguin leur avait plusieurs fois rendus en les délivrant de la main des gendarmes, personnages souvent durs et injustes à l'endroit des indigènes. Gauguin, très généreux et chevaleresque, avait pris la défense de l'indigène. Les traits sont nombreux de sa bonté à son égard.

Il n'avait que très peu de rapports avec les Européens d'Atuana. Je crois qu'il les détestait cordialement, à part quelques rares exceptions. Il avait surtout horreur du gendarme et de la maréchaussée en général. Il eut avec celle-ci des démêlés retentissants. Il fut un jour (deux ou trois mois avant sa mort) condamné à quinze jours de prison et cinq cents francs d'amende sous prétexte d'injures à la gendarmerie. Mais Gauguin était sûr de se faire acquitter en appel. Il se préparait justement à partir pour Tahiti quand la mort le surprit. Gauguin paraissait avoir pour lui le droit et la justice, et puis surtout il était au-dessus de ça.

Quant au pays, il avait la plus haute idée, un vrai culte pour cette nature si belle en soi et si sauvage, où son âme trouvait tout naturellement son cadre. Il a tout de suite su découvrir la poésie particulière de ces régions bénies du soleil et encore inviolées par place. Vous avez pu vous en apercevoir par les tableaux qu'il a pu vous expédier de là-bas. L'âme maorie n'avait plus de mystère pour lui. Gauguin cependant trouvait que nos îles perdaient chaque jour de leur originalité.

Les Dieux sont morts et Atuana meurt de leur mort,

a-t-il écrit quelque part...

Vers le commencement d'avril 1903, je reçus un matin le mot suivant de M. Gauguin :

« CHER MONSIEUR VERNIER,

« Serait-ce abuser que de vous demander une consultation, mes lumières devenant tout à fait insuffisantes? Je suis très malade. Je ne puis plus marcher.

« P. G. »

Je me rendis immédiatement chez l'artiste. Il souffrait horriblement des jambes, qui, en effet, étaient rouges et tuméfiées, couvertes d'eczéma. Je lui conseillai une médication appropriée, m'offrant à le panser, s'il le voulait. Il me remercia très aimablement, en me disant qu'il ferait cela lui-même. Nous causâmes. Oubliant son mal, il me parlait de son art en termes admirables, se donnant pour un génie méconnu. Il fit quelques allusions à ses démêlés avec la gendarmerie, nomma quelques-uns de ses amis, mais, pour dire la vérité, je ne me rappelle pas avoir entendu votre nom; il me prêta quelques livres de Dolent, d'Aurier et l'*Après-midi d'un Faune*, qu'il tenait de Mallarmé lui-même. Il me donna l'esquisse d'un portrait de ce dernier * avec ces quelques mots : *A monsieur Vernier, une chose d'art. P. G.*

Je le quittai et ne le revis plus de dix jours. Le vieux Tioka, ami de Gauguin, me disait : Tu sais, ça ne va pas chez le blanc, il est bien malade ! — Je retournai chez votre ami, je le trouvai bien bas, en effet, couché et gémissant. Encore une fois, il oubliait sa douleur pour parler de l'Art. J'admirai ce culte.

Le 8 mai au matin, il me fit appeler par ce même Tioka. J'allai. Gauguin, toujours au lit, se plaignait de vives douleurs dans le corps. Il me demanda si c'était le matin ou le soir, le jour ou la nuit. Il avait eu, me disait-il, deux syncopes. Il s'inquiétait de ces syncopes. Il me parla de *Salammbô*. Je le laissai sur le dos, calme et reposé, après ce moment d'entretien. Vers onze heures, ce matin-là, le jeune Ka Hui, domestique (trop intermittent, hélas, en ce sens qu'il désertait souvent le logis de son maître pendant sa maladie) vint m'appeler en toute hâte : « Viens vite, le blanc est mort ! »

Je volai. Je trouvai Gauguin sans vie, une jambe pendante hors du lit, mais chaude encore. Tioka était là, hors de lui : « Je venais voir comment il allait, j'appelais d'en bas *Ko Ké*, (Ko Ké, le nom indigène de Gauguin). N'entendant rien, je montai voir. Aïe! aïe! Gauguin ne remuait plus. Il était mort », disait-il. Et, ce disant, il mordait à belles dents le cuir chevelu de son ami, façon toute marquisienne de rappeler quelqu'un à la vie. J'essayai moi-même de la traction rythmée de la langue, de la respiration artificielle, mais rien n'y fit. Paul Gauguin était bien mort, et tout porte

---

* Une épreuve de l'eau-forte exécutée par l'artiste en 1891.

à croire qu'il a succombé à un brusque arrêt du cœur *.

Je suis le seul Européen qui ait vu Gauguin avant de mourir. Je dois dire qu'il ne m'a jamais parlé de sa famille d'Europe, ni même fait aucune espèce de recommandation, ni manifesté ses dernières volontés. A-t-il laissé un testament? Je ne le crois pas. Ses papiers ont été fouillés par l'autorité, et je crois que rien n'a été trouvé. Le bruit courait qu'il avait de la famille en Europe, une femme et cinq enfants. Il y avait chez lui une photographie d'un groupe de famille, qui, disait-on, les représentait. J'ai vu cette photographie. On disait du reste beaucoup de choses. On ne savait à quoi s'en tenir. Naturellement je n'ai jamais rien demandé à Gauguin à ce sujet. Je dois vous dire quelques mots maintenant des circonstances qui ont entouré son inhumation et des circonstances dans lesquelles elles se sont produites.

A mon arrivée chez Gauguin, ce fameux vendredi, quand on vint m'annoncer sa mort, je trouvai, déjà installé à son chevet, l'évêque catholique des Marquises et plusieurs frères de la Doctrine chrétienne. Mon étonnement fut immense à leur vue. Tout le monde savait les sentiments professés par Gauguin à l'égard de *ces messieurs*, et *ces messieurs* les connaissaient bien. Mon étonnement se transforma en indignation quand j'appris que M. l'évêque avait décidé d'enterrer Gauguin avec toute la pompe catholique, ce qui fut fait le samedi 9 mai. La levée du corps avait été fixée pour deux heures. Je voulus assister au moins à la levée du corps et me rendis à cet effet à la demeure de Gauguin à l'heure dite. Son corps avait été transporté à l'église dès une heure et demie! Un vrai escamotage, comme vous le voyez. Et Gauguin repose maintenant dans le Calvaire catholique, terre sainte par excellence! A mon avis, Gauguin aurait dû avoir des obsèques civiles.

Il y a eu, des affaires laissées par Gauguin, deux ventes

---

* Il a été dit et répété que l'artiste était mort de la lèpre. Cette assertion est de tous points inexacte. Gauguin, affaibli par une plaie eczémateuse de la jambe, qu'on ne parvenait pas à guérir, et obsédé par les soucis de son procès, mourut, comme le laisse entendre cette lettre et comme l'a confirmé depuis le docteur Segalen, d'une crise cardiaque.

aux enchères. Une première vente à Atuana même, où ont été vendues les choses susceptibles d'être achetées par les indigènes et par les quelques Européens de l'endroit, ses vêtements, ses malles, ses outils de charpentier et de menuisier, sa batterie de cuisine, son fourneau, sa selle, son cheval, ses conserves, son vin, sa maison et son terrain (en un seul lot) adjugé à un commerçant américain pour 1050 francs, je crois. Le béret vert est échu à Tioka, qui s'en affuble nuit et jour, et encore lui a-t-il été donné par le commissaire-priseur. Pauvre Gauguin!

La seconde vente a eu lieu à Tahiti et se composait uniquement de choses de valeur, de tableaux en particulier, et d'objets rares. Le docteur Segalen vous a éclairé à ce sujet…

Croyez, Monsieur, à mes meilleurs sentiments *.

PAUL-LOUIS VERNIER.

La succession de Gauguin étant vacante, il fut procédé, en vertu d'une autorisation de justice, à la vente aux enchères de ce que le peintre laissait à Hiva-Hoa.

J'ai ainsi évité, disait le receveur de l'Enregistrement qui prit l'initiative de cette procédure, des frais onéreux de logement et de garde qui seraient encore venus s'ajouter à un passif assez élevé que je craignais de ne pouvoir régler, tellement l'actif à réaliser me semblait de peu d'importance.

Quant aux manuscrits, notes diverses, rien n'est vendu.

Deux des plus importants, parmi lesquels se trouve le fameux *Noa Noa*, c'est-à-dire ceux qui méritaient d'être envoyés en France, ont été remis par moi en dépôt entre les mains de M. Petit, gouverneur, rentrant en France. Il a bien voulu s'en charger pour les remettre à la famille.

---

* L'original de cette lettre, dont l'auteur avait modestement exprimé le désir que son nom ne fût pas livré à la publicité, est entre les mains de Daniel de Monfreid. Il serait excessif de laisser à jamais tomber dans l'oubli le souvenir de l'homme dévoué, qui, par pure humanité, assista Gauguin dans ses derniers instants et mérita, par sa sollicitude éclairée, la profonde reconnaissance des amis du maître disparu.

Pour les autres, je les tiens à votre disposition ou plutôt je les ferai parvenir sous peu au Ministère des Colonies, où vous pourrez les réclamer avec une procuration de la famille.

Sur ces entrefaites parut dans un journal de Toulouse *, sous la signature de Marius-Ary Leblond, un très intéressant article ayant pour titre : *La vie anarchiste d'un artiste*, — anarchiste, disons-le tout de suite, qui était Gauguin. Daniel de Monfreid crut devoir, par la voie du même journal, rectifier quelques assertions inexactes qui y étaient contenues et profita de cette circonstance pour donner libre cours à son indignation contre un ensemble de louches personnages qu'il suspectait d'avoir acculé Gauguin au désespoir, avec, peut-être, l'arrière-pensée de profiter de ses dépouilles. Il est à noter, du reste, qu'à cette époque personne en Europe ne savait exactement ce qui avait pu se passer lors de la mort de l'artiste et que ses amis eux-mêmes en étaient, comme le public, réduits aux conjectures.

Le fougueux polémiste ne se doutait pas des foudres qui grondaient sur sa tête. Un habitant de Papeete, se jugeant visé par lui, bien qu'il n'eût été désigné, ni par son nom, ni par sa profession, ni par sa qualité, adressa au collaborateur accidentel de *La Dépêche* une véhémente protestation qui, malgré sa longueur, mérite d'être reproduite dans son intégralité :

Papeete, le 25 février 1904.

Monsieur,

J'ai lu, il y a quelques semaines, dans le numéro du 10 octobre 1903 du journal *La Dépêche*, la reproduction d'une

---

* *La Dépêche*, numéro du 1er octobre 1903.

lettre signée de vous et adressée à M. Ary Leblond au sujet de la mort récente du peintre Paul Gauguin, votre ami. Cette lettre, outre un panégyrique pompeux de Gauguin, que je ne me permettrai pas d'apprécier, contient une série de calomnies à l'adresse de la population tahitienne et en particulier de quelques fonctionnaires. Vous accusez tout simplement les gens d'ici d'avoir mis au pillage la maison de ce pauvre Gauguin, maison qui devait, à n'en pas douter, renfermer d'inestimables trésors d'art. Comme il n'y avait rien, presque rien, en fait d'œuvres d'art, vous en concluez intelligemment qu'on a dû les voler. Vous allez même plus loin et vous laissez entendre qu'un si grand homme ne pouvait mourir subitement et qu'il a dû être *supprimé* par une bande de *flibustiers* ou de *gredins ameutés*. Je n'avais fait grande attention tout d'abord à ces malveillantes insinuations, estimant qu'un complet mépris était la seule réponse qu'elles méritassent. Mais il paraît que l'affaire prend des proportions et que vos méchancetés tendent à s'accréditer auprès du public. C'est ce qui me décide à vous répondre, quoique je ne sois pas fonctionnaire, parce que j'ai assumé moi-même une certaine responsabilité à cette occasion, comme vous allez le voir. Lorsque les objets provenant de la succession de Gauguin arrivèrent à Papeete, M. Vermersch, receveur de l'Enregistrement, me pria en qualité d'artiste peintre (professeur de dessin, élève de Luc-Olivier Merson) de vouloir bien inventorier avec lui les peintures, dessins et sculptures de Gauguin. J'acceptai volontiers, alléché par la réputation de l'artiste et par le vif désir de contempler des œuvres d'art, joie bien rare ici. Notre désillusion fut grande, à M. Vermersch et à moi, de ne trouver que six ou sept esquisses peintes sur des toiles d'emballage, sans cadres ni châssis pour la plupart, pour la plupart écaillées, craquelées, incapables d'être convenablement emballées et de supporter le voyage. Le tout au milieu d'un monceau de paperasses informes, croquis vagues, obscénités, ébauches de sculptures, dans un état de saleté invraisemblable. Il est certain que Gauguin lui-même n'attachait aucun prix à ces œuvres, et notre opinion a été confirmée dans ce sens lorsque nous avons appris qu'il avait fait récemment un envoi en France par l'entremise de la *Société commerciale de l'Océanie*, société allemande auprès de qui vous pourrez, si vous voulez, contrôler l'exactitude de mes paroles.

Je passai toute une après-midi à classer les dessins, esquisses et paperasses dont je vous ai parlé et dont une grande quantité, plus ou moins froissés et maculés de taches douteuses, furent mis aux ordures, c'est-à-dire à leur place. Le reste, à peine plus présentable, fut mis en vente, ainsi que les peintures, sculptures, livres, etc., et fut adjugé à quelques amateurs sérieux ou à des jeunes gens amusés par les obscénités dues à ce que vous appelez la *géniale mentalité* de Gauguin et que j'appelle, moi, son imagination malpropre.

Je tiens à vous relater un incident assez curieux qui s'est produit pendant cette vente. Une personne acheta un livre et le feuilleta, rentrée chez elle. Quelle ne fut pas sa stupéfaction d'y trouver, entre deux feuillets, plusieurs billets de banque. Je m'empresse de vous rassurer sur leur compte et de vous dire que l'acquéreur est venu tout bonnement les restituer à M. Vermersch *. Voilà bien la *lamentable curée de gredins ameutés* dont vous parlez, et je vais sans doute vous étonner en vous disant que cet honnête homme n'est pas devenu pour cela un objet de curiosité, cette sorte de gens étant probablement aussi répandue à Tahiti que dans les Pyrénées-Orientales.

Je veux également vous rassurer sur la mort de Gauguin; il n'a pas été *supprimé*, comme vous le supposez, ou, s'il l'a été, ce n'est pas par ceux qui *convoitaient ses dépouilles*, car personne ne les convoitait, ce ne peut être que par quelque maladie sale, qu'il avait sans doute traitée par le mépris, comme il avait l'habitude de traiter tout le monde.

Vous dites que Gauguin était venu à Tahiti avec une somme assez ronde, et je suis étonné que vous ne nous accu-

---

* Une lettre de la reine Marau Taaroa Salmon nous a appris que cet honnête acquéreur était le docteur Chassagnol.

Gauguin, non par négligence, mais pour dépister un cambrioleur éventuel, avait placé dans une enveloppe 180 francs en billets du Trésor et les avait glissés entre les pages d'une livraison du *Mercure de France*.

siez pas de l'avoir volé. Je veux bien croire qu'il était riche en arrivant, puisque vous le dites, et que vous dites toujours la vérité, mais je sais qu'il a vécu longtemps aux frais de quelques personnes bienveillantes, parmi lesquelles des fonctionnaires, qu'il s'est empressé de vilipender pour leur bien prouver sa reconnaissance.

Je ne vous conseille pas de faire une enquête pour savoir l'emploi qu'il a pu faire de la *somme assez ronde*, vous pourriez vous trouver nez à nez avec de curieuses révélations plutôt réalistes et très capables de ternir l'auréole de sa *géniale mentalité*.

Vous allez m'accuser sans doute d'obéir à un sentiment de jalousie en écrivant ces lignes, ou dire qu'ayant l'intelligence trop pauvre pour apprécier le talent de Gauguin, je suis bien aise de médire de lui maintenant qu'il est mort. J'ai l'âme plus généreuse et je suis trop respectueux de tout effort artistique, trop amateur de toute tendance personnelle, pour ne pas accorder à l'artiste que fut Gauguin l'admiration qu'il mérite.

Avec l'espoir que vous voudrez bien changer d'opinion sur le compte des habitants de Tahiti et cesser de les salir de vos calomnies, je vous prie d'agréer mes sincères salutations.

C. LE MOINE.

Papeete.

L'incident fut clos par une spirituelle réponse de Daniel de Monfreid, qui souhaita à l'honorable professeur les palmes académiques [*].

Les quelques tableaux dépendant de la succession Gauguin, qui furent mis en vente à Papeete, furent acquis par plusieurs amateurs, au nombre desquels figuraient l'enseigne de vaisseau Cochin, fils du député de Paris, le docteur Segalen, médecin de marine, le docteur Brunatti, médecin des colonies,

1. La correspondance adressée par Gauguin à Daniel de Monfreid a été publiée sous ce titre : *Lettres de Paul Gauguin à Georges-Daniel de Monfreid*, Paris, Éditions G. Crès et Cie, 1919.

le poète Saint-Pol Roux (par l'intermédiaire du docteur Segalen), enfin M. Piétri, juge à Tahiti.

La palette du peintre, hérissée de monticules multicolores qui la rendaient semblable à une carte en relief, fut recueillie par le docteur Segalen, lequel en fit don plus tard à Daniel de Monfreid.

La canne sculptée, dans le bois de laquelle était enchâssée une perle, fut achetée par M. Lévy, marchand de perles à Tahiti. Une autre canne, représentant un couple enlacé, avait été — par pudeur — brisée par un gendarme à Atouana. Certain professeur avait fait école. La « Maison du Jouir », qui avait coûté à Gauguin de fortes sommes, fut adjugée avec les terrains qui en dépendaient à un commerçant de nationalité américaine.

Et maintenant Gauguin repose, à l'abri de toute lutte, dans le petit cimetière particulier de l'évêché des Marquises.

Par une étrange coïncidence, le même prélat avec lequel le peintre avait, dès son arrivée dans l'île, vécu dans un état voisin de l'hostilité, intervint, sans en être prié, pour célébrer ses funérailles. L'artiste, qui lui tenait rigueur pour immixtion dans sa vie privée, l'avait sculpté, dans un morceau de bois de rose, en une effigie caricaturale, qu'il érigea dans son jardin, en avant de sa case. Une statuette féminine, — charmante femme, fleurs dans les cheveux, — qu'il baptisa Thérèse, faisait pendant au « diable cornu ».

Le dieu Atua, de son côté, miné par les orages, ne survécut pas à son créateur :

Les dieux sont morts et Atuana meurt de leur mort.
Le soleil, autrefois qui l'enflammait, l'endort
D'un sommeil triste...

Ce n'est pas seulement en Europe que la vie de Gauguin fut dénaturée par de stupides légendes. Il suffit, pour être fixé à ce sujet, de prendre connaissance de la lettre suivante, à laquelle nous nous ferions scrupule de changer un mot :

Papeete, 18 février 1905.

Monsieur C.,

Les renseignements que nous avons pu avoir sur M. Paul Gauguin sont assez vagues. Il y a longtemps déjà qu'il a débarqué à Tahiti. Il faisait des tableaux et de la caricature. Entre temps il était allé à San-Francisco vendre des œuvres et en avait retiré 30.000 francs, qu'il a tout mangé à Tahiti. Depuis il a végété et est devenu « imbécile » dans le vrai sens du mot. Il s'était construit une cabane qu'il avait décorée à sa manière. Sur tous les bois il avait sculpté des monstres, figures impossibles, mais surtout très laides. Le tout peint en rouge vif. Il s'était fait un autel, un dieu dessus; puis tous les jours il faisait là ses dévotions. Il se prosternait devant l'idole, récitait des prières en plein air et apostrophait le soleil.

Il a vécu longtemps dans cet état, puis un beau jour il est parti pour les Marquises où il est mort. Les soucis d'argent, les femmes et la *boisson* surtout l'ont mené à cette triste fin. Il devait beaucoup.

X

L'ESTHÉTIQUE DE GAUGUIN

Si jamais peintre fut de son vivant à peu près unanimement incompris du public, on peut dire que ce fut Gauguin. Et par public il convient d'entendre, non seulement la foule, masse complexe plus ou moins fermée aux sensations d'art, mais encore le bataillon compact des critiques. Plusieurs qui, de très bonne foi, s'imaginaient avoir édifié sur des bases certaines la charpente de leurs commentaires, virent, comme au souffle du vent, s'effondrer devant les écrits du maître le fragile décor qu'ils avaient échafaudé.

Plus de synthèse, plus de symboles, plus de systèmes. Des idées larges et saines, discutables peut-être en quelques points, mais admettant en Art la plus complète indépendance. C'était le retour à la vraie tradition, faussée par la puérile interprétation des écoles, la restauration d'un art mâle et expressif, la fin du Beau de convention, fils des Académies, l'effondrement du joli, du gracieux, du maniéré, la proscription des formes correctes et froides établies suivant un immuable canon, la faillite de la photographie et des procédés scientifiques. C'était, en un mot, la liberté pour chacun, non de copier, mais d'interpréter à sa guise, en dehors de tout dogme et de toutes formules.

Ces théories vraies, qu'ignorait le public et qu'entrevoyaient quelques amis personnels du peintre, ne furent pas affirmées par lui à Paris en un corps de doctrines précis. Gauguin était peu loquace et parlait par aphorismes, ponctués de silence. Procédant par affirmations plutôt que par raisonnement, il n'aimait pas argumenter. Devant une contradiction audacieuse, il fixait sur l'imprudent esthète certain regard torve et fixe dans l'oblique, qui avertissait celui-ci, par de fauves lueurs, que le petit-fils de Chazal veillait. Et si, sans le contredire, l'interlocuteur se permettait simplement d'insister quand il ne plaisait plus au peintre de parler, un silence significatif s'opérait, ou bien Gauguin changeait le sujet de la conversation.

Comment, de ce mutisme peut-être systématique, tirer des explications nettes et des aperçus dogmatiques? C'était, à vrai dire, pour la critique amie — nous ne parlons pas de l'autre — une nécessité d'improviser, nécessité qui explique bien des commentaires aventurés, ayant du reste, à défaut d'exactitude, l'incontestable mérite de la forme et du style.

Le principal écrit dans lequel Gauguin ait, avec suite, formulé les principes de son esthétique, fut rédigé, en septembre 1902, à Atouana. Sous le titre de : *Racontars d'un rapin*, l'artiste y fait le procès de la critique contemporaine, y juge en peintre les plus illustres de ses confrères et émet avec netteté un ensemble de doctrines qui jettent sur son œuvre une lumière inattendue *.

---

* Nous nous sommes fait un devoir de reproduire, dans ce chapitre, les paroles mêmes de l'artiste.

La critique, dit-il, est notre censure. Directeur des Beaux-Arts, inspecteurs, critiques : gens de lettres. Directeurs ou conservateurs des musées : politiciens. Je vais essayer de parler peinture, non en homme de lettres, mais en peintre. La critique d'hier n'a convaincu personne. Elle a soutenu l'Académie, créé des galons, des médailles, vendait, en somme, la gloire assez bon marché, tandis que la critique d'aujourd'hui, ce n'est plus le vulgaire journal parlant des peintres comme des pastilles Géraudel, c'est une revue sérieuse, dogmatisant à loisir.

C'est l'Autocratie.

Relisant la critique d'une année, il en ressort :

La peinture naturaliste — un dogme ;
La peinture noire — un dogme ;
La peinture grise — un dogme ;
La peinture impressionniste — un dogme ;
La peinture néo-impressionniste — un dogme ;
La peinture scientifique — un dogme ;
La peinture symbolique — un dogme.
Etc., etc.

M. Brunetière, au banquet Puvis de Chavannes, représentait la critique d'Art. Il parla : « Monsieur Puvis, j'ai à vous féliciter d'avoir fait de la grande peinture avec des couleurs atténuées, sans vous être laissé entraîner aux couleurs voyantes ». Ce fut tout, mais assez. Apercevez-vous le dogme de la peinture claire, sans couleurs ?

Le « grand » Albert Wolff dit de Besnard : « Besnard est le dernier survivant des grands peintres, qui connaissaient la composition. Il est un des rares qui savent le dessin et, à fond, tout le métier. » De quel droit ce critique vient-il parler de science ? Sait-il où commence le dessin et où il finit ? Où a-t-il appris tout cela ?

Savoir dessiner n'est pas dessiner bien. Examinons cette fameuse science du dessin. Mais c'est une science que savent tous les prix de Rome, et même ceux qui, ayant concouru, sont sortis bons derniers, science que tous sans exception apprennent en quelques années facilement, sans efforts, tout en cultivant les brasseries et les lupanars, — y compris l'histoire biblique, qui permet à tout jamais de faire de grandes compositions.

Un peintre qui n'a jamais su dessiner, mais qui dessine bien, c'est Renoir. Je cite celui-là parce qu'il figurait à côté de Besnard, chez Durand-Ruel (Exposition des Orientalistes). Chez Renoir, rien n'est en place. Ne cherchez pas la ligne. Elle n'existe pas. Comme par magie, une jolie lèche de couleur, une lumière caressante parlent suffisamment.

Si l'on examine l'art de Pissarro dans son ensemble, malgré ses fluctuations, on y trouve non seulement une excessive volonté artistique, qui ne se dément jamais, mais encore un art essentiellement intuitif de belle race. Si loin que soit la meule de foin, là-bas sur le coteau, Pissarro sait se déranger, en faire le tour, l'examiner. Il a regardé tout le monde, dites-vous? Pourquoi pas? — Tout le monde l'a regardé aussi, mais le renie. Ce fut un de mes maîtres, et je ne le renie pas.

Vous n'avez pas la prétention d'avoir découvert Cézanne. Aujourd'hui vous l'admirez. Cézanne ne vient de personne. Il se contente d'être Cézanne. Il a regardé Rembrandt et le Poussin avec compréhension.

Burne-Jones se débat sans victoire entre le chaud soleil d'Italie et les brouillards d'Angleterre. Les rêves, nés aux brouillards, se dissipent au soleil d'Italie, et il ne reste rien que du spiritisme aux vagues couleurs.

Pour Whistler, Paris fut un enseignement. Il sait ce que c'est que Courbet, Degas ou Manet, mais comme enseignement, seulement à titre d'indication, car il est Anglais. Tel un orgueilleux lord. Celui-là est un maître.

Je ne sais pourquoi je n'ai pas besoin de savoir ce qui se passe dans l'âme de Carrière. Son âme lui appartient. Ce ne sont plus, dites-vous, que des apparitions. Peut-être que, devenu plus maître de lui-même, il s'exprime encore plus simplement.

On me dit que je ne suis pas Rembrandt, Michel-Ange. Puvis de Chavannes. Mais, je le sais bien. Pourquoi me le

dire? Ne dirait-on pas qu'on les remue à la pelle? Et le
critique est-il Rembrandt, Michel-Ange, Puvis de Chavannes?

Il y a une vingtaine d'années, le *Pauvre pêcheur* et l'*Enfant prodigue* moisissaient, rue de la Paix, chez Durand-Ruel,
sans pouvoir se vendre même à des prix modestes. En ce
temps, M. Brunetière, prudent, ne disait mot. Que faisait
donc l'intelligence humaine à cette époque? Pourquoi aujourd'hui se serait-elle réveillée?

Autre chose, qui a son importance en tant que critique.
C'est cette recherche continuelle de parenté, de paternité,
entre artistes. Ne serait-ce pas cette manie qu'ont les hommes
de lettres d'aller se chamailler devant les tribunaux pour
l'idée première? Et cette manie se communique aux peintres,
qui soignent leur originalité, comme les femmes leur beauté.
Et puis, c'est si commode de s'écrier : « Tartempion récolte
le fruit de toutes mes recherches. Il m'a volé. Je n'ai plus
rien. »

Non! mille fois non! L'artiste ne naît pas tout d'une pièce.
Qu'il apporte un nouveau maillon à la chaîne commencée,
c'est déjà beaucoup. Les idées sont comme les rêves, un
assemblage plus ou moins formé de choses ou de pensées
entrevues. Sait-on bien d'où elles viennent?

Et l'artiste se reconnaît à la qualité de la transposition.
La peinture n'est pas de la musique, dira-t-on. Mais peut-
être y a-t-il analogie.

Jean Dolent, l'amoureux d'Art, qui, sans en avoir l'air,
comprend beaucoup de choses, semble le comprendre aussi
quand il dit : *Des harmonies, que n'explique pas l'immédiat
voisinage...*

Soyez persuadé que la peinture colorée entre dans une
phase musicale. Cézanne, pour citer un ancien, semble être
un élève de César Franck. Il joue du grand orgue constamment, ce qui me faisait dire qu'il était polyphone. Chez
celui qui fait un tableau, il y a des émotions qui ne peuvent
se concréter aux yeux du public. Tout au plus le pâle reflet
d'un mystère. Les émotions du peintre ou sculpteur, du
musicien, sont d'un tout autre ordre que celles de l'art lit-

téraire, — dépendant de la vue, de l'ouïe, de la nature instinctive de l'artiste, de ses luttes avec la matière.

Poursuivons, en y prêtant toute l'attention qu'elle comporte, l'instructive lecture :

Au début du xix⁰ siècle, l'Art n'est plus une langue comme autrefois, dans chaque pays, avec le souvenir des belles traditions. C'est en quelque sorte un *volapük* formé avec des recettes. Un langage unique, enseigné par des professeurs brevetés, donnant l'assurance du parfait et d'une immense médiocrité. Ce *volapük* se parle encore et fait loi. Commode pour les médiocres, il devait être, par contre, pour les hommes de génie un terrible tourment. Entre autres pour Delacroix, toujours en lutte avec l'École et son tempérament. De là cette sentence toujours prononcée à l'École des Beaux-Arts : *Delacroix est un grand coloriste, mais il ne sait pas dessiner.*

Parallèlement à lui, Ingres, volontaire, obstiné, sentant aussi l'incohérence d'un pareil langage, se mit tout simplement à reconstruire une langue logique et belle, à son usage, un œil sur la Grèce et l'autre sur la nature. Comme, chez Ingres, le dessin était la ligne, on s'aperçut moins du changement. Personne ne le comprit autour de lui, même son élève Flandrin, qui ne parla jamais que le *volapük* et qui, pour cela même, passa pour être le maître, tandis que Ingres fut relégué au dernier plan.

Entre Ingres et Cimabué, il y a des points communs. Entre autres, le ridicule — le Beau ridicule — ce qui ferait dire : Il n'y a rien qui ressemble à une croûte comme un chef-d'œuvre. Et *vice versa.*

Ingres mourut, mal enterré probablement, car il est aujourd'hui tout à fait debout, non plus comme un officiel, mais tout à fait en dehors. Il ne pouvait être l'homme des majorités.

Dieu merci, il y eut [aussi] Corot, Daumier, Courbet, Manet, Degas, Puvis de Chavannes, et quelques autres.

Après les événements de 1870, avec l'esprit du journalisme, la peinture devint des *faits divers*, du calembour, du feuilleton. Avec la photographie vinrent la promptitude, la facilité et l'exactitude du dessin.

Et de nouveau Ingres se trouva par terre.

Voilà donc, sommairement indiqué, où en était l'Art, il y a vingt-cinq ans, malgré les exceptions : une vaste prison, mais aussi un *lupanar* obligatoire.

A Saint-Denis, les rois ont leur tombe. Les peintres ont le Luxembourg.

Où cela devient une page d'histoire de l'Art, c'est quand on va au Panthéon. Inconsciemment, sans doute, l'État a mis en regard toutes les sommités officielles devant un seul homme. Les hordes d'Attila, vaincues et charmées par la petite Geneviève, ne sont point dans les tableaux. Les barbares sont les peintres eux-mêmes.

Je crois que ce fut vers 1872 que parut la première Exposition d'un petit groupe désigné depuis sous le nom d'*Impressionnistes*. Des loups, assurément, puisque sans collier. Presque classiques, bien simples cependant, leurs tableaux parurent bizarres. On ne sut jamais pourquoi. Et ce fut un fou rire.

Je ne ferai pas leur histoire. Tout le monde la connaît. Je la signale seulement pour constater un des plus grands efforts intellectuels qui aient été faits en France, par quelques-uns seulement, avec leur seule force, le talent, en lutte avec une puissance formidable, qui était l'Officiel, la Presse et l'Argent.

Mais ce ne fut que le triomphe artistique d'une certaine peinture, tombée aujourd'hui plus ou moins adroitement dans le domaine public, exploitée par l'Étranger, par quelques marchands et quelques collectionneurs spéculateurs. Mais aussi c'est une École (encore une École), avec tout l'esclavage qu'elle entraîne. C'est un dogme de plus.

Il y en a qui les aiment, puisque les Néo-impressionnistes vinrent à la suite essayer un autre dogme, peut-être encore plus terrible, puisqu'il est scientifique et mène tout droit à la photographie en couleurs, — je parle du dogme, et non des peintres néo-impressionnistes, qui ont beaucoup de talent. Ils devraient se souvenir que ce n'est pas le système qui constitue le génie.

... Il était donc nécessaire, tout en tenant compte des efforts faits et de toutes les recherches, même scientifiques, de songer à une libération complète, briser les vitres, au risque de se couper les doigts, quitte à la génération suivante, désormais indépendante, dégagée de toute entrave, à résoudre génialement le problème.

Je ne dis pas *définitivement*, car c'est justement un art sans fin dont il est question, riche en technique de toutes sortes, apte à traduire toutes les émotions de la nature et de l'homme.

Il fallait pour cela se livrer corps et âme à la lutte, lutter contre toutes les Écoles, toutes sans distinction, non point en les dénigrant, mais par autre chose, affronter non seulement l'Officiel, mais encore les Impressionnistes, les Néo-impressionnistes, l'ancien et le nouveau public; ne plus avoir de femme, d'enfants, qui vous renient. Qu'importe l'injure? Qu'importe la misère? Tout cela, en tant que conduite d'homme.

En tant que travail, une méthode — de contradiction, si l'on veut. S'attaquer aux plus fortes abstractions, faire tout ce qui était défendu, et reconstruire plus ou moins heureusement, sans crainte d'exagérations, avec exagération même. Apprendre à nouveau, puis, une fois su, apprendre encore. Vaincre toutes les timidités, quel que soit le ridicule qui en rejaillît.

Devant son chevalet, le peintre n'est esclave, ni du passé, ni du présent, ni de la nature, ni de son voisin.

Lui, encore lui, toujours lui.

Cet effort, dont je parle, fut fait il y a environ une vingtaine d'années, sourdement, en état d'ignorance, puis il alla s'affermissant.

Que chacun s'attribue l'enfantement de l'œuvre. Qu'importe!

Rien ne vient par hasard. Ce n'est pas par hasard qu'à un moment donné est survenue toute une jeunesse étonnante d'intelligence, d'art varié, semblant chaque jour résoudre tous les problèmes auxquels on ne songeait pas auparavant. C'est que la Bastille, qui faisait peur, était démolie. C'est que l'air libre était bon à respirer.

A la suite du manuscrit de *Noa Noa* se lisent, avec les *Racontars d'un rapin*, *Diverses Choses* : « Notes éparses, sans suite, comme les rêves, comme la vie faite de morceaux. »

Plusieurs de ces écrits permettent de préciser les principes sur lesquels s'appuyait l'esthétique de Gauguin : « Si œuvre d'art était œuvre de hasard, dit le peintre lui-même, ces notes seraient presque inutiles. »

La forme ou le dessin, infiniment riche en vocables, y peut exprimer tout, et cela noblement, soit par la ligne exclusivement, soit par des tons qui modèlent * et par suite simulent la couleur. A une autre époque, Rembrandt, avec génie, a fait croire à la couleur, tandis que Holbein, l'Allemand, Clouet, le Français, se servirent de la ligne exclusivement. Au XIXe siècle, Ingres reste debout. Tous ceux-là eurent la victoire.

Mais pourquoi à ces belles formes ne pas ajouter un autre élément, la couleur, qui compléterait, qui enrichirait, rendrait le chef-d'œuvre encore plus chef-d'œuvre ? Je ne m'y oppose pas, mais je ferai remarquer qu'en ce sens ce n'est pas un autre élément, c'est le même. Ce serait, en quelque sorte, de la sculpture colorée **.

Que le *Moïse* de Michel-Ange soit d'un ou plusieurs tons, la forme est toujours la même. Vélasquez, Delacroix, Manet, ont fait de la belle couleur, mais, encore une fois, leurs chefs-d'œuvre ne donnent que des sensations directes de dessin. Ils ont dessiné avec des couleurs. Et Delacroix croyait combattre pour la couleur, tandis qu'au contraire il travaillait pour la victoire du dessin. Ses lithographies,

---

* L'objet.
** Un équivalent de la sculpture colorée.

les photographies de ses tableaux donnent de lui tout son
bagage...

Vinrent les Impressionnistes. Ceux-là étudièrent la couleur exclusivement en tant qu'effet décoratif, mais sans
liberté, conservant les entraves de la vraisemblance. Pour
eux le paysage rêvé, créé de toutes pièces, n'existe pas. Ils
regardent et ils voient harmonieusement, mais sans aucun
but. Leur édifice ne fut bâti sur aucune base sérieuse, fondée
sur la raison des sensations perçues au moyen de la couleur.

Ils cherchèrent autour de l'œil, et non au centre mystérieux de la pensée, et de là tombèrent dans des raisons
scientifiques... Ce sont les officiels de demain, autrement
terribles que les officiels d'hier... Cet Art (l'Art de ces derniers) a été jusqu'au bout, a produit et produira encore des
chefs-d'œuvre. Tandis que les officiels de demain sont dans
une barque vacillante, mal construite et inachevée... Quand
ils parlent de leur Art, quel est-il? Un art purement super-
ficiel, tout de coquetterie, purement matériel. La Pensée
n'y réside pas.

...Mais vous avez une technique, me dira-t-on?

Non, je n'en ai pas. Ou plutôt, j'en ai une, mais très vaga-
bonde, très élastique, selon les dispositions où je me lève
le matin, technique que j'applique à ma guise pour exprimer
ma pensée, sans tenir compte de la vérité de la Nature, apparente extérieurement. On croit à cette heure... avoir tout
dit en tant que moyens techniques de peindre. Eh bien,
moi! je ne crois pas, si j'en juge par de nombreuses observations que j'ai faites et mises en pratique. Or, si je crois
avoir trouvé beaucoup, je dois en conclure logiquement
qu'il en reste encore beaucoup à trouver par messieurs les
peintres. Et ils trouveront.

... Chacun, la lorgnette à la main, examine le ton juste,
et, avec dextérité, applique sur la toile dans des casiers
préparés à l'avance la vraie couleur, la couleur vraie qui
est là devant ses yeux quelques instants, en atténuant un
peu, — mieux vaut se tromper en moins qu'en plus. L'exagération est un crime, tout le monde sait cela. — Mais qui
pourra affirmer la vérité de ces couleurs, à cette heure, à

cette minute, à laquelle personne n'a assisté, même le peintre,
qui a oublié la minute d'auparavant? Tout cet amas de
couleurs justes est sans vie, glacé. Effrontément et stupide-
ment, il ment.

... J'ai observé que le jeu des ombres et des lumières ne
formait nullement un équivalent coloré d'aucune lumière *...
La richesse d'harmonie, d'effet, disparaît, est emprisonnée
dans un moule uniforme.

Quel en serait donc l'équivalent ** ? La couleur pure! Et
il faut tout lui sacrifier. Un tronc d'arbre, de couleur locale
gris bleuté, devient bleu pur. De même pour toutes les
teintes. L'intensité de la couleur*** indiquera la nature de
chaque couleur ****. Par exemple, la mer bleue aura un
bleu plus intense que le tronc d'arbre gris, devenu bleu
pur, mais moins intense *****. Voilà la vérité du Mensonge.

La couleur, étant elle-même énigmatique dans les sensations qu'elle nous donne, on ne peut logiquement l'employer
qu'énigmatiquement, toutes les fois qu'on s'en sert, non
pour dessiner, mais pour donner les sensations musicales
qui découlent d'elle-même, de sa propre nature, de sa force
intérieure, mystérieuse, énigmatique.

... Il y a aujourd'hui quelques jeunes peintres de beaucoup de talent, intelligents (trop, peut-être), mais pas assez
instinctifs, pas assez sensibles. Ils n'osent se débarrasser
des entraves (il faut bien gagner sa vie). Ils illustrent une
littérature nouvelle, comme autrefois on illustrait la littérature ancienne, avec les mêmes moyens, sans les forces
musicales de la couleur... D'eux-mêmes ils n'ont rien trouvé,
et de tout ce qui précède sur la couleur, ils n'ont eu aucun
enseignement. Pas de maître! C'est le mot d'ordre... Des
tableaux, qui signalent la doctrine, sont là devant leurs

---

* En d'autres termes, que la couleur appliquée sur des ombres et des
lumières ne produit pas une lumière colorée. L'effet de lumière et d'ombre
annihile, suivant Gauguin, l'éclat de la couleur,

** De cette lumière colorée.

*** Sur la toile.

**** C'est-à-dire l'objet auquel elle se rapporte.

***** Que celui de la mer.

yeux, mais, comme dit le prophète : *Ils ne peuvent lire : le livre est cacheté.*

Je parle ici, dans le temple, — disait Gauguin, quelques pages plus haut — aux délicats et à ceux qui veulent écouter, et non discuter ce qu'ils ne savent pas.

Les modèles, pour nous autres artistes, ne sont que des caractères d'imprimerie qui nous aident à nous exprimer.

Je crois que l'homme a certains moments de jeu, et les choses enfantines sont loin d'être nuisibles à son œuvre sérieuse, lui donnant une empreinte douce, gaie et naïve... Les machines sont venues, l'Art s'est en allé, et je suis loin de penser que la photographie nous soit propice. — « Depuis l'instantané, disait un amateur de cheval, le peintre a compris cet animal, et Meissonier, cette gloire française, a pu donner toutes les attitudes de ce noble animal. » Quant à moi, je me suis reculé bien loin, plus loin que les chevaux du Parthénon... jusqu'au dada de mon enfance, le bon cheval de bois.

Je me suis mis aussi à fredonner la douce musique des scènes d'enfants de Schumann, puis encore je me suis attardé aux nymphes de Corot, dansant dans les bois de Ville-d'Avray. Ce délicieux Corot, sans aucune étude de danse à l'Opéra, tout naïvement, du reste, et de bonne foi, sut les faire danser, toutes ces nymphes, et dans les horizons brumeux transformer tous les cabanons de la banlieue de Paris en vrais temples païens. Il aimait à rêver, et, devant ses tableaux, je rêve aussi.

Hommes de science, pardonnez à ces pauvres artistes restés toujours enfants... L'œuvre d'art, pour celui qui sait voir, est un miroir où se reflète l'état d'âme de l'artiste. Quand je vois un portrait peint par Vélasquez, par Rembrandt, je vois peu les traits du visage représenté, tandis que j'ai la sensation intime du portrait moral de ces peintres. Vélasquez est essentiellement royal. Rembrandt, le magicien, essentiellement prophète.

Courbet fit cette belle réponse à une dame qui lui demandait ce qu'il pensait devant un paysage que celui-ci était en train de peindre : — Je ne pense pas, Madame, je suis ému.

Avec les maîtres, je cause. Leur exemple fortifie. En tentation de péché, je rougis devant eux.

Je me plais à m'imaginer Delacroix venu au monde trente ans plus tard et entreprenant la lutte *que j'ai osé entreprendre*, avec sa fortune et surtout son génie. Quelle Renaissance aurait lieu aujourd'hui !

Le baron Gros, qui avait beaucoup d'affection paternelle pour Delacroix, admirait un jour le *Massacre de Scio* presque terminé. Très étonné d'une faute de dessin, il en fit l'observation à Delacroix : —Comment, lui disait-il, pouvez-vous, à côté de si admirables morceaux, laisser un œil de face sur un visage de profil ? — Ah ! je suis bien malheureux, répondit Delacroix. Voilà plusieurs fois que je le mets convenablement, mais cela ne fait pas bien. Essayez, peut-être ce sera mieux. Et il lui tendit la palette. — Ma foi, s'écria le baron Gros, après un essai infructueux, vous avez raison. Et il effaça ce qu'il venait de faire.

Ce furent ces révoltes dans le dessin qui lui donnèrent la fausse réputation d'un mauvais dessinateur, mais d'un bon coloriste, tandis que, pour la couleur, Delacroix ne fit aucun pas en avant.

Que dire des aspects choquants que donne la perspective réelle ? Défauts moins choquants peut-être dans le paysage, où les parties qui se présentent en avant peuvent être grossies même démesurément, sans que le spectateur en soit aussi blessé que quand il s'agit de figures humaines. Corrigez dans un tableau cette inflexible perspective qui fausse la vue des objets à force de justesse. Devant la nature ellemême, c'est notre imagination qui fait le tableau. Ce qui fait l'infériorité de l'art moderne, c'est la prétention de tout rendre. L'ensemble disparaît, noyé dans les détails. Et l'ennui en est la conséquence.

Il y a une impression qui résulte de tel arrangement de couleurs, de lumières, d'ombres. C'est ce qu'on appellerait la musique du tableau. Avant même de savoir ce que le tableau représente — vous entrez dans une cathédrale, et vous vous trouvez placé à une distance trop grande du tableau pour savoir ce qu'il représente — et souvent vous êtes pris par cet accord magique. C'est ici la vraie supériorité de la peinture sur l'autre art, car cette émotion s'adresse à la partie la plus intime de l'âme. La grandeur des maîtres de l'Art ne consiste pas dans l'absence des fautes. Leurs fautes ou plutôt leurs oublis sont autres que ceux du commun des artistes. Les poétiques, les critiques veulent toujours, dans les ouvrages des grands maîtres, attribuer à la perfection de quelques qualités secondaires ce qui est l'effet de cette faculté unique. Ils vantent le dessin de Raphaël, le coloris de Rubens, le clair-obscur de Rembrandt. Non, mille fois non, ce n'est pas là la vérité.

Y a-t-il une recette pour faire le Beau? Les écoles donnent des recettes, mais elles n'enfantent pas d'ouvrages qui fassent dire : « Que c'est beau! »

J'estime que l'Art est toujours sérieux. Quel qu'en soit le sujet, la caricature cesse d'être caricature du moment même où cela devient de l'Art. *Candide* n'est pas une œuvre légère, et Voltaire, en cet écrit, agit comme Daumier. Chez Forain, il y a du Louis Veuillot.

Trois caricaturistes :

Gavarni élégamment plaisante.

Daumier sculpte l'ironie.

Forain distille la vengeance.

Gauguin a lui-même exposé, en une fantaisiste parabole, les éléments de sa technique propre :

Ce fut à l'époque de Tamerlan, je crois, en l'an X avant ou après Jésus-Christ. Qu'importe? Souvent précision nuit au rêve, décaractérise la fable. Là-bas, du côté où le soleil se lève, ce qui fit appeler cette contrée le Levant, en un bosquet odorant, quelques jeunes gens au teint basané, mais aux cheveux longs, contrairement aux usages de la foule soldatesque, indice de la future profession, se trouvaient réunis.

Ils écoutaient, je ne sais si respectueusement, le grand professeur Mani-Vehni-Zunbul-Zadi, le peintre donneur de préceptes. Si vous êtes curieux de savoir ce que pouvait dire cet artiste des temps barbares, écoutez.

Il disait :

Employez toujours des couleurs de même origine *. L'indigo est la meilleure base. Il devient jaune, traité par l'esprit de nitre, et rouge, dans le vinaigre. Les droguistes en ont toujours. Tenez-vous-en à ces trois colorations **.

Avec de la patience vous saurez ainsi composer toutes les teintes.

Laissez le fond du papier éclaircir les teintes et faire le blanc, mais ne le laissez jamais absolument nu. Le linge et la chair ne se peignent que si on a le secret de l'art. Qui vous dit que le vermillon clair est la chair, et que le linge s'ombre de gris *** ? Mettez une étoffe blanche à côté d'un chou ou d'une touffe de roses, et vous verrez si elle sera teintée de gris.

Rejetez le noir, et ce mélange de blanc et de noir qu'on nomme le gris. Rien n'est noir, rien n'est gris. Ce qui semble gris est un composé de nuances claires qu'un œil exercé devine.

Qui peint n'a point pour tâche, comme le maçon, de bâtir, le compas à la main, une maison sur le plan fourni par l'architecte. Il est bon, pour les jeunes gens, d'avoir un modèle, mais qu'ils tirent le rideau sur lui pendant qu'ils peignent.

Mieux est de peindre de mémoire. Ainsi votre œuvre sera vôtre ; votre sensation, votre intelligence et votre âme survivront alors à l'œil de l'amateur. Il va dans son écurie quand il veut compter les poils de son âne et déterminer la place de chacun.

Qui vous dit qu'on doit chercher l'opposition des couleurs ?

Quoi de plus doux pour l'artiste que de faire discerner

* Chimique.

** Gauguin lui-même n'appliqua ce précepte que dans sa première manière. Depuis, sur sa palette, figuraient habituellement, de gauche à droite : l'outre-mer, le blanc d'argent, le vert émeraude, le vert véronèse, l'ocre jaune, la terre de sienne brûlée, le chrome clair, le vermillon et la laque de garance foncée.

*** Opinions reçues.

dans un bouquet de roses la teinte de chacune? Deux fleurs semblables ne pourraient donc jamais être feuille à feuille *?

Cherchez l'harmonie, et non l'opposition, l'accord et non le heurt.

C'est l'œil de l'ignorance qui assigne une couleur fixe et immuable à chaque objet. Je vous l'ai dit, gardez-vous de cet écueil.

Exercez-vous à le peindre accouplé ou ombré, c'est-à-dire voisin, ou mis derrière l'écran d'objets d'autre ou de semblable couleur que lui. Ainsi vous plairez par votre variété et votre vérité, — la vôtre.

Allez du clair au foncé et non du foncé au clair. Votre travail ne sera jamais trop lumineux. L'œil cherche à se récréer par votre travail : donnez-lui plaisir et non chagrin.

C'est au faiseur d'enseignes qu'appartient la copie de l'œuvre d'autrui. Si vous reproduisez ce qu'un autre a fait, vous n'êtes qu'un faiseur de mélanges. Vous émoussez votre sensibilité et immobilisez votre coloris.

Que chez vous tout respire le calme et la paix de l'âme. Ainsi évitez la pose en mouvement. Chacun de vos personnages doit être à l'état statique.

Quand Oumra a représenté le supplice d'Ocraï **, il n'a point levé le sabre du bourreau, prêté au Khakhan un geste de menace et tordu dans des convulsions la mère du patient. Le sultan, assis sur son trône, plisse sur son front la ride de la colère. Le bourreau, debout, regarde Ocraï comme une proie qui lui inspire pitié. La mère, appuyée sur un pilier, témoigne de sa douleur sans espoir par l'affaissement de ses forces et de son corps. Aussi une heure se passe-t-elle sans fatigue devant cette scène plus tragique dans son calme que si, la première minute passée, l'attitude impossible à garder eût fait sourire de dédain.

Appliquez-vous à la silhouette de chaque objet. La netteté du contour est l'apanage de la main qu'aucune hésitation de volonté n'affadit.

---

* C'est-à-dire placées sur la toile l'une près de l'autre, feuille contre feuille.

** Sujet fictif imaginé par l'artiste.

Pourquoi embellir à plaisir, et de propos délibéré ? Ainsi la vérité, l'odeur de chaque personne, fleur, homme, arbre, disparaît. Tout s'efface dans une même note de joli qui soulève le cœur du connaisseur. Ce n'est point à dire qu'il faille bannir le sujet gracieux, mais il est préférable de rendre comme et tel que vous voyez, que de couler votre couleur et votre dessin dans le moule d'une théorie préparée à l'avance dans votre cerveau.

Quelques murmures se font entendre dans le bosquet. Si le vent ne les eût pas emportées, on aurait pu entendre quelques paroles malsonnantes : Naturaliste !... Pompier !... Mais le vent les emporta.

Cependant Mani fronça le sourcil, appela ses élèves : Anarchistes ! puis continua :

Ne finissez pas trop. Une impression n'est point assez durable pour que la recherche de l'infini détail, faite après coup, ne nuise au premier jet. Ainsi vous en rafraîchissez la lave, et d'un sang bouillonnant, vous faites une pierre. Fût-elle un rubis, rejetez-la loin de vous.

Je ne vous dirai point quel pinceau vous devez préférer, quel papier vous prendrez et à quelle orientation vous vous mettrez. Ce sont là choses que demandent les jeunes filles à longs cheveux et à esprit court, qui mettent notre art au niveau de celui de broder des pantoufles ou de faire de succulents gâteaux.

Gravement Mani s'éloigna.

Gaiement la jeunesse s'envola.

En l'an X tout ceci se passa.

Dans un petit cahier, « dédié à sa fille Aline » et composé également de *Notes éparses*, Gauguin revient sur la question de couleur et complète ainsi l'exposé de sa méthode d'interprétation picturale :

... Un kilo de vert est plus vert qu'un demi-kilo. Il te faut, jeune peintre, méditer un peu cette prétendue La Palissade. Tu comprendras peut-être pourquoi, sur un tableau, un tronc d'arbre doit être plus bleu que dans la réalité *. Le jour où un imbécile a trouvé cette phrase de comparaison : « C'est un plat d'épinards ! » la peinture s'est décolorée pour une quarantaine d'années.

Il n'est pas inutile, à ce propos, de faire connaître que les couleurs, assez nombreuses, employées par Gauguin dans sa manière définitive, consistaient :

Comme bleus, en outremer, bleu de Prusse et cobalt.

Comme jaunes, en jaune de chrome clair, cadmium citron, cadmium foncé, ocre jaune, ocre de ru.

Comme rouges, en vermillon clair, garance ordinaire, laque carminée.

Et comme verts, en vert véronèse, vert émeraude, terre verte.

Si l'on ajoute à cette liste le blanc d'argent, on aura la composition complète de la palette du peintre, d'où étaient exclus totalement les bruns, les bitumes et les noirs.

Gauguin avait une prédilection pour l'outremer, le jaune de chrome et le vert véronèse, c'est-à-dire, dans chaque série, pour les tons les plus riches. Il n'avait, malgré ce qu'il en a dit, que peu de souci du plus ou moins de fixité de certaines couleurs et ne fit jamais d'effort sérieux pour éviter les mélanges inconsidérés d'éléments chimiques opposés.

Ses tableaux, une fois secs, étaient recouverts, non de vernis, dont il avait horreur, mais d'une

---

* Ceci revient à dire que la surface couverte par un kilo de vert paraît plus intense que celle que peut couvrir un demi-kilo de même couleur. D'où il résulte qu'un tableau, étant généralement plus petit que l'objet à peindre, il convient d'exagérer l'intensité de la couleur employée pour représenter cet objet, si l'on veut rendre l'effet que celui-ci produit au naturel sur la rétine du spectateur.

couche de cire blanche, dissoute dans l'essence de
pétrole. Il peignait toujours sur des toiles absor-
bantes, de trame grenue, et les préparait lui-même.

Ses préparations, il dut le reconnaître, manquèrent
souvent de solidité. Après avoir porté toute son
attention sur ce grave défaut, il l'attribua, à Tahiti,
à la mauvaise qualité de la céruse qu'on y vendait
et qui venait d'Amérique. Elle était, croyait-il,
préparée avec du suif. Une fois étendue et sèche, elle
se cassait, n'étant pas suffisamment liée, ce qui
entraînait la cassure de la peinture. Pour y remédier,
il y ajouta de l'huile de lin, mais il eut ainsi à travailler, contrairement à sa volonté, sur une pâte
huileuse.

Le petit cahier dont nous venons de parler renferme le très instructif exposé de la *Genèse d'un tableau*. Le sujet étudié est la belle toile qui a pour
titre : *Manao toupapaou*, l'Esprit des Morts veille *.

Une jeune fille canaque est couchée sur le ventre, montrant une partie de son visage effrayé. Elle repose sur un
lit garni d'un *paréo* bleu et d'un drap jaune de chrome clair.
Un fond violet pourpre, semé de fleurs semblables à des
étincelles électriques ; une figure un peu étrange se tient à
côté du lit.

Séduit par une forme, un mouvement, je les peins sans
aucune autre préoccupation que de faire un morceau de
nu. Tel quel, c'est une étude de nu un peu indécente, et cependant j'en veux faire un tableau chaste et donnant l'esprit
canaque, son caractère, sa tradition.

Le *paréo* étant lié intimement à l'existence d'un Canaque,
je m'en sers comme dessus du lit. Le drap, d'une étoffe
écorce d'arbre, doit être jaune, parce que, de cette couleur, il suscite pour le spectateur quelque chose d'inattendu ;
parce qu'il suggère l'éclairage d'une lampe, ce qui m'évite

---

* A appartenu au comte de Kessler, à Weimar.

de faire un effet de lampe. Il me faut un fond un peu terrible. Le violet est tout indiqué. Voilà la partie musicale
du tableau tout échafaudée.

Dans cette position un peu hardie, que peut faire une
jeune fille canaque toute nue sur un lit? Se préparer à l'amour?
Cela est bien dans son caractère, mais c'est indécent, et je ne
le veux pas. — Dormir? L'action amoureuse serait terminée, ce qui est encore indécent. — Je ne vois que la peur.
Quel genre de peur? Certainement pas la peur d'une Suzanne
surprise par des vieillards. Cela n'existe pas en Océanie.

Le *tûpapaù* (Esprit des morts) est tout indiqué. Pour les
Canaques, c'est la peur constante. La nuit, une lampe est
toujours allumée. Personne ne circule sur les routes, quand il
n'y a pas de lune, à moins d'avoir un faual, et encore ils
vont plusieurs ensemble.

Une fois mon *tûpapaù* trouvé, je m'y attache complètement et j'en fais le motif de mon tableau. Le nu passe au
deuxième plan.

Quel peut bien être, pour une Canaque, un revenant?
Elle ne connaît pas le théâtre, la lecture des romans, et,
lorsqu'elle pense à un mort, elle pense nécessairement à
quelqu'un déjà vu. Mon revenant ne peut être qu'une petite
bonne femme quelconque. Sa main s'allonge comme pour
saisir une proie.

Le sens décoratif m'amène à parsemer le fond de fleurs.
Ces fleurs sont des fleurs de *tûpapaù*, des phosphorescences,
signe que le revenant s'occupe de vous. Croyances tahitiennes.

Le titre *Manao tûpapaù* a deux sens, ou : elle pense au
revenant, ou : le revenant pense à elle.

Récapitulons. Partie musicale : lignes horizontales ondu-
lantes; accords d'orangé et de bleu, reliés par des jaunes
et des violets, leurs dérivés, éclairés par étincelles verdâtres.
Partie littéraire : l'Esprit d'une vivante lié à l'Esprit des
morts. La Nuit et le Jour.

Cette genèse est écrite pour ceux qui veulent toujours
savoir les *pourquoi*, les *parce que*.

Sinon, c'est tout simplement une étude de nu océanien.

Gauguin donne ailleurs la raison de ses audaces :

Je hais la nullité, la demi-route.

Et, dans les bras de l'aimée qui me dit : « Mon beau Rolla, tu me tues ! » je ne veux pas être obligé de lui dire : « Je te rate ! »

Il me faut tout. Je ne peux, mais je veux le conquérir. Laissez-moi prendre haleine et, remis, m'écrier : « Verse, verse encore ! » courir, m'essouffler et mourir follement. Sagesse, que tu m'ennuies, bâillant sans cesse !

L'artiste, qui s'illusionnait peu sur les facultés de compréhension du public — lettré ou non lettré, — consignait, dans ses *Notes éparses*, cette mélancolique réflexion :

Ah ! si ce bon public voulait enfin un peu apprendre à comprendre, comme je l'aimerais !

En le voyant regarder, tourner, retourner une de mes œuvres, j'ai toujours peur qu'ils la tripotent comme ils tâtonneraient un corps de fille, et que l'œuvre ainsi déflorée n'en porte toujours l'ignoble trace.

Et là-bas, dans le tas, quelqu'un me crie : « Pourquoi peindre ? Pour qui peignez-vous ? Pour vous tout seul ? »

Je suis *collé*. Tremblant, je me sauve.

XI

OPINIONS DIVERSES — CONCLUSION

G AUGUIN, tout intuitif qu'il fût, était un raisonneur. Amené, de déductions en déductions, à admettre comme assurés les principes esthétiques dont on vient de prendre connaissance, il n'était pas sans avoir aussi porté son attention sur des sujets divers, se rattachant à la philosophie, à la morale, à la religion, à la politique. Les réflexions qu'il consigne, touchant ces matières, dans ses mémoriaux, sont de nature à mettre en relief certaines faces peu connues de son originale personnalité.

Dans ce qu'il énonce sous cette forme il y a lieu, toutefois, de ne pas tout prendre au pied de la lettre, car certaines pages élaborées par Gauguin à tête reposée ne le reflètent pas très exactement. Pressentant, non sans raison, que les écrits de cette catégorie qu'il pourrait laisser (car il ne prévit jamais la publication de sa correspondance) seraient, lui disparu, colligés et commentés, il se sent devant l'objectif, corrige le naturel et prend parfois une attitude un peu compassée qui n'était pas dans son caractère.

Si je regarde devant moi dans l'espace, dit-il dans le petit cahier d'Aline, j'ai comme une vague conscience de l'Infini, et, cependant, je suis le point d'un commencement. Je comprendrais alors qu'il y aurait eu un commencement et qu'il n'y aurait pas de fin.

En cela je n'ai pas l'explication d'un mystère, mais simplement la mystérieuse sensation de ce mystère — il est vrai qu'une sensation n'est pas une vérité — et cette sensation est liée intimement à la croyance d'une vie éternelle promise par Jésus.

Ou alors, si nous ne sommes pas le commencement en venant au monde, il faut croire, comme les bouddhistes, que nous avons toujours existé.

Changement de peau.

Tout cela est bizarre.

Si nous allions dîner, pour changer. — Il ne faut pas trop s'attarder aux réflexions.

Ayant eu entre les mains, à Tahiti, une remarquable étude théologique de Gérald Massey : *La Nouvelle Genèse*, le solitaire de Pounaoouïa en fit, par écrit, une consciencieuse analyse, qu'il accompagne de commentaires très étendus, transcrits tout au long à la suite du manuscrit de *Noa Noa*. Un des passages les plus caractéristiques de ces commentaires montre Gauguin comme un spiritualiste, dégagé de toute espèce de religion positive :

En matière de conscience, tout gouvernement me paraît absurde. Tout culte est une idolâtrie. Si donc l'homme est libre d'être un sot, son devoir est de ne plus l'être.

Devant l'immense mystère, que tu ne peux te résoudre à [voir] rester insondable, orgueilleusement tu t'écries : « J'ai trouvé! » Et tu as remplacé l'insondable, si doux aux poètes et aux âmes sensibles, par un être déterminé, à ton image, tout petit et mesquin, méchant et injuste, s'occupant spécialement du t... d. c.. de chacune de ses petites

productions. Et ce Dieu écoute tes prières, a ses fantaisies.
Il est courroucé souvent, et s'apaise à la supplication d'une
des petites créatures qu'il a mises au monde.

... L'insondable mystère reste ce qu'il a été, ce qu'il est,
ce qu'il sera, insondable. Dieu n'appartient pas au savant,
au logicien. Il est aux poètes, au Rêve. Il est le symbole de
la Beauté, la Beauté même.

Je crois, ajoute plus loin l'âpre commentateur, que nous
sommes à ce moment prédit de l'abomination, moment
qui durera longtemps, mal nécessaire pour arriver au bien.
Je crois aussi que les communistes et les nihilistes précipi-
teront le mouvement par le mal qu'ils feront. Que tout le
monde ait droit au pâturage, soit! Pâturage matériel, pâturage de l'âme.

Ce dernier pâturage compte un peu dans le bonheur de
l'humanité, et je ne crois pas que les communistes et les
nihilistes, pas plus que leurs prédécesseurs, s'en soient un
instant préoccupés.

Eh bien, ce pâturage matériel tant désiré, en faveur de
quelle classe de la société sera-t-il obtenu pleinement? En
faveur de la classe qui ne pense pas, la mieux armée pour
trouver cet or, qui donne le pâturage de luxe, toutes les
satisfactions viles, tandis que le philosophe, le savant, le
poëte, l'artiste sans défense contre l'astuce commerciale,
sont esclaves du Producteur, deviendront de plus en plus
la bête de somme.

La Matière monte. La Pensée descend. Nivellement, par-
tages, égalité, sont des contresens (en logique) de la Création
tout entière, qui a des degrés, des forces différentes.

Un temps viendra où seule la Raison fera les réformes
qui sont à opérer pour tirer l'Humanité de l'ornière où elle
se traîne si péniblement.

Gauguin n'était donc pas l'anarchiste sur lequel
ont couru des légendes. Jamais il ne parlait de politique. Cette matière ne l'intéressait pas. Jamais
ou presque jamais il ne lisait de journaux. Il était
du reste si peu liseur que, à part quelques fasci-

cules du *Mercure de France*, sans doute apportés
par des camarades auxquels les bureaux de cette
revue étaient familiers, et quelques « hommages
d'auteur », il ne se trouvait chez lui rien qui pût
ressembler à un rudiment de bibliothèque. Il est
à remarquer à ce sujet, détail caractéristique,
qu'étant à Tahiti, Gauguin, même malade, omit
de demander à son dévoué correspondant le moindre
envoi de livres. Il peignait, sculptait ou dessinait.
Il écrivait ou méditait. Rôle actif. Il ne lisait pas,
supportant avec malaise et considérant comme un
obstacle au libre cours de ses réflexions l'expression
concrétée de la pensée d'autrui.

Si Gauguin, peintre, eut peu le loisir ou le désir
de lire, il lui arriva souvent, lorsqu'il ne peignait pas
encore, de se distraire en feuilletant les pages de
quelques volumes choisis.

L'auteur qui paraît, à cette époque, l'avoir le
plus attaché est Edgar Poe, qu'il connaissait à fond.
Il lut également Zola, alors à l'apogée de sa vogue,
et dont Mme Gauguin entreprit des traductions.
Si le peintre, plus tard, en compagnie de gens de
lettres, parla avec admiration de Balzac, ce fut,
semble-t-il, un peu pour se mettre à l'unisson avec
eux et sans l'avoir particulièrement étudié. Il cite
aussi, parmi les écrivains qui l'ont frappé, Veuillot,
des *Odeurs de Paris*, et Voltaire, dans *Candide*.

Mon opinion politique? Je n'en ai pas. Mais avec le vote
universel, je dois en avoir une.

Je suis républicain, parce que j'estime que la société doit
vivre en paix. La majorité est absolument républicaine en
France. Je suis donc républicain. Et d'ailleurs si peu de
gens estiment ce qui est grand et noble qu'il faut un gouvernement démocrate.

Vive la Démocratie! Il n'y a que ça.

Philosophiquement, je crois que la République est un trompe-l'œil (expression picturale), et j'ai horreur du trompe-l'œil. Je redeviens antirépublicain (philosophiquement pensant).

Intuitivement, d'instinct, sans réflexion, j'aime la noblesse, la beauté, les goûts délicats, et cette devise d'autrefois : Noblesse oblige. J'aime les bonnes manières, la politesse, même de Louis XIV.

Je suis donc, d'instinct et sans savoir pourquoi, *aristo*, comme artiste.

L'Art n'est que pour la minorité. Lui-même doit être noble. Les grands seigneurs seuls ont protégé l'Art, d'instinct, de devoir, par orgueil peut-être. N'importe! Ils ont fait faire de grandes et belles choses. Les rois et les papes traitaient un artiste, pour ainsi dire, d'égal à égal *. Les démocrates, banquiers, ministres, critiques d'art prennent des airs protecteurs et ne protègent pas, marchandant comme des acheteurs de poisson à la halle. Et vous voulez qu'un artiste soit républicain!

Voilà toutes mes opinions politiques. J'estime que, dans une société, tout homme a le droit de vivre, et de bien vivre, proportionnellement à son travail. L'artiste ne peut vivre. Donc la société est criminelle et mal organisée.

Quelques-uns diront : « L'artiste fait une chose inutile. » L'ouvrier, le fabricant, enfin tout homme qui apporte à la nation une œuvre susceptible d'être payée enrichit la nation. Lui mort, il reste une valeur en plus. Ce qui n'a pas lieu pour le changeur et le commerçant.

Gauguin, dont, à l'origine, une éducation oppressive n'avait pas, en polissant ses manières, rétréci les idées, ne mettait aucune hésitation à reconnaître sa valeur réelle :

Faut-il être modeste, écrit-il, se dire un imbécile?

* Cliché traditionnel. L'omnipotence n'implique pas le goût artistique.

Il ne croyait pas, au delà de certaines limites, à l'honnêteté infaillible, car :

Quel est l'homme qui peut dire qu'il n'a jamais eu envie d'un crime, une minute, une seconde?

Gêné, dans ses libres allures, par les restrictions des Codes, il élève une protestation :

De quoi les législateurs se mêlent-ils?... S'il y a des vices révoltants, il faut avouer aussi que la *liberté de la chair* doit exister, sinon c'est un esclavage révoltant.

Nos ancêtres étaient *gaulois* et ne s'en portaient pas plus mal pour cela.

Un jeune homme qui est incapable de faire une folie est déjà un vieillard.

Et passant à des règles de conduite envers ses semblables, le peintre auquel on fit une réputation d'égoïsme farouche — ce qui fut pour plusieurs un moyen commode de se décharger du fardeau de la reconnaissance — exprime cette délicate pensée :

Il ne faut jamais gronder un ami qui vient vous demander un service, surtout si vous ne lui rendez pas ce service. Donner est chose facile. Savoir donner, très difficile.

L'expérience de la vie lui avait appris ce que vaut une insinuation perfide :

Prenez garde de marcher sur le pied d'un imbécile, surtout sur le pied d'un imbécile instruit. La morsure de ce dernier est inguérissable.

Et pourtant il lui répugne de croire à la méchanceté universelle :

J'aime mieux avoir trop de confiance, et par suite être trompé, que d'avoir toujours défiance. Car, dans le premier cas, je souffre un moment d'être trompé et, dans le deuxième, je souffre constamment.

La postérité, assagie par le temps et mieux informée, se montrera, pour l'honneur de l'École française, plus équitable envers Gauguin que ne le furent ses contemporains. Mettant en balance les nobles instincts et les défauts indéniables de l'homme, le concept magistral et les inégalités d'exécution de l'artiste, elle sera animée, en prononçant sa sentence, d'un sentiment de justice aussi large que celui dont le peintre fit preuve lui-même à l'égard du père du naturalisme, dont, esthétiquement, il était séparé par un abîme :

On reproche beaucoup à Zola, et à juste titre. Mais si on ne tenait compte que du passif, que de personnes feraient faillite !

Loin de s'ériger en infaillible pontife, comme l'opinion en fut trop facilement reçue, Gauguin avait, en Art, l'horreur du dogme. Il rêvait l'émancipation absolue du peintre, son affranchissement de la tutelle des pédagogues et la liberté pour chacun d'interpréter la nature suivant ses tendances et son tempérament, mais à la condition de ne pas dévier du but, qui, pour lui comme pour tous les maîtres, fut d'envisager l'art comme la langue expressive du Beau.

Il admettait toutes les Écoles, depuis le Grec, qu'il comprenait à merveille et dont le pastiche inintelligent seul le révoltait, depuis Ingres, pour lequel il avait un culte, jusqu'à l'Égyptien, jusqu'au Cambodgien.

« L'art grossier de Papou » qu'on lui a reproché ne fut que la traduction d'une phase de sa vie —

phase trop prolongée peut-être. Après Tahiti, dans
lequel il eut, aux yeux du public non initié, le tort
de voir autre chose qu'un merveilleux décor, il
rêvait l'Espagne, mais une Espagne autre que l'Espagne romantique de 1830, et surtout que l'Espagne
utilitaire d'aujourd'hui.

Gauguin peignit la banlieue de Paris, la Normandie,
la Bretagne, la Martinique, la Provence et Tahiti.
Il peignit les hommes et les choses, la vie, les légendes, les paysages, et tout cela avec une belle
tenue artistique comportant une évolution lente et
digne, fruit du génie naturel et d'efforts persévérants,
et non d'imitation ou de plagiats mesquins et imbéciles.

Si son œuvre est incomplète, elle renferme des
éclairs de génie. Son art n'est pas pondéré. Il dé-
concerte au premier abord. Ce n'est que par une observation soutenue, par la comparaison avec d'autres
œuvres que son ampleur apparaît.

A l'enluminure discordante familière à la plupart
des peintres en vogue qui furent ses contemporains
s'oppose, dans ses toiles, une harmonie étrange et
somptueuse, faite de tons d'un mystérieux éclat,
d'accords d'une sombre richesse.

A de glaciales silhouettes sans vie, calquées sur
les patrons académiques, au tracé quelconque
d'images banales et veules, se substitue dans le
moindre de ses croquis la ligne dominatrice et suggestive d'un dessin magistral.

En regard des tragiques compositions du peintre,
parfois tourmentées jusqu'à l'angoisse et cependant
simples et sans artifice, prend lamentablement
l'aspect d'attraction foraine un stock trivial d'anec-
dotiques trouvailles, régal des badauds, et d'illustrations démesurées, dont les personnages, figés

en des attitudes de convention, paraissent peints d'après des figures de cire.

De l'ensemble de l'œuvre de Gauguin, de laquelle la peinture de lupanar fut proscrite, se dégage un souffle vivifiant d'art élevé, d'art pur, art dont la manifestation inopinée peut choquer d'ataviques timidités, mais qui, à la longue, s'impose.

De son temps et depuis sa mort on a pu peindre autrement. On a pu, par d'autres méthodes, traduire de nobles aspirations vers un art expressif et puissant, mais, si divergentes que soient ses tendances en tant qu'interprétation, aucun artiste digne de ce nom, mis en présence d'une œuvre du peintre, n'a pu manquer de ressentir au fond de son être l'impression tacite ou avouée qu'il se trouvait en face d'un maître.

Gauguin, en s'écartant des voies battues, ne s'est attaché aux pas d'aucun de ceux qui, avant lui, en étaient sortis. Homme, artiste et, dirons-nous, écrivain, il fut et resta absolument personnel.

Ayant le sentiment justifié de sa valeur, nettement orienté vers le but qu'il se proposait d'atteindre, il avait à cœur de ne pas paraître touché par d'absurdes critiques ou d'envieux propos, bien qu'au fond, comme homme, il n'ait pu se défendre d'en souffrir. Ce n'est pas sans motif qu'il se considéra parfois comme gravissant un calvaire. Ses seuls instants de paix furent ceux qu'il consacrait au travail. Concentrant toutes ses pensées sur l'œuvre conçue, appliquant à son exécution toutes ses facultés créatrices, il échappait aux contingences, il s'évadait du réel.

Gauguin, qui eût pu, comme d'autres, avec l'extraordinaire facilité de travail qu'on lui connaissait, amasser une fortune en se pliant au faux goût du public, a, dans l'isolement et dans l'angoisse, passé le plus clair de sa carrière à poursuivre un idéal, ce qui, par ce temps de lâches compromissions, est un exemple de ténacité presque unique.

Et maintenant que l'artiste méconnu gît, loin de sa patrie, loin des siens, dans les solitudes reculées d'une île océanienne, que la paix se fasse sur sa tombe et qu'il figure, non seulement pour ses amis anciens ou récents, mais pour tous les hommes de cœur, au nombre de ceux qui crurent à quelque chose et qui, d'un geste magnanime et sans arrière-pensée, sacrifièrent leur vie à la réalisation de leur Rêve.

TABLE DES HORS-TEXTE

TABLE

5533. — Tours, imprimerie E. Arrault et Cⁱᵉ.